La Grande Histoire de

La Seconde Guerre Mondiale

DE L'ARMISTICE À LA GUERRE DU DÉSERT

Juin 1940/Juin 1941

DU MÊME AUTEUR

CHEZ LE MÊME ÉDITEUR

Dans la même collection rouge et blanche

LA GRANDE HISTOIRE DE
LA SECONDE GUERRE MONDIALE
Tome 1 : Septembre 1938-Juin 1940 :
de Munich à Dunkerque

LA GUERRE D'ALGÉRIE
Ouvrage couronné par l'Académie Française
(1984)

LA CONQUÊTE DE L'ALGÉRIE
(1986)

LA FRANCE COLONIALE

1. La gloire de l'Empire (1988)
2. Retour à l'Hexagone (1990)

L'AFFAIRE SI SALAH
(1987)

PAS MÊME UN CAILLOU
(1990)

PIERRE MONTAGNON

La Grande Histoire de

La Seconde Guerre Mondiale

DE L'ARMISTICE À LA GUERRE DU DÉSERT

Juin 1940/Juin 1941

Pygmalion
Gérard Watelet
Paris

ISBN 2-85704-378-3

A tous ceux
qui refusèrent de subir.

Abréviations

AEF	Afrique Equatoriale Française
AFN	Afrique du Nord Française
AOF	Afrique Occidentale Française
BAF	Bataillon d'Artillerie de Forteresse
BBC	British Broadcasting Corporation
BCA	Bataillon de Chasseurs Alpins
BCP	Bataillons de Chasseurs Portés (ou à pied)
BM	Bataillon de Marche
BEF	British Expeditionnary Force
CA	Corps d'Armée
CSI	Conseil Suprême Interallié
DB	Division Blindée
DBLE	Demi-Brigade de Légion Etrangère
DCA	Défense Contre Avion
DLC	Division Légère de Cavalerie
DCR	Division Cuirassée de Réserve
DI	Division d'Infanterie
DIC	Division d'Infanterie Coloniale
DIM	Division d'Infanterie Motorisée
DINA	Division d'Infanterie Nord-Africaine
DLM	Division Légère Mécanique
FFL	Forces Françaises Libres
FLAK	Fliegerabwehrkanon (artillerie antiaérienne allemande)
FM	Fusil Mitrailleur
FNEO	Forces Navales d'Extrême-Orient
GA	Groupe d'Armées
GQG	Grand Quartier Général
GRD	Groupement de Reconnaissance Divisionnaire
LRDG	Long Range Desert Groupe
OKH	Oberkommando des Heeres (commandement en chef de l'armée de terre)
OKW	Oberkommando der Wehrmacht (commandement en chef des forces armées)
PC	Poste de Commandement
PD	Panzerdivision (division blindée)
RAF	Royal Air Force
REI	Régiment Etranger d'Infanterie
RI	Régiment d'Infanterie
RSM	Régiment de Spahis Marocains
RTA	Régiment de Tirailleurs Algériens
RTM	Régiment de Tirailleurs Marocains
RTS	Régiment de Tirailleurs Sénégalais
SES	Section d'Eclaireurs Skieurs
SA	Sturm Abteilung (Section d'assaut)
SDN	Société des Nations
SR	Service de Renseignements
SS	Schutzstaffel (Echelon de Protection)
URSS	Union des Républiques Socialistes Soviétiques

Chapitre premier

LA BATAILLE DE FRANCE

Bataille de France – bataille perdue

Maxime Weygand, depuis le 26 mai, et peut-être même avant, a compris que la lutte pour sauvegarder la frontière franco-belge était perdue, et l'effondrement du GA/1 inéluctable. L'ancien officier de 14-18 est tout naturellement amené à évoquer septembre 1914 et les lendemains de la Marne. Une partie du territoire national était envahie. La course à la mer avait permis d'élever un rempart. Les accès vers l'intérieur du pays avaient été verrouillés. Au terme de quatre années d'une terrible guerre d'usure, le plus acharné l'avait emporté.

N'est-il pas possible de renouveler, toutes proportions gardées, ce précédent cas de figure ? L'ennemi a pénétré en force. Il occupe, comme en 1914, une fraction non négligeable de la patrie. Il faut, une fois encore, lui barrer la route et faire écran de la Manche à la Meuse [1]. Mais la situation était-elle vraiment

1. En 1914, en fait, il s'agissait de la mer du Nord puisque les Belges toujours présents s'accrochaient à l'Yser.

comparable ? Il y avait eu la Marne, une victoire, et non Dunkerque, une défaite. Le moral des combattants s'en ressentait. Le rapport des forces restait équilibré. Il est, cette fois, de un à trois et avec quels moyens, côté allemand ! Les PD ont une autre puissance de rupture que les uhlans. La France de 1914 avait des alliés. La diplomatie des Painlevé, Cambon, ou Poincaré, avait porté fruit. La France de juin 40 n'a plus d'alliés. La Russie bolchevique a pactisé avec l'Allemagne nazie. Faute de moyens et ne souhaitant pas trop se découvrir, l'Angleterre se dérobe. La Belgique n'a plus de combattants sur l'Yser. L'Italie gronde au sud-est [1]. Oui, la France est bien seule. Weygand ne peut compter que sur lui-même et sur les fils de France – et de l'empire.

Cela ne l'empêchera pas de faire appel – en vain – à l'Angleterre pour qu'elle envoie des avions *. Car, en 14, le danger aérien n'existait pas. Il s'avère aujourd'hui l'un des soucis premiers.

Où s'installer pour tenter de barrer la route à l'ennemi ? Sur les positions présentes, la Somme et l'Aisne grosso modo ? Ou sur de nouvelles, nettement plus en retrait, permettant, peut-être, un meilleur regroupement des forces françaises ? Cette dernière solution impliquerait l'abandon de la Ligne Maginot jusqu'alors intacte.

Le choix de Weygand n'est pas facile. Sa décision finale reste logique. Se décidant à faire barrage sur l'Aisne et la Somme, il préserve la majeure partie du territoire national, il couvre la région parisienne et son potentiel industriel, il n'abandonne pas la Ligne Maginot et sa valeur de symbole.

---

* L'Angleterre perdra néanmoins, d'après les sources officielles de l'armée britannique, durant la Bataille de France, du 10 mai au 15 juin 1940, 944 appareils dont 450 chasseurs. Les pertes humaines s'élèveront pour la même période à 915 navigants dont 320 pilotes. (Patrick Facon, *La Bataille d'Angleterre*. Éditions Economica, 1992.)

1. On pourrait aussi, au titre de 14-18, évoquer la Serbie, etc.

Sur le fond, cette option est presque un tout ou rien. Mais comment, véritablement, faire autrement ? [1]

Cette bataille sur la Somme et sur l'Aisne que l'on dénommera « la Bataille de France », s'annonce mal. Le rapport des forces, on le sait, est de un à trois, sur un terrain favorable à des blindés qui bénéficient déjà d'une totale suprématie aérienne.

Weygand a compté sur les voies d'eau comme fossés antichars ; mais la Somme, l'Oise sur un bief assez court, l'Aisne et les canaux qui les relient, ne représentent que des obstacles bien modestes. Pour les franchir, elles imposent du moins de lancer des passerelles, d'où des points de passage obligés. Les Allemands, dans leur lancée initiale, ont déjà pris pied sur la rive sud de la Somme en plusieurs endroits. Les poches de Saint-Valéry-sur-Somme, Abbeville et surtout Amiens et Péronne offrent des bases de départ pour leurs PD.

Sur cette ligne de défense, longue de 360 km, Weygand ne peut aligner que quarante divisions [2] articulées en deux groupes d'armées : GA/3 de Besson (trois armées) entre la mer et Neufchâtel, GA/4 d'Huntziger (deux armées) de Neufchâtel aux abords de Montmédy [3]. Au-delà, vers l'est et le sud-est, s'étale la zone du GA/2 du général Prételat qui tient la Ligne Maginot avec trois armées.

C'est un tour de force que Weygand a réussi en reconstituant un semblant de corps de bataille avec des armées improvisées sous Altmayer, Frère, Touchon, Requin et Freydenberg. Certes, elles existent, ces divisions, mais il y a loin des effectifs divisionnaires réglementaires à ceux réellement

1. Il ne sera jamais fait grief à Weygand de ses options stratégiques. Sauf d'une seule, la dernière : l'armistice plutôt que la résistance « impériale ».

2. Huit supplémentaires sont prévues à compter du 12 juin.

3. GA/3 du général Besson : XIe armée, général Altmayer ; VIIe armée, général Frère ; V[e] armée, général Touchon.

GA/4 du général Huntziger nommé commandant de groupe d'armées : IVe armée, général Requin ; IIe armée, général Freydenberg.

en place sur le terrain. Souvent elles comportent deux régiments d'infanterie au lieu de trois, et ces régiments s'apparentent plus parfois à des bataillons. L'armement lourd manque. Quant aux DLC ou DCR hâtivement reformées, leur potentiel se limite à quelques dizaines de chars ou véhicules blindés par unité.

Weygand est bien conscient de cette pénurie. Il l'a gérée au mieux. Son dispositif frontal sur les cours d'eau est relativement linéaire, mais il s'est efforcé de l'étoffer en profondeur, tout en se donnant des possibilités de contre-attaques. La zone des marais de Clermont, la forêt de Compiègne, la montagne de Reims, le massif de l'Argonne doivent pouvoir constituer des bastions. Trois groupements reçoivent mission d'intervention en cas de pénétration adverse : groupement Petiet derrière la basse Somme, groupement Audet entre Beauvais et Clermont, groupement Buisson en Champagne [1]. Enfin, au plan tactique, la doctrine de Weygand préconise l'édification de hérissons dans villages et forêts pour briser l'élan des PD et entraver les mouvements de leurs arrières.

Ces schémas sont bien théoriques, mais, là aussi, peut-il vraiment en être autrement ? Tout se déroule si vite, avec des troupes et des états-majors épuisés, des transports difficiles, des liaisons aléatoires.

Cependant, il reste l'ardeur.

Weygand, tout d'abord, est passé par là. Ce petit homme a insufflé sa propre énergie. Il va, il court. Paul Reynaud, le premier, le reconnaît :

« C'est bien là la maison Foch ! »

---

1. a) Groupement Petiet : IIe, IIIe et Ve DLC, 40e DI et restes de la DC britannique Evans. N'existera pratiquement que sur le papier.

b) Groupement Audet : restes IVe DCR, 85e et 241e DI.

c) Groupement Buisson : restes IIIe DCR, VIIe DLM, IIIe DLM, 41e DI. Cette dernière est commandée par le général Bridoux, futur ministre de la Guerre du maréchal Pétain.

Churchill, séduit par le dynamisme du nouveau commandant en chef, lui glisse, avec un humour très britannique :

« Mon général, vous n'avez qu'un défaut : vous êtes trop jeune. »

Effectivement, ce général de soixante-treize ans a l'allant d'un capitaine.

Les combattants se sont endurcis. Ils ont subi l'épreuve du feu, la première, la plus redoutable, la plus meurtrière. Ils savent maintenant que les Stukas n'atteignent pas forcément l'objectif. Ils ont vu tomber des camarades, défiler de lamentables cohortes de réfugiés, détruire les villes et les villages de France. La rage de faire payer l'adversaire, de défendre son terroir, saisit plus d'un. Bref, il y a en ce début de juin une volonté de lutte supérieure à celle du 10 mai. Que n'existent les moyens en hommes, en matériel, en aviation... !

Les Allemands, eux, n'ont pas les soucis de Weygand. Ils ont l'ardeur, le courage et les moyens. Ils disposent de 120 divisions dont 10 PD. Plus que jamais leur Luftwaffe domine le ciel. Leur intention est de forcer la décision en Champagne après avoir donné le change sur la Somme. Leur Haut Commandement espère ainsi crever les défenses françaises et déborder par l'ouest la Ligne Maginot devant laquelle le groupe d'armées C, de von Leeb, se tient quasiment l'arme au pied depuis le début de la guerre. L'attaque est prévue en Lorraine, vers Lunéville, et sur le Rhin, depuis Vieux-Brisach, face à Colmar. Si le GA/2, fixé par une menace frontale, est surpris par une manœuvre sur ses arrières, les seules armées françaises représentant encore un potentiel seront encerclées. Le dénouement se précise inexorablement [1].

*
* *

L'offensive se déclenche le 5 juin au matin. Dès 4 h, artillerie et aviation se déchaînent sur la Somme. Débou-

1. Halder, le stratège de l'OKW, a élaboré ce plan, ratifié par Hitler.

chant des têtes de pont d'Amiens et Péronne, les PD se ruent en force. Le dispositif Weygand encaisse le choc avec plus ou moins de bonheur. Au sud d'Amiens, la percée atteint vite une vingtaine de kilomètres. Au-delà de Péronne, le doigt de gant accuse la même profondeur mais est limité en largeur par la VIIe armée. Partout ailleurs se produisent des infiltrations sans gravité excessive. En fin de journée, l'avance adverse n'est en moyenne que de 15 à 20 km. Le commandement français s'estime en droit d'être modérément optimiste.

Weygand n'en reste pas moins lucide. Il n'oublie pas que l'armée française se bat seule. Les Anglais sont hors course, à l'exception de la 51e DI [1] et d'un embryon de division blindée. Au Havre, signe manifeste de désengagement, ils retirent leur défense antiaérienne.

Weygand se doit d'alerter, une fois de plus, le président du Conseil :

> « Nous recevons l'attaque allemande, sans avoir bénéficié d'un concours nouveau de l'Angleterre. Ni chasse ni divisions nouvelles. »

Weygand dit vrai. La Grande-Bretagne ne maintient sur le sol de France qu'une trentaine d'avions.

Le Premier anglais, relancé par Paul Reynaud, réplique par une fin de non-recevoir :

> « 1/ Vos commentaires seront examinés par l'Etat-Major général, qui a l'ordre d'envoyer deux divisions dès que possible.
>
> Permettez-moi d'observer que vos divisions ramenées de Dunkerque ne seront pas à même d'entrer en ligne avant un mois.

1. Rattachée au IXe corps d'armée de la Xe armée.

> 2/ Aviation de chasse : la demande du général Vuillemin est complètement déraisonnable, et sa lettre a fait la plus mauvaise impression sur chacun ici. »

Décidément, la France est bien isolée.
Weygand en tire conclusion :

> « Dans l'hypothèse du pire, si la bataille est nettement perdue, le véritable courage, à ce moment-là, sera de traiter avec l'ennemi. »

Pétain, le lendemain, tiendra le même langage conforme à sa pensée profonde depuis son retour de Madrid. Des ministres l'auront également précédé sur cette voie.

Demander l'armistice ? On n'en est pas encore là, ce 5 juin, mais l'idée, peu à peu, fait son chemin. Paul Reynaud, pour sa part, s'y refuse, tandis que les hauts responsables de l'Etat commencent à se diviser, à s'interroger. Leurs sentiments ne tarderont pas à se manifester. Les journées suivantes accroîtront inquiétudes et interrogations.

*
* *

La patrie est en danger, mais la politique ne perd pas ses droits. Dans la nuit, Reynaud réussit une de ces manœuvres dont les politiciens ont le secret. Il évince Daladier. Il prend pour lui la Défense nationale et les Affaires étrangères, place Mandel à l'Intérieur, nomme Paul Baudouin sous-secrétaire d'Etat chargé des Affaires étrangères et le général de Gaulle qu'il connaît et estime de longue date à un poste identique à la Défense nationale et à la Guerre. A priori, le remaniement, entériné par Albert Lebrun, signifie cabinet de guerre et rapprochement avec l'Angleterre. Mandel, le second de Clemenceau, passe pour une personnalité de caractère. De Gaulle se présente en théoricien des chars, dont les semaines écoulées ont largement montré l'efficacité. Il reçoit également mission d'assurer la liaison personnelle entre Reynaud et Churchill, avec des instructions précises sur ce point :

> « J'ai pu donner [à nos alliés], les 26 et 31, l'impression que nous n'excluions pas la perspective d'un armistice, mais, à présent, il s'agit au contraire de convaincre les Anglais que nous tiendrons quoi qu'il arrive, en outre-mer s'il le faut. Vous verrez, monsieur Churchill... »

Reynaud, à la tête de son nouveau gouvernement, paraît donc vouloir poursuivre la lutte à tout prix. D'autres, dans son propre gouvernement, Pétain, Chautemps, ou dans son entourage immédiat, Mme de Portes, le colonel de Villelume, sont d'un tout autre avis. En de telles conditions une main ferme est nécessaire pour tenir la barre et maintenir le cap. Peut-être Reynaud compte-t-il sur de Gaulle, ce général encore peu connu, pour l'y aider.

*
* *

Dès le 6, la Xe armée est contrainte à se replier sur la Bresle et bientôt même sur la Béthune, 30 km plus en retrait. L'Anglais Fortune, commandant la 51e DI britannique, semble avoir donné le premier et de lui-même le signal de l'abandon. Il a retraité sans ordres, au grand dam de Weygand, en laissant sur sa droite ses camarades français dangereusement à découvert.

Sur le canal de l'Ailette, reliant l'Oise supérieure à l'Aisne, la VIe armée n'a pu tenir. La IXe armée allemande s'avance inexorablement. Le 8, l'Aisne est franchie et Soissons occupé.

Par contrecoup, au centre du GA/3, la VIIe armée Frère, sur le canal Crozat et l'Oise supérieure, se retrouve en flèche et menacée d'enveloppement par son flanc sud. Frère doit, à son tour, retraiter sur Noyon puis Compiègne.

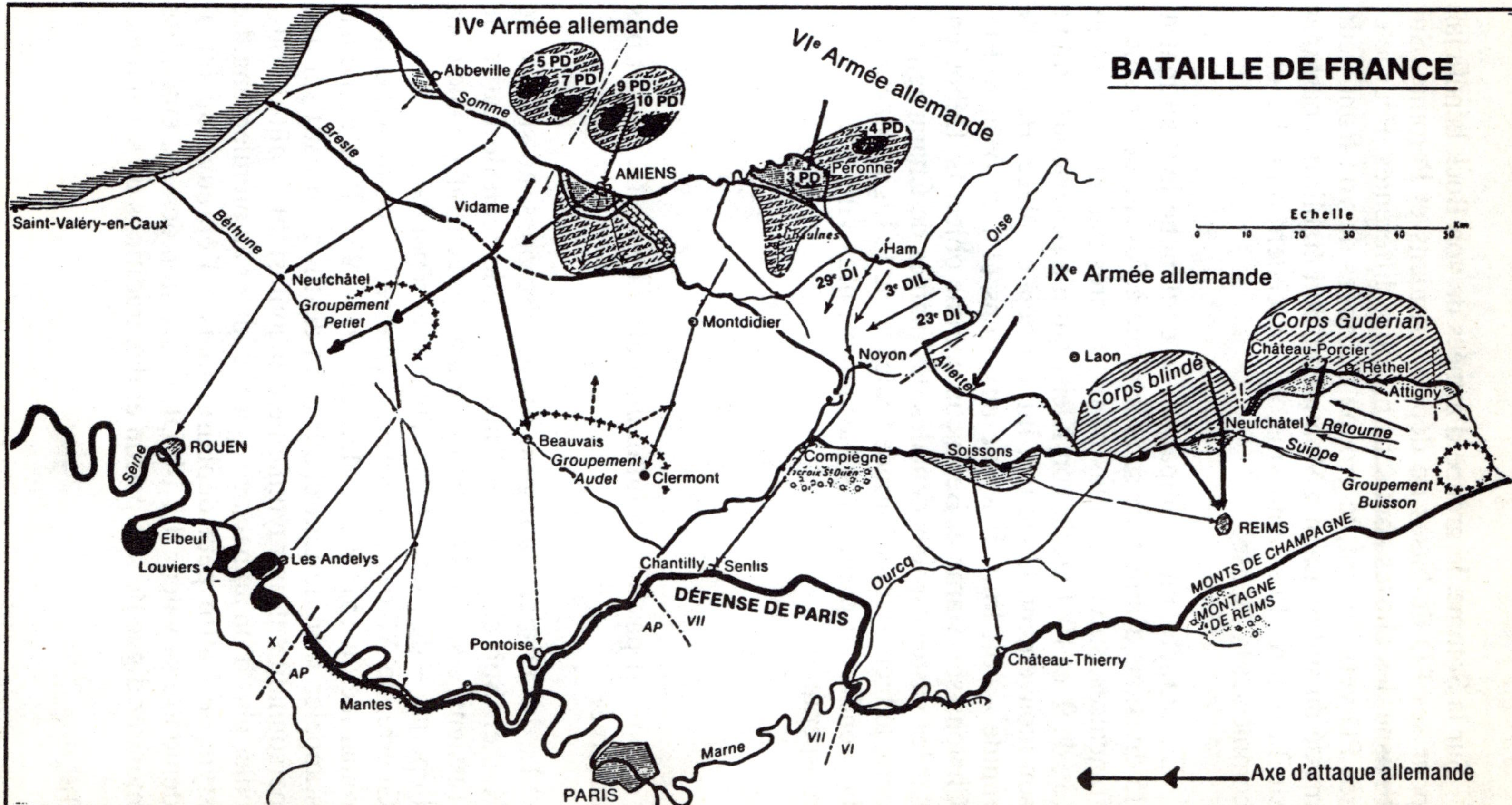

BATAILLE DE FRANCE
IVe Armée allemande
VIe Armée allemande
IXe Armée allemande
Echelle
0 10 20 30 40 50 Km
5 PD
7 PD
9 PD
10 PD
4 PD
3 PD
29e DI
3e DIL
23e DI
Corps Guderian
Corps blindé
Abbeville
Somme
Bresle
Béthune
Saint-Valéry-en-Caux
AMIENS
Vidame
Péronne
Ham
Oise
Neufchâtel
Groupement Petiet
Montdidier
Noyon
Ailette
Laon
Château-Porcier
Réthel
Attigny
Neufchâtel
Retourne
Suippe
Groupement Buisson
ROUEN
Seine
Beauvais
Groupement Audet
Clermont
Compiègne
Soissons
REIMS
Elbeuf
Louviers
Les Andelys
Chantilly
Senlis
Ourcq
MONTS DE CHAMPAGNE
MONTAGNE DE REIMS
DÉFENSE DE PARIS
AP
VII
X
Pontoise
Mantes
Château-Thierry
Marne
VI
PARIS
Axe d'attaque allemande

Sur la Somme, le groupe d'armées de von Bock bénéficiait pour ses PD de bases de départ : Amiens et Péronne. Sur l'Aisne, les choses sont sensiblement différentes. Pour jeter ses PD vers l'avant, le groupe d'armées de von Rundstedt, massé du sud de Laon à Montmédy, doit établir des passages sur la rivière. Les fantassins, ici, précèdent donc les chars, comme sur la Meuse.

La tempête, en Champagne, se déclenche le 9 au matin. 15 divisions d'infanterie se précipitent à l'assaut des positions françaises, suivies de plus ou moins près par les 4 divisions (3e, 4e, 9e et 10e PD) de von Kleist qui n'a pas encore terminé son mouvement. Guderian, lui, est déjà en place. Heinz « le rapide » voit loin. Il a fixé aux siens (1re, 2e, 6e et 8e PD) Châlons-sur-Marne et Besançon comme objectifs. Déboulant sur les vastes espaces dénudés des plaines de Champagne, il compte bien tourner l'armée française de la Ligne Maginot et la prendre au piège. Il y parviendra plus vite encore qu'il n'espérait.

*
* *

Ce n'est pas que la lutte, en maints endroits, ne soit pas acharnée.

La 14e DI tient la région Attigny-Suippes, au sud-est de Rethel. Son chef, le général de brigade Jean de Lattre de Tassigny, a sa division bien en main. Ce général – jeune pour l'époque – de 51 ans a derrière lui du répondant : la Grande Guerre, le Maroc, l'Ecole de Guerre, le commandement remarqué du 151e R.I. à Metz en 1935-1937. Il ne cache pas s'appeler Jean de Lattre, sûr d'un destin qu'il bâtit sur une personnalité et un rayonnement incontestables, dût-il bousculer plus d'un au passage, pour se hisser au premier rang. Le style de Lattre peut déplaire, mais à l'épreuve du feu il démontre sa valeur. La 14e DI, la division des As, entend se montrer digne de son patron et des traditions de ses unités :

152ᵉ RI, régiment des diables rouges, fourragère rouge ; 35ᵉ RI, « tous gaillards, pas de traînards » ; 31ᵉ BCP, « le dernier venu, pas le plus mal foutu » [1]...

L'Allemand, devant la 14ᵉ DI, peine. Le 35ᵉ contre-attaque et fait 100 prisonniers dont un chef de bataillon. La 31ᵉ demi-brigade aligne devant ses fusils-mitrailleurs 200 Allemands tués du 170ᵉ RI.

L'esprit de De Lattre anime ses hommes. « Ne pas subir », ne cesse de clamer celui que la légende a déjà baptisé « le Roi Jean », une légende qui a encore de beaux jours devant elle pour continuer à se forger...

*
* *

Hélas, il n'y a pas que des « Roi Jean » dans l'armée française de 1940. Bien des valeureux commandants de compagnie ou chefs de bataillon de la Grande Guerre, devenus officiers généraux, ont avec l'âge et l'embonpoint perdu de leur pugnacité dans ce combat par trop inégal et sous un ciel avare de cocardes alliées. La RAF l'a déserté. L'aviation française est exsangue.

Sous la poussée adverse, en dépit des contre-attaques localisées mais fragmentées des groupements Audet ou Buisson, le repli devient général.

*
* *

10 juin

« Jour d'agonie », notera Charles de Gaulle.

A l'aile gauche, la Xᵉ armée a craqué et s'est scindée en deux. Rommel, par une avancée de nuit dont il est coutumier, a atteint la Seine à Elbeuf. Pivotant de 90°, il descend le fleuve sur sa rive droite. Le 10 en soirée, il campe devant

---

1. Le nombre de bataillons de chasseurs avait été initialement fixé à trente. Le 31ᵉ a été créé seulement en 1913.

Fécamp. Le IXe CA français, la 51e DI anglaise, les rescapés de la DCR anglaise et deux DLC, tels des bâtiments en détresse, sont drossés non à la terre, mais à la mer. Serrés par Rommel et la IVe armée allemande, ils refluent sur Saint-Valéry-en-Caux.

Les interventions de la Luftwaffe, les tirs quasi à vue depuis les falaises dominant le petit port amenuisent les perspectives d'embarquement comme à Dunkerque. Le 12 à 8 heures, plus de 30 000 hommes seront faits prisonniers à Saint-Valéry-en-Caux [1].

Au nord de Paris, la VIIe armée retraite, non sans mal. A chaque mouvement arrière, elle laisse sur place un peu plus de son matériel lourd. Il est des ponts qui sautent trop tôt. Il est des attelages impossibles à tracter sous le feu (l'artillerie française est encore hippomobile). Il est des coupures – cours d'eau notamment – que des éléments à pied peuvent seuls franchir sur des passages de fortune. Bref, ce qui roule doit très souvent être abandonné devant les obstacles. La VIIe armée, comme la majeure partie de l'armée française, ne représente plus qu'une troupe de fantassins accompagnés à l'occasion de quelques véhicules, blindés ou non. Les bouches à feu, les antichars surtout, font cruellement défaut. Quant aux effectifs, ils s'effritent sans cesse, à chaque engagement, chaque repli. Des régiments n'ont plus que quelques centaines de combattants. Des bataillons se réduisent à une compagnie. Les hommes eux-mêmes sont épuisés par les étapes renouvelées, les nuits sans sommeil, les ravitaillements incertains.

Vers l'est, la situation s'aggrave. VIe et IVe armées sont poussées sur la Marne. Château-Thierry, Reims seront atteints le lendemain. Au sud de Château-Porcien - Rethel, le groupement Buisson, sur la Retourne [2], tente une contre-attaque de

---

1. A peine 2 000 Anglais et un millier de Français réussiront à s'échapper par mer.

2. La Retourne, affluent de la rive gauche de l'Aisne, rejoint celle-ci à hauteur de Neufchâtel.

flanc au profit de la IVe armée (général Requin). L'affaire est bien menée. Les chars B sont efficaces. Mais ils ne sont qu'une trentaine. Les Hotchkiss et les R/35 qui les accompagnent sont surclassés par les Mark III et IV. Si les PD de Guderian souffrent, leur masse domine. La contre-attaque Buisson n'apporte qu'un bref soulagement. La poussée allemande reprendra le lendemain sur les monts de Champagne et Verdun, tenu par la IIe armée.

La capitale se voit désormais menacée d'être tournée par l'ouest, en basse Normandie, et par l'est, en Champagne.

Weygand nomme le général Hering commandant d'une armée improvisée dite armée de Paris, le général Dentz, rappelé d'Alsace, gouverneur militaire de la capitale. Tous deux sont de valeur mais, à l'instar de tant d'autres, sans grands moyens. L'armée de Paris s'allonge sur la Seine et sur l'Oise de Vernon à Boran où elle rejoint la VIIe armée. Celle-ci, à son tour, s'efforce de faire écran par Chantilly, Senlis et l'Ourcq. La hernie ainsi constituée a été baptisée « position de défense de Paris ». Est-elle vraiment solide ? Douteux.

Compte tenu de la situation, le commandant en chef estime de son devoir d'alerter le gouvernement : « La dislocation de l'armée n'est plus qu'affaire de temps. »

Comble d'infortune, ce même 10 juin, à 16 heures, l'Italie déclare la guerre à la France. Certes, ce mauvais coup était attendu mais il impose de se garder sur les Alpes et d'y maintenir les divisions en place tout en y dépêchant quelques escadrilles [1].

Paul Reynaud, en désespoir de cause, se tourne vers le président des Etats-Unis. En réponse, Roosevelt lui envoie ses vœux et ses prières. Il ne peut faire mieux. Son opinion publique reste hostile à toute intervention.

---

1. Cf. chapitre III : *Tu quoque, Mussolini !*

L'ennemi sur les Alpes.
L'ennemi sur la Seine, l'Oise et la Marne.
La bataille dite de France a été perdue.
Le territoire national risque d'être submergé.

A minuit, le gouvernement quitte Paris.

Chapitre II

EFFONDREMENT MILITAIRE. AFFRONTEMENT POLITIQUE 10-16 juin

Jusqu'au 10 juin 1940, tout était relativement limpide, voire simple. La France faisait la guerre. Quiconque ne la faisait pas, tels Maurice Thorez ou quelques autres, à dire vrai peu nombreux, se dénommait traître ou déserteur [1].

Le devoir, pour chacun, s'affirmait sans ambiguïté.

A partir du 10 juin, tout se modifie. Faut-il poursuivre, à tout prix, un combat désespéré ? Faut-il continuer à sacrifier, sans grand espoir apparent, des générations, et compromettre à jamais l'avenir et le redressement du pays ? Ne faut-il pas, au contraire, voir plus grand et envisager une lutte de dimension planétaire ? L'alliance franco-britannique, grâce à ses possessions impériales et à l'intervention potentielle des Etats-Unis, n'est-elle pas en mesure de finir par l'emporter dans ce qui s'affirme une véritable lutte pour la démocratie et

1. Le nombre de déserteurs est relativement faible : 3 068 en métropole, 1 386 hors de la métropole.

la civilisation ? La gravité de l'enjeu dépasse les aléas de l'heure présente.

Devant ce dilemme, des hommes, pour la plupart patriotes et de bonne foi, se divisent. Le conflit, désormais, se présente sous deux aspects : une bataille qui, chaque jour, s'affirmera plus désastreuse pour l'armée française ; un affrontement politique entre Français, où les tenants de la négociation avec l'adversaire, portés par l'implacable réalité, finiront par imposer leurs vues.

L'effondrement militaire

La situation militaire, le 11 juin à l'aube, est loin d'être brillante. Le front – peut-on vraiment parler d'un front ? – s'étire par la basse Seine, la position de Paris en verrue, la Marne de Château-Thierry à Epernay, les monts de Champagne. Au-delà, il demeure stable. La Ligne Maginot n'a pas été inquiétée.

Weygand souhaiterait se retrancher sur la Seine pour protéger la Normandie et éviter un vaste débordement par l'ouest. Ce n'est plus guère possible. Des infiltrations ont eu lieu à Elbeuf et aux Andelys. Comme une semaine plus tôt, devant Amiens et Péronne, les PD disposent de bases de départ pour s'élancer.

Menace en Normandie mais aussi en Champagne. Guderian avance très fort et très vite. S'il poursuit, et tout donne à penser qu'il poursuivra, le GA/2 sera isolé dans l'Est de la France. Or, il représente trois armées quasiment intactes [1] quoiqu'elles aient été amputées au profit des secteurs occidentaux. Le commandant en chef doit trancher : essayer de replier le GA/2 ou lui ordonner de résister sur ses positions. Celles-ci regardent vers l'Allemagne. La Ligne Maginot a été conçue pour cela. En revanche, rien n'a été

1. IIIᵉ, Vᵉ et VIIIᵉ.

envisagé sur l'autre versant, et pour cause. Les marches de l'Est sont terre française.

Le temps presse. L'ennemi progresse. Le 11, Weygand prend deux mesures d'importance. Paris sera déclaré ville ouverte [1]. Les troupes rejoindront une nouvelle ligne de résistance qui implique le retrait du GA/2.

Paris, ville ouverte ! L'Histoire ne l'avait pas habitué à pareille mansuétude de la part des belligérants. Sans remonter à Henri IV ou 1814, le souvenir du terrible siège de 1870 hante les esprits. Les aînés se souviennent aussi de Gallieni annonçant sobrement, mais avec quelle fermeté ! sa résolution :

> « Le gouvernement m'a donné mandat de défendre Paris. Ce mandat, je le remplirai jusqu'au bout. »

Maxime Weygand, par tempérament comme par formation, n'est ni un révolutionnaire ni un jusqu'au-boutiste. Il juge la France battue. Il estime, en technicien, que l'arrêt des combats est la seule issue possible au drame qu'elle vit. Alors pourquoi sacrifier la capitale ? Les moyens de destruction modernes, autrement puissants que ceux de 1870, en feraient un amas de ruines pour un profit militaire discutable. Ce choix, essentiellement humanitaire, Weygand le prend en connaissance de cause. Le gouvernement l'entérine [2].

Dentz, gouverneur militaire de la capitale, a reçu ordre de ne garder auprès de lui que les forces de maintien de l'ordre, police, gendarmerie. L'armée française, qui se replie, évitera la ville. Elle la contournera largement sans utiliser les ponts ni les boulevards extérieurs.

---

1. Décision officialisée le 12 juin.
2. Weygand, dans ses *Mémoires* (*op. cit.*, p. 199), justifiera sa décision : « Connaissant le courage dont avaient fait preuve les Parisiens à plusieurs moments de notre Histoire, je n'aurais pas hésité à leur demander les sacrifices les plus durs, si j'avais pensé que ces sacrifices puissent concourir au salut du pays. Ce n'était pas le cas. »

La décision de Weygand est-elle une erreur ? Paris était condamné. La ruée allemande commençait à l'envelopper. La résistance dans l'agglomération aurait pu, quelques jours durant, fixer des forces adverses.

A quel prix, pour quel résultat ? L'abandon de Paris, qui sera largement imité par les maires des grandes cités françaises, celui de Lyon le premier, est le signe tangible d'une guerre que le pays ne voulait pas. Le 14 juin, l'arme à la bretelle, les Allemands fouleront le pavé parisien.

La nouvelle ligne destinée à stopper leur progression passe par Caen, Alençon, la Loire de Tours à Briare, le Morvan, la Côte-d'Or, Dole et Champagnole, jusqu'aux Rousses. Weygand espère, de la sorte, gagner du temps – le temps nécessaire à la conclusion de l'armistice –, et éviter la capture du gros de l'armée. Ses instructions, exécutoires à compter du 12 juin dans l'après-midi, sont formelles [1]. Chaque armée, ou groupe d'armées, se repliera sur des axes bien définis.

X^e armée : Rouen - Argentan ;
armée de Paris, VIIe armée : Paris - Orléans ;
GA/4 : Châlons-sur-Marne - Troyes - Nevers ;
GA/2 : Sarrebourg - Epinal - Dijon.

Ce repli est d'envergure. Le souci d'alignement n'y est plus de mise. Mais l'avance adverse est tellement rapide ! L'encerclement menace les attardés, à commencer par le GA/2 pour lequel le dilemme a été cruel.

Celui-ci n'a pas souffert. La guerre éclair l'a jusqu'alors épargné. Bien retranché, bien armé, il attend l'ennemi avec résolution. Or le voici obligé de se déplacer, alors que ses unités de forteresse, statiques par définition, sont lourdes, peu manœuvrières. Ses fantassins ont perdu l'habitude, si même ils l'avaient, de la marche à pied. On comprend alors que son

1. Elles sont transmises au GA/2 à 14 h 30 très exactement, aux autres groupes d'armées à 16 h 45.

encadrement répugne à abandonner les fortifications de la Ligne Maginot qu'il sait solides.

Pourtant les ordres de Weygand sont impératifs. Le GA/2 du général Prételat doit retraiter au plus vite. Il ne laissera que ce qu'en jargon militaire on nomme une « croûte » pour donner le change et contenir la poussée adverse. Le matériel sera évacué ou détruit. Là est la seule issue pour éviter à plus de 500 000 hommes l'encerclement dans l'Est de la France.

La lenteur d'exécution, due en bonne partie à la passivité de certains chefs, conduira à l'échec.

*
* *

Le 13 juin, l'inquiétude provient d'abord de Champagne où von Kleist et Guderian atteignent Romilly, Vitry-le-François, Saint-Dizier.

Au GA/2, a-t-on vraiment pris conscience du péril que représente ce coin qui s'enfonce inexorablement vers le sud ? Georges harcèle Prételat pour qu'il accélère le décrochage. La porte vers le midi risque de se refermer sous peu...

Prételat semble le comprendre, mais il a pris trop de champ. De Lons-le-Saunier, il est mal placé pour donner l'impulsion voulue à ses commandants d'armée tiraillés entre les difficultés logistiques d'une retraite et une attaque allemande.

Car, le 14 juin, jour où les Allemands paradent dans Paris, le front de la Ligne Maginot s'anime. Le groupe d'armées de von Leeb passe à l'offensive. Il a choisi pour ce faire le point le plus faible : le secteur fortifié dit de la Sarre, où les défenses sont moindres. Elles s'appuient sur des blockhaus légers et des plans d'eau, nombreux dans la région, dont certains, de vaste étendue, offrent un obstacle non négligeable.

Surprise pour les Allemands, habitués à des succès rapides ! Le dispositif français tient bon. Les généraux, les cadres sont de qualité. Cinq régiments arrêtent l'assaut de neuf divisions. Leurs hommes, bien emmenés, font mieux que résister. Le 14 au soir, von Leeb marque le pas. Il a un millier de tués.

Ses succès ultérieurs, il les devra, au départ, à d'autres. A l'ouest du GA/2, le GA/4 se disloque devant Guderian.

Une fois de plus, Huntziger a le mauvais œil. A Sedan, sa IIe armée avait lâché pied. Son chef n'avait pas, alors, manifesté un zèle particulier pour colmater la brèche. Les divisionnaires avaient payé la dérobade de leurs unités. Curieusement, Huntziger avait été promu à la tête du GA/4. Il n'est pas plus heureux dans ce nouveau commandement [1].

C'est encore la IIe armée qui plie. Elle lâche en Champagne sous le commandement direct du général Freydenberg. Colonel pendant la guerre du Rif, il s'était montré un valeureux commandant de colonne, mais il supporte mal l'épreuve de ce conflit hors normes. Son armée, comme la Xe sur la Somme, se scinde en deux. 21e corps d'armée et corps colonial se voient rejetés vers l'est. Rattachés à la IIIe armée du général Condé le 15 juin, ils connaîtront le sort final du GA/2. Dans l'immédiat, pratiquement, il n'y a plus de IIe armée constituée.

Guderian a le champ libre. Il en profite. Son avance est foudroyante. Le 14, il traverse Chaumont, le 15, Langres, le 16, Besançon. Besançon ! La vallée du Doubs, couloir géographique naturel menant de l'Alsace à la vallée du Rhône, est coupée. Besançon tenu par les Allemands signifie le GA/2 encerclé et son retrait vers le sud interdit. 500 000 hommes sont pris dans la nasse. Après celui de Dunkerque, les Allemands ont réalisé l'un des plus grands encerclements de l'Histoire.

Prételat, tel Soubise, a perdu ses troupes. Isolé à Lons-le-Saunier, il ne commande plus rien [2]. Ses adjoints livrés à eux-mêmes devront trancher : résister sur place ou tenter la percée vers la Suisse par le créneau toujours libre devant Belfort.

1. De Gaulle proposera, cependant, à Paul Reynaud de nommer Huntziger commandant en chef à la place de Weygand. Pétain, à défaut, en fera par la suite un ministre de la Guerre.

2. Il tentera en vain de rejoindre ses unités.

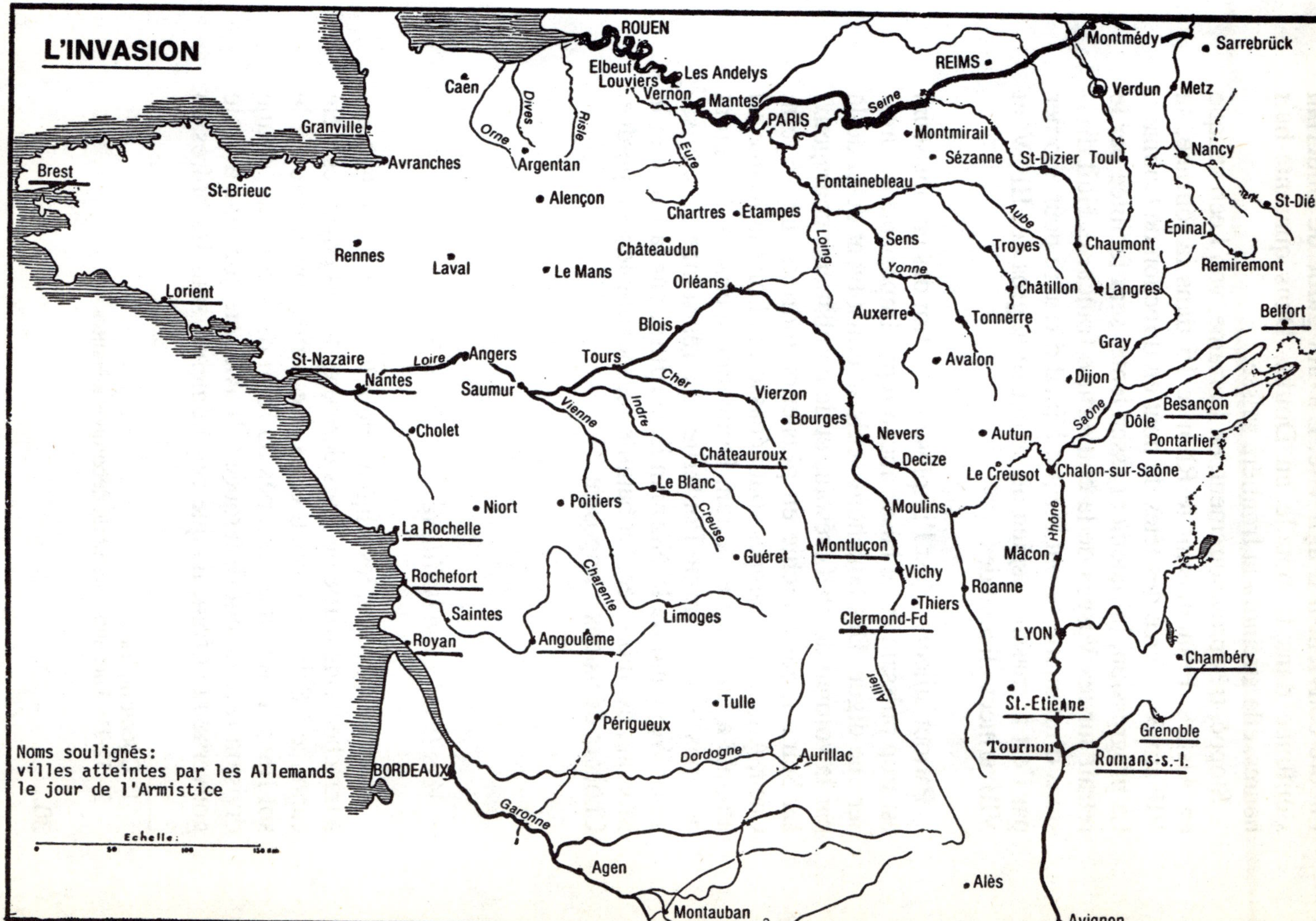
L'INVASION
Noms soulignés:
villes atteintes par les Allemands
le jour de l'Armistice
Echelle:
0
50
100
150 km
Brest
St-Brieuc
Lorient
Granville
Avranches
Rennes
Laval
Caen
Orne
Dives
Risle
Argentan
Alençon
Le Mans
ROUEN
Elbeuf
Louviers
Les Andelys
Vernon
Mantes
Eure
Chartres
Étampes
Châteaudun
PARIS
Seine
REIMS
Montmédy
Sarrebrück
Verdun
Metz
Nancy
St-Dié
Montmirail
Sézanne
St-Dizier
Toul
Fontainebleau
Loing
Sens
Aube
Troyes
Chaumont
Épinal
Remiremont
Yonne
Châtillon
Langres
Orléans
Blois
Tours
Auxerre
Tonnerre
Belfort
Gray
Avalon
Dijon
St-Nazaire
Nantes
Loire
Angers
Saumur
Cher
Vierzon
Bourges
Besançon
Dôle
Saône
Pontarlier
Cholet
Vienne
Indre
Châteauroux
Nevers
Autun
Decize
Le Creusot
Chalon-sur-Saône
Le Blanc
Niort
Poitiers
Creuse
Moulins
La Rochelle
Montluçon
Guéret
Rhône
Mâcon
Vichy
Rochefort
Thiers
Roanne
Saintes
Charente
Limoges
Clermont-Fd
LYON
Royan
Angoulême
Chambéry
Allier
St.-Etienne
Tulle
Périgueux
Grenoble
Dordogne
Aurillac
Tournon
Romans-s.-I.
BORDEAUX
Garonne
Agen
Alès
Montauban
Avignon

Encore convient-il d'agir vite. L'avant-garde de Guderian s'enfonce dans la boucle du Doubs. Dans quarante-huit heures, elle atteindra la frontière suisse.

Stoppé, très provisoirement, en Lorraine, von Leeb attaque en Alsace. Franchissant le Rhin le 15 dans la journée, sa VIIe armée se crée des têtes de pont en direction de Colmar [1]. La progression, initialement assez lente, sera facilitée par le retrait sur les Vosges de la couverture française. Huit divisions d'infanterie seront bientôt à pied d'œuvre pour aborder par l'est le massif vosgien où se masse le gros des IIIe, Ve et VIIIe armées allemandes.

Partout ailleurs, c'est l'implosion. Le flot des envahisseurs est trop puissant et ne laisse aucun répit. Impossible de dresser une digue. Des bouchons seuls se constituent de-ci de-là par la volonté de chefs résolus et de combattants courageux. La Seine a été franchie en plusieurs endroits. Le 16 juin, Caen, Argentan, Etampes sont dépassés, la Loire moyenne est atteinte à La Charité. Autun, Dijon sont menacés. Ils seront occupés le 17, comme Pontarlier. La résistance qu'envisageait Weygand de la Normandie au Jura, par la Loire et le Morvan, est mort-née. La bataille est inexorablement perdue. Choix et décisions s'imposent.

*
* *

Vers la décision politique

Au plan militaire, les Anglais, pour leur part, ne tardent pas à trancher. Une partie de leurs dernières forces engagées a été capturée à Saint-Valéry-en-Caux. Ne demeurent encore sur le sol français que des rescapés du repli de la Somme, et une division récemment débarquée [2]. Il avait été convenu avec le gouvernement français que ces éléments, sous les ordres du

1. Opération Bär.
2. 52e DI. Une autre aurait dû débarquer à Nantes.

général Alan Brooke, participeraient à la défense du « réduit breton ».

Une fois encore, les Britanniques donnent un coup de canif dans le contrat. Le 15 juin, le général Dill, chef de l'Etat-Major impérial, télégraphie à Weygand :

> « Etant donné la situation actuelle et la difficulté des communications, le général Brooke ne peut plus s'attendre à recevoir des ordres du Haut Commandement français. Je lui fais savoir qu'il ne doit plus se considérer comme étant sous les ordres du Haut Commandement français, mais qu'il doit coopérer avec les troupes françaises qui opéreraient dans son voisinage. Je suis sûr que vous me donnerez votre accord. »

La mesure, à peine voilée, est claire. Brooke, comme hier Gort, peut agir à sa guise pour – sous-entendu – sauver les siens. Le 17, il gagnera Cherbourg [1].

Pas de soldats, pas d'avions. Les Anglais ont bien repris leur liberté. Cela n'incitera pas les Français à faire cause commune.

* * *

Cependant, Reynaud ne veut pas rompre l'alliance franco-anglaise. Quel que soit le désastre militaire, il entend poursuivre la guerre.

---

1. L'essentiel des forces anglaises encore en France parviendra à s'échapper de Brest, Cherbourg, Saint-Malo et Saint-Nazaire.

136 000 hommes s'embarqueront pour l'Angleterre ainsi qu'environ 20 000 Polonais.

Un épisode tragique marque cet exode. Le 17, le *Lancaster* avec 5 000 hommes à bord est bombardé et incendié au moment d'appareiller de Saint-Nazaire. 3 000 hommes trouveront la mort. Churchill devait interdire de révéler cette catastrophe. « Les journaux avaient bien assez de désastres en pâture, du moins ce jour-là. »

Il n'est pas le seul. De Gaulle pousse dans le même sens. Le nouveau sous-secrétaire d'Etat, fort de ses prérogatives, demande des mesures concrètes, à commencer par le changement du commandant en chef. Remplacer Weygand ? Reynaud ne dit pas non. Il est clair que le chef de l'armée française ne cache pas sa préoccupation : sauver ce qui peut l'être dans l'attente d'un armistice qu'il appartient au gouvernement de réclamer d'urgence. Le 11 au matin, de Gaulle se rend à Arcis-sur-Aube, PC du GA/4, pour solliciter Huntziger [1]. Celui-ci se récuse. Il ne croit plus à un possible redressement des armées françaises. L'affaire en reste là. Velléitaire comme toujours, Reynaud n'insiste pas ; Weygand ne sera pas relevé. Indirectement, les tenants de l'armistice, à leur insu, ont gagné du terrain.

Weygand a replié son PC sur la Loire, au château du Muguet près de Briare. Ce cadre champêtre accueille, le 11 en soirée, une rencontre au sommet demandée par Churchill.

Churchill, qui montre toujours le courage du parfait gentleman, ne craint pas de braver la chasse allemande en perpétuelle quête d'objectifs au-dessus de la France. Son Flamingo dépose, avec lui, ses principaux adjoints : Anthony Eden et les généraux Dill, Ismay et Spears [2]. Paul Reynaud a à ses côtés le maréchal Pétain, Weygand, Villelume, de Margerie [3] et de Gaulle, rentré d'Arcis-sur-Aube.

D'entrée, Churchill se veut optimiste, mais les Français ne tiennent pas le même langage. Weygand ne cache rien :

> « Sur la partie gauche du front, d'Abbeville et d'Amiens jusqu'à Reims, nos armées se battent

---

1. De Gaulle, dans ses *Mémoires*, écrira avoir obtenu l'accord d'Huntziger, accord démenti par Huntziger lui-même, les témoins et la logique. Huntziger, battu à Sedan et en Champagne, était mal placé pour accepter la succession de Weygand.

2. Respectivement : ministre de la Guerre, chef de l'Etat-Major impérial, chef du cabinet militaire du Premier ministre, chargé par Churchill de la liaison entre lui et le gouvernement français.

3. Chef de cabinet de Paul Reynaud.

depuis plus de huit jours sans repos. Pendant la nuit, elles cherchent à se rétablir sur de nouvelles positions. Depuis 48 heures, l'attaque s'est étendue à l'est jusqu'à la Meuse... Les comptes rendus de la journée d'hier permettent de constater que dans les armées qui sont engagées depuis le début de la bataille, les hommes sont littéralement épuisés, se battant le jour, marchant de nuit et tombant endormis sur les nouvelles positions où ils arrivent. Sur l'ensemble de cette position, force est de constater que toutes les réserves sont épuisées. »

Georges, convoqué à son tour en tant que responsable en titre du front nord-est, confirme :

> « L'on se trouve littéralement sur une corde raide car, si un puissant effort ennemi se produit sur un point quelconque, nous ne disposons pas des moyens nécessaires pour s'y opposer. »

Churchill croit heureux d'annoncer l'entrée en action de la 52e DI et le débarquement imminent d'une division canadienne. Goutte d'eau pour ses interlocuteurs !

> « Le seul concours immédiat que puisse nous apporter l'Angleterre est celui de son aviation »,

affirme Paul Reynaud avec force.

Sujet tabou pour les Britanniques. Pas question de faire intervenir leur aviation massivement sur le sol de France. Ils ont estimé à vingt-cinq escadrilles de chasse leurs besoins pour la défense de l'Angleterre. Ils ont juste le nombre et ne lâcheront pas un équipage.

Le ton monte, et les échanges se succèdent.

> Paul Reynaud : – L'Histoire dira sans doute que la bataille de France aura été perdue faute d'avions.

Winston Churchill : – Faute aussi de chars, et par suite de la supériorité numérique de l'ennemi.

Maxime Weygand : – Que tous les avions de chasse anglais soient envoyés en France jusqu'au dernier pour participer à la bataille qui scellera le sort des deux nations.

Churchill : – Non ! Ce n'est pas vrai ! Il y a un horizon plus vaste, un champ plus large à considérer ! Aujourd'hui, c'est la bataille de France ; demain, ce sera la bataille d'Angleterre ; tout ce qui sera perdu aujourd'hui peut être regagné demain !

Le lion britannique a rugi, avec une expression féroce, en prononçant ces mots. Pour les Anglais présents, il est clair que leur chef ne renoncera à rien et en premier lieu pas à leur aviation.

Churchill : – Mais on peut encore défendre Paris ! C'est une ville immense ; on peut se battre à la périphérie, on peut se battre au cœur de la cité ; on peut se battre sur les grandes places, dans les ruelles, au coin de chaque immeuble et à tous les carrefours ! On peut la défendre quartier par quartier, rue par rue, maison par maison ! Vous n'imaginez pas combien une grande ville comme Paris peut fixer et engloutir d'effectifs ennemis ! Des armées entières peuvent y trouver leur tombeau !

Weygand : – Tout cela n'a plus de sens, réduire Paris en cendres ne changerait rien au résultat final.

Churchill : – Si la guerre coordonnée devenait impossible, ne serait-il pas indiqué de poursuivre, dans diverses régions de France, une sorte de guerre éparpillée, une guérilla, qui harcèlerait l'ennemi et disperserait ses forces, comme les forces françaises sont elles-mêmes dispersées, et qui lui ferait peut-être beaucoup de mal ?

Philippe Pétain : – Ah, non ! Ce serait la destruction du pays ! Les Etats-Unis se feront attendre si longtemps que la guérilla fera de la France une terre brûlée !

Churchill : – La Grande-Bretagne ne signera pas sans être écrasée. Si l'armée française se voit forcée d'interrompre la guerre, l'Angleterre continuera, espérant que Hitler sera ruiné par ses victoires mêmes. Avec son aviation et sa flotte, l'Empire britannique pourra durer des années et imposer à l'Europe le blocus le plus sévère...

Le débat se clôt sur une dernière passe d'armes, à l'heure du dîner. Churchill se tourne vers Pétain :

– Souvenez-vous ! Nous avons connu des moments difficiles en 1918, mais nous les avons surmontés. Nous surmonterons ceux-ci de la même manière !

– En 1918, je vous ai donné quarante divisions pour sauver l'armée britannique. Où sont les quarante divisions anglaises dont nous aurions besoin pour nous sauver aujourd'hui ? réplique froidement le Maréchal.

A quoi bon continuer à croiser le fer ? Personne ne baisse sa garde et ne cède de points.

S'il n'y a pas encore divorce, il y a déjà constat de non-assistance réciproque.

Les Français, de Gaulle excepté, ne relèvent pas la dimension que Churchill donne au conflit ni son implacable volonté de se battre.

Les Anglais quant à eux apprécient mal le désarroi des Français confrontés à la débâcle de leurs troupes et au sort tragique de leurs compatriotes perdus sur les routes d'un exode sans précédent.

*
* *

Le 12, à 10 h 30, Churchill, sans illusions, reprend l'air pour l'Angleterre. Dans sa ténacité et son obstination à continuer la lutte quoi qu'il arrive, il n'estime peut-être pas à sa juste valeur l'importance de son dernier entretien avec Darlan :

> – Amiral, et la flotte, qu'en faites-vous ? J'espère que vous ne la livrerez jamais.
>
> – Il n'en est pas question ! Ce serait contraire aux traditions navales et à l'honneur. Il n'y aura jamais aucune cession à l'Allemagne ou à l'Italie. Des ordres de sabordage seront donnés en cas de danger.

Les marins tiendront parole. Deux ans plus tard, ce sera Toulon. Entre-temps il y aura eu Mers el-Kébir.

*
* *

Après le départ de Churchill, le général Spears reste seul auprès des Français. Quelques longues minutes, il se trouve l'interlocuteur de Philippe Pétain. Le vieux Maréchal, d'ordinaire peu loquace, s'épanche brusquement avec force :

> « C'est un crime, un crime impardonnable que d'obliger une armée à poursuivre la lutte dans des conditions pareilles ; un armistice est inévitable...
>
> « Tandis que les ministres hésitent en pensant à leur réputation, nos soldats se font massacrer et la terre de France est saccagée !
>
> « Nous payons à présent – et nous payons cher ! – l'anarchie dans laquelle nous nous sommes complus. Où sont-ils, aujourd'hui, tous ces dépu-

tés qui soignaient leur popularité en votant contre toute mesure de réarmement ? Et le Front populaire, où sont ses chefs, maintenant que les pauvres bougres qui les suivaient en tendant le poing n'ont plus que leurs poings nus à opposer aux chars allemands ?

« L'Afrique ? A quoi sert d'envoyer des recrues en Afrique, comme le souhaite le président Reynaud ? Il n'y a pas, là-bas, de fusils pour les armer.

« Que voulez-vous ? Puisque la France doit cesser le combat, la sagesse commande à l'Angleterre de chercher la paix, elle aussi. Elle n'est certainement pas en mesure de poursuivre la lutte toute seule. Comment pouvez-vous réussir, là où l'armée française a échoué ? » [1]

Propos révélateurs. La pensée du futur chef de l'Etat français y apparaît en pleine lumière. Une telle pensée sous-tendra obligatoirement une certaine politique.

*
* *

A 19 h 45, ce même jour, un conseil des ministres se tient au château de Cangé, non loin de Tours, sur les bords du Cher. Encore un cadre très « vieille France »...

Devant les Anglais, Weygand a été contraint de se modérer. Il peut, maintenant, s'exprimer sans retenue :

– Demandez l'armistice maintenant qu'il en est encore temps, que nos troupes ont encore une certaine cohésion. Il ne s'agit pas seulement de l'ordre de nos troupes, il s'agit de l'ordre dans les populations. N'oubliez pas que nous avons cinq

1. J. Benoist-Méchin, *Soixante jours qui ébranlèrent l'Occident* (Albin Michel, 1956).

ou six millions de gens qui déferlent vers le sud depuis des semaines...

Paul Reynaud réagit durement :

> – La France ne peut ni conclure de paix séparée, ni entamer des négociations en vue d'un armistice sans le consentement de l'Angleterre. Agir autrement serait forfaire à l'honneur.

L'honneur ! Weygand ne plaisante pas sur ce point.

> – Messieurs, l'honneur ? L'honneur, il est dans ceux qui se battent beaucoup plus que dans ceux qui sont assis dans leur fauteuil et ne font que regarder !

Deux ministres et le maréchal Pétain approuveront les dires de Maxime Weygand.

Oui, il faudra bien se décider. L'armistice pour éviter l'écrasement matériel de la France, la capture de la totalité des armées, le massacre des civils sur les routes ? Ou bien la poursuite de la guerre, en Afrique du Nord, voire en Afrique noire, au nom de l'honneur et de la défense de la civilisation ?

Faute d'accord, Camille Chautemps, qui est comme Pétain vice-président du Conseil, propose une formule transactionnelle : demander à Churchill de revenir étudier la situation désespérée de la France. N'a-t-il pas demandé « que le gouvernement français ne prenne aucune décision définitive sans avoir repris contact avec lui » ? En fonction de son attitude, il sera plus facile de trancher.

*
* *

Winston Churchill ne craint pas d'affronter le danger. Le voici à nouveau au-dessus de la France. Le 13, à 13 h, son avion se pose sur l'aérodrome de Tours. La rencontre, cette fois, aura lieu à la préfecture.

Reynaud, bien qu'hostile à l'armistice, se doit de poser la question que son conseil, de plus en plus impatient, attend :

> – La Grande-Bretagne n'estime-t-elle pas que la France peut dire : mon sacrifice est si grand que je vous demande de m'autoriser à signer un armistice, tout en maintenant la solidarité qui existe d'après nos accords ?

Très ému, Churchill répond lentement en pesant ses termes :

> – Nous *comprenons* la situation où vous vous trouvez. Nous ne ferons pas de récriminations dans une pareille hypothèse. Dans tous les cas, la Grande-Bretagne restaurera la France dans toute sa puissance et sa grandeur quelle qu'ait été son attitude après sa défaite.

« Nous comprenons. » Le Premier ministre anglais ne s'oppose pas. Les Français sont-ils en droit de s'estimer dégagés de leur engagement du 28 mars ? Ils estiment que oui. Même si Churchill a dit « Nous comprenons », en anglais *« We understand »*, et non « Nous acceptons ».

Pressés, les Britanniques s'éclipsent, laissant leurs alliés face à leur dilemme.

Parmi les voix qui comptent :
– pour l'armistice : Pétain, Weygand, Chautemps, Baudouin, Villelume, en coulisse Madame de Portes ;
– pour la poursuite de la guerre : Reynaud, Mandel, de Gaulle, les deux présidents du Sénat et de la Chambre, Jeanneney et Herriot.

A l'heure de vérité, il appartient au chef de trancher. Il en est de sa responsabilité. Il en est de son honneur. Paul Reynaud ne trouve qu'un expédient : adresser un suprême appel au président des Etats-Unis. Attendre sa réponse avant de prendre une décision.

Weygand, qui a le sang chaud, a claqué la porte devant tant d'atermoiements. Pétain, sortant de son mutisme, tire un papier de sa poche. Posément, il en donne lecture :

> « Nous reconnaissons tous que la situation militaire est aujourd'hui très grave. Elle est telle que, si le gouvernement français ne demande pas l'armistice, il est à craindre que les troupes, n'écoutant plus la voix de leurs chefs, ne se laissent entraîner à une panique qui mettrait l'armée hors d'état d'entreprendre la moindre manœuvre...
>
> « Or, il est impossible au gouvernement, sans émigrer, sans déserter, d'abandonner le territoire français. Le devoir du gouvernement est, quoi qu'il arrive, de rester dans le pays, sous peine de n'être plus reconnu pour tel. Priver la France de ses défenseurs naturels, dans une période de désarroi général, c'est la livrer à l'ennemi. C'est tuer l'âme de la France, c'est par conséquent rendre impossible sa reconnaissance [...]
>
> « Je suis donc d'avis de ne pas abandonner le sol français et d'accepter la souffrance qui sera imposée à la patrie et à ses fils. La renaissance française sera le fruit de cette souffrance [...]
>
> « Je déclare en ce qui me concerne que, hors du gouvernement s'il le faut, je me refuserai à quitter le sol métropolitain. Je resterai parmi le peuple français pour partager ses peines et sa misère [...]
>
> « L'armistice est, à mes yeux, la condition nécessaire à la pérennité de la France. »

Le message, par son caractère inhabituel, dans la forme comme dans le fond, a frappé l'auditoire. Paul Reynaud a beau se récrier, le vainqueur de Verdun a une parole qui porte. Les partisans du départ, de la poursuite de la guerre hors du territoire métropolitain, voient se dresser devant eux un maréchal de France drapé dans sa légende. Difficile de bousculer un tel monument.

*
* *

14 juin

Les Allemands entrent dans Paris. Les ministres, non sans difficulté, se réfugient à Bordeaux. Le choix de la cité-repli a été longuement discuté. De Gaulle voulait Quimper. De Quimper, le gouvernement eût été quasiment contraint de gagner l'Afrique du Nord ou l'Angleterre. Indirectement, Quimper signifiait en quelque sorte la poursuite de la guerre. Reynaud n'a rien décidé. De Tours, il s'est laissé emmener à Bordeaux, mêlé au courant des malheureux qui fuient vers le sud.

De Gaulle, lui, remonte vers le nord. Via Rennes et Brest, il gagne l'Angleterre. Envoyé spécial de Paul Reynaud, il part pour Londres avec une double mission :
– trouver le tonnage nécessaire au transport en AFN des recrues et troupes disponibles dans le Midi ;
– inciter Churchill à soutenir Reynaud avec plus de vigueur contre les « mous » du cabinet. Un refus anglais, clairement exprimé, d'accepter la rupture de l'accord du 28 mars doit aider le chef du gouvernement français à conforter sa résistance.

Ce dernier, entre-temps, a réitéré son message à l'intention de Franklin Roosevelt. Le président des Etats-Unis sera-t-il celui qui lancera une bouée de secours à une France en perdition ? Reynaud ose l'espérer, ce qui est bien mal connaître l'état d'esprit de l'opinion américaine.

> « La seule chance de sauver la nation française, avant-garde des démocraties, et par là de sauver

l'Angleterre, aux côtés de qui la France pourra alors rester avec sa puissante flotte, c'est de jeter, aujourd'hui même, dans la balance le poids de la force américaine », écrit-il.

Que répondra Roosevelt ?

*
* *

15 juin

Réunis par Georges, en son PC de Briare, Besson, Huntziger, Hering, Frère, Touchon, Requin expriment un avis unanime : il faut arrêter les hostilités au plus tôt.

Cette prise de position ne peut que fortifier leur chef de file, Maxime Weygand, dont l'opinion est faite, et qui continue à l'afficher.

A la mi-journée, sans parler encore de télégramme officiel, les échos diplomatiques venus de Washington laissent prévoir que les Etats-Unis n'interviendront pas.

Franco, à Madrid, a-t-il eu vent de l'isolement aggravé de la République française ? Il ne lui a pas pardonné sa caution aux républicains espagnols. L'ancien baroudeur du Tercio souhaiterait pour son pays mieux que les austères montagnes du Rif. L'occasion ne s'offre-t-elle pas de saisir une partie du Maroc français, voire de l'Oranais où résident tant de sujets d'origine ibérique ? Sans vergogne, l'Espagne franquiste passe de la neutralité à la non-belligérance. Cette subtilité diplomatique est lourde de menaces. Il n'y a pas loin de la non-belligérance à la belligérance.

Au sein de l'équipe dirigeante les tensions s'accroissent, et pour cause. Bordeaux, ville refuge, se transforme en cour des Miracles. Les réfugiés, arrivant par train, par voiture, ou à pied, encombrent les rues, les places, les édifices publics. Ministres, parlementaires, diplomates, officiers se bousculent en quête d'hébergement, d'informations, de moyens de liaison. L'exercice du pouvoir s'effrite au fil des heures.

Comment diriger un pays dont l'infrastructure se disloque ? Nombreux sont les préfets, fonctionnaires, édiles abandonnant leurs postes. (Certains écriront « désertent leurs postes », ce qui n'est pas toujours faux.) Rien d'étonnant que la fatigue – et la peur – aidant, les passions s'exacerbent devant l'obsédante question : faut-il ou non demander l'armistice ? Faut-il ou non partir pour l'Afrique du Nord poursuivre la lutte ?

A 15 h 45, Reynaud paraît se décider. Il annonce à Weygand :

> « Puisqu'il faut cesser le combat, la meilleure solution est une capitulation militaire qui n'engage que l'armée mais laisse le gouvernement libre de ses mouvements. »

(En son for intérieur, il est en droit de penser : n'est-ce pas ce qu'ont fait la Pologne, la Norvège, la Hollande ?)

Capituler ! Le commandant en chef explose. Il n'est pas de l'étoffe des Bazaine. Il tient à l'honneur de ses soldats et au sien propre.

> « Je refuse, je me refuserai toujours, quoi qu'il puisse arriver, à couvrir nos drapeaux de cette honte. »

Ainsi, les ponts sont définitivement coupés entre le président du Conseil et le premier responsable de l'armée. Encore une fois, Reynaud donne l'impression de vouloir imposer sa volonté :

> « Si je suis encore au pouvoir ce soir, Weygand ne sera plus commandant en chef. Il est temps d'en finir. »

Le soir, Paul Reynaud sera encore au pouvoir et Weygand toujours commandant en chef. Même si vers 20 h un autre incident violent éclate entre les deux hommes.

Peu après, sur son élan, Weygand ne se privera pas de reprocher au président de la République en personne la suppression en 1933 de 5 000 postes d'officiers et le refus d'accorder plusieurs centaines de millions de crédits militaires.

On en est là. L'autorité militaire ne respecte plus un pouvoir politique discrédité à ses yeux par ses aveuglements et ses indécisions, tandis que les civils, fût-ce tacitement, imputent aux généraux la défaite.

La journée se termine mal. A 21 h, le « non » de Roosevelt tombe. Le président américain se retranche derrière son Congrès seul habilité à déclarer la guerre. Et le Congrès, ce 15 juin 1940, s'y refuse. Pour qu'il s'y résigne, Pearl Harbor sera nécessaire. Dans dix-huit mois.

*
* *

16 juin

L'ennemi est sur la Loire. Les ministres, devant la gravité du péril, prennent de plus en plus conscience de la nécessité d'un arrêt des combats. La veille, un tour de table organisé par Chautemps a donné 13 voix pour et 6 contre. Reynaud ne dispose véritablement que d'un carré d'irréductibles, les deux présidents des Chambres, Mandel, Louis Marin et de Gaulle. Ce dernier d'ailleurs a été envoyé à Londres. Et que pèse un général de brigade à titre temporaire devant les éminences étoilées qui ont nom Pétain ou Weygand ?

Pétain le fait bien voir. Il refuse l'impasse qui se prolonge :

> « Je ne peux demeurer plus longtemps au gouvernement. Plus le temps passe, plus nos armées se désagrègent. »

Paul Reynaud parvient à le retenir, mais rien n'est résolu. Albert Lebrun, spectateur à défaut d'être un véritable acteur, en est réduit à commenter :

« Dans quelle situation étrange nous nous trouvons ! Ce sont les militaires Pétain et Weygand qui veulent arrêter la guerre et des civils, Paul Reynaud, Louis Marin et Mandel qui veulent la continuer. » [1]

Le malheureux président de la République n'a pas tort, et il pourrait ajouter que la grosse majorité des civils du gouvernement rejoint les militaires.

A l'heure du repas arrive un message de Londres :

« A la condition, toutefois, mais à cette seule condition que la flotte française soit aussitôt dirigée sur les ports britanniques en attendant l'ouverture de négociations, le gouvernement de Sa Majesté donne son assentiment à une enquête du gouvernement français en vue de connaître les conditions d'un armistice pour la France. »

Churchill, a priori, va plus loin qu'à la réunion de Tours. Il autorise son allié à consulter l'adversaire sur ses propositions d'armistice. Ce n'est pas un accord formel mais presque, avec cependant une réserve, et une réserve d'importance : le sort de la flotte française. Peut-on vraiment concevoir de l'envoyer dans les ports britanniques ?

Fort de ce feu clignotant, Reynaud pourrait trancher. Il ne s'y risque pas. Il entend toujours poursuivre la guerre en dépit de la pression croissante de la majorité de son entourage. Pour gagner du temps, il se contente d'une demi-mesure : rencontrer à nouveau Churchill le lendemain.

On en est là lorsqu'à 16 h 30 de Gaulle appelle du 10 Downing Street [2]. Le sous-secrétaire d'Etat semble enthou-

1. Déclaration au sénateur Reibel.
2. Résidence du Premier ministre.

siaste. A mille kilomètres de Bordeaux, il dicte un texte que Reynaud s'empresse de transcrire :

« A l'heure du péril où se décide la destinée du monde moderne, les gouvernements de la République française et du Royaume-Uni, dans l'inébranlable résolution de continuer à défendre la liberté contre l'asservissement aux régimes qui réduisent l'homme à vivre d'une vie d'automate et d'esclave, déclarent :

– Désormais, la France et la Grande-Bretagne ne sont plus deux nations, mais une nation franco-britannique indissoluble.

– Une constitution de l'Union sera rédigée, prévoyant des organes communs chargés de la politique économique [...] et de la défense de l'Union.

– Chaque citoyen français jouira immédiatement de la nationalité anglaise. Chaque citoyen britannique devient un citoyen français.

– Les dévastations de guerre, où qu'elles aient lieu, seront de la responsabilité commune des deux pays, et les ressources de chacun seront confondues pour la restauration des régions détruites.

– Durant la guerre, il n'y aura qu'un seul cabinet de guerre pour la direction suprême de la guerre.

– Il gouvernera de l'endroit qui sera jugé le mieux approprié à la conduite des opérations.

– Les deux parlements seront associés. Toutes les forces de la Grande-Bretagne et de la France, terrestres, maritimes ou aériennes, seront placées sous un seul commandement suprême.

– La Grande-Bretagne forme immédiatement de nouvelles armées. La France maintiendra ses forces disponibles, soit terrestres, soit maritimes, soit aériennes.

– L'Union fait appel aux Etats-Unis pour fortifier les ressources des Alliés et pour apporter leur puissante aide matérielle à la cause commune.

– Cette Union, cette unité concentreront toutes leurs énergies contre la puissance de l'ennemi, où que soit la bataille – et ainsi nous vaincrons. »

Ce projet, aussi spectaculaire qu'audacieux, propose une union de fait entre la France et la Grande-Bretagne pour intensifier et poursuivre l'effort de guerre. Est-il en mesure de renverser le cours des choses ? Son auteur, l'économiste Jean Monnet [1], le croit. Ses interlocuteurs britanniques, Churchill compris, l'ont suivi. De Gaulle, lui, s'est enflammé. Il pense tenir là le moyen de fortifier l'alliance franco-britannique et d'emporter la décision de lutte à outrance.

A Bordeaux, les réactions ne répondent pas à cet espoir. Bien au contraire ! Elles s'avèrent, même, franchement hostiles. On entend prononcer des paroles sévères du genre : « La France ne va pas devenir un dominion de l'Angleterre ! »

Madame de Portes fait passer un billet à Paul Reynaud : « Vous n'allez pas jouer les Isabeau de Bavière ! » [2]

C'en est trop pour le malheureux Reynaud. Manifestement, ses deux vice-présidents, Pétain et Chautemps, nombre de ses ministres, ses généraux n'aspirent plus qu'à la paix. Fatigué, brisé, le chef du gouvernement français jette l'éponge. Vers 20 h, il annonce son intention d'abandonner. A 22 h, en dépit des interventions d'Albert Lebrun, Paul Reynaud est démissionnaire. Tous les témoins notent son soulagement évident d'être débarrassé d'un fardeau devenu trop pesant. La France qui roule au fond du gouffre n'a plus de gouvernement. Pas pour longtemps !

Le sortant a conseillé au président de la République de faire appel à Pétain pour former un nouveau gouvernement. Sollicité, le Maréchal répond aussitôt : « Le voici ! »

---

1. Jean Monnet, 1888-1979.
2. Les écoliers apprenaient, jadis, le « honteux traité de Troyes » par lequel, en 1420, Isabeau de Bavière, épouse de Charles VI le Fol, roi de France, avait livré le royaume aux Anglais.

Sa liste était prête [1].

Promu à 84 ans par la défaite militaire et la défaillance des politiciens, Philippe Pétain accède au pouvoir. A défaut d'un quitus parlementaire difficile à obtenir dans le désordre présent, il n'est pas sans aval. Le président de la République l'a désigné. Les ténors des principaux partis l'ont accepté. L'armée, par la voix de ses généraux, le ratifie. Demain le peuple lui donnera – pour un temps du moins – sa caution. Plus que comme le chef d'une éphémère coalition gouvernementale il se présente en recours suprême dans l'adversité. Pétain le sauveur ! Le terme reviendra souvent. Bientôt les masses le chanteront :

« Maréchal, nous voilà !
Devant toi, le sauveur de la France ! »

De quel côté penche le nouveau cabinet ? Pétain a toujours donné l'image d'un militaire républicain. Weygand ne cache pas son aversion pour les compromissions du présent régime. Camille Chautemps est radical-socialiste. Darlan est le fils d'un ministre radical à la mode du Sud-Ouest. Pomaret vient du Conseil d'Etat. Baudouin passe pour un modéré alors qu'Ybarnegaray est plutôt très à droite, comme Alibert maurrassien convaincu. Rivière et Février appartiennent à la SFIO et sont là avec l'accord formel de Léon Blum.

Tout porte à croire que l'éventail est assez large, mais est-il possible de parler d'Union nationale ? Oui et non. Oui, parce

1. Vice-président du Conseil, Camille Chautemps ; Défense nationale, général Weygand ; Guerre, général Colson ; Air, général Pujo ; Marine, amiral Darlan ; Justice, Charles Frémicourt ; Intérieur, Charles Pomaret ; Affaires étrangères, Paul Baudouin ; Finances et commerce, Yves Bouthillier ; Colonies, Albert Rivière ; Education nationale, Albert Rivaud ; Travaux publics, Ludovic-Oscar Frossard ; Agriculture et ravitaillement, Albert Chichery ; Travail, André-Louis Février ; Anciens Combattants et Famille, Jean Ybarnegaray ; sous-secrétaire d'Etat à la présidence du Conseil , Raphaël Alibert ; sous-secrétaire d'Etat aux réfugiés, Robert Schuman.

que ce gouvernement rencontre un assentiment quasi général : faire la paix. Non, parce que ses éléments « droitiers » et militaires l'emportent en nombre et en poids, tandis que les tenants de la lutte à outrance ne sont pas représentés. Mandel, de Gaulle sont absents.

Ce dernier a été évincé. Homme de Reynaud, il pouvait difficilement être celui de Pétain même si, quelques années plus tôt, il avait servi de « nègre » au Maréchal. Cette collaboration avait mal tourné. Trop de susceptibilités de part et d'autre. Mais que serait-il advenu si, malgré tout, de Gaulle s'était retrouvé ministre de Pétain ? Serait-il parti pour Londres ? Hypothèse d'école et réponse impossible ! Du moins les choses sont-elles claires. Le 16 juin au soir, le général Charles de Gaulle est libre. Officier en activité, il n'a plus en principe qu'à rejoindre une unité combattante. Il en décidera autrement.

Quant au gouvernement, comme il fallait s'y attendre, sa première décision, prise à l'unanimité, sera d'essayer de prendre contact avec l'adversaire pour connaître ses conditions d'armistice.

Chapitre III

TU QUOQUE, MUSSOLINI !

Benito Mussolini a ses habitudes. Il aime son balcon dominant la place de Venise. Depuis longtemps, c'est en cet endroit qu'il a fixé ses rendez-vous avec la foule italienne. Il s'enivre du tumulte que soulève son apparition. Il se redresse au spectacle des milliers de bras qui se tendent pour répondre à son salut. Il s'étourdit de la puissance de son verbe qui enflamme le populaire, comme jadis Cicéron ou Caton embrasait le Forum !

10 juin 1940, 18 heures. Les Romains, une fois encore, sont fidèles à leur Duce. Une marée humaine recouvre la place et ses abords jusqu'à l'imposant monument élevé à la gloire de Victor-Emmanuel II, père de la Patrie. Elle attend, vibrante de joie et d'enthousiasme.

L'orateur, comme toujours, ne les déçoit pas. Mussolini est un vrai Latin. Il a l'éloquence lyrique et impériale. Il domine son art, y alternant agressivité et sensibilité :

> « Combattants de terre, de mer et de l'air. Chemises noires de la révolution et des légions,

hommes et femmes d'Italie, de l'Empire et du royaume d'Albanie, écoutez : l'heure fixée par le destin sonne au ciel de notre patrie, l'heure des décisions irrévocables. La déclaration de guerre a déjà été signifiée aux ambassadeurs de Grande-Bretagne et de France. Nous descendons dans l'arène contre les démocraties ploutocratiques et réactionnaires de l'Occident qui, de tout temps, nous ont créé des obstacles et ont souvent menacé l'existence même du peuple italien [...]

« Nous prenons les armes pour résoudre, après le problème de nos frontières continentales, le problème de nos frontières maritimes. Nous voulons briser les chaînes territoriales et militaires qui nous suffoquent dans notre mer, car un peuple de quarante-cinq millions d'habitants n'est vraiment libre qu'à condition d'avoir un libre accès à l'océan [...]

« Peuple italien, cours aux armées et, par ta ténacité, démontre ton courage et ta valeur ! »

Infortuné peuple italien qui se grise de mots et applaudit à tout rompre. Il ne voit pas qu'il se précipite vers sa ruine. Il n'a pas entendu l'appel du comte Sforza à Victor-Emmanuel III [1] :

« Si Votre Majesté donne Son nom et Sa signature à cette guerre insensée, il faut qu'Elle sache que cela finira par la plus terrible des catastrophes pour l'Italie.

« Le désastre sera si épouvantable et le déshonneur si douloureux qu'ils finiront par détruire tous les liens de fidèle affection qui unissent le peuple italien à Votre Maison. »

1. Lettre du comte Sforza, ancien ministre des Affaires étrangères d'Italie, au roi, le 30 mai 1940. Le comte Sforza ne se trompait pas. Le référendum pour la République l'emportera en 1946.

L'empereur et roi qui, comme son peuple, a entériné la folie de Mussolini y perdra son trône.

Le Duce aspire à la gloire des armes. Il rêve de se forger, pour les générations à venir, l'image d'un grand capitaine. Il veut aussi – et il ne s'en est pas caché du haut de son balcon – élargir le pré carré italien. Il juge la péninsule trop étroite pour y accueillir ses quarante-cinq millions d'habitants. Il s'est déjà lancé dans des conquêtes de style colonial. En Libye. En Ethiopie. En Albanie. Il a maintenant des visées sur des possessions françaises. Nice. La Corse. La Tunisie [1]. Djibouti. Son imagination transforme déjà la Méditerranée en un nouveau *Mare nostrum.*

Déclarant la guerre à la France, le Duce frappe un ancien partenaire qui a déjà un genou à terre. Le coup n'est guère honorable [2]. Mais n'est-il pas dans la logique d'un despote avide de gloriole ? L'emporter sur la France ! Quelle revanche pour un Italien ! Depuis des siècles, l'invasion a toujours été quasiment à sens unique. Les soldats de Charles d'Anjou, de François Ier ou de Bonaparte ne se sont pas privés de fouler les plaines du Pô ou du Latium. La réciproque remonte à la guerre des Gaules. Renverser le cours de l'Histoire ? Mussolini émule de César ? Il faut s'appeler Benito Mussolini pour oser y croire.

Mussolini entraîne maintenant son pays dans une guerre qu'il avait initialement, par prudence, refusée. En septembre 1939, il avait proclamé sa « non-belligérance ». Les

---

1. La population européenne de Tunisie comporte une très importante communauté d'origine italienne. L'Italie est en droit d'en attendre des sympathies, et la France de craindre des complicités. Ces espoirs ou ces craintes ne s'avéreront pas fondés. Les Européens de souche italienne se montreront fidèles et loyaux envers leur patrie d'accueil. Ils feront très honorablement leur devoir sur les champs de bataille d'Italie, puis de France.

2. Ce qui fera dire à Franklin Roosevelt : « Aujourd'hui, la main qui tenait le poignard l'a plongé dans le dos de son voisin. »

Belle réminiscence du « Tu quoque, fili ! » des ides de mars.

succès nazis de mai 1940 ont précipité son changement d'attitude. S'il veut obtenir des gains substantiels à la table des négociations de paix [1], il doit entrer dans la mêlée. Fort de ses soixante-dix divisions, il se juge capable d'y tenir un rôle.

Mussolini se croit fort. Il se voit effectivement à la tête de soixante-dix divisions. Il se croit capable d'en mobiliser soixante-dix autres dans les meilleurs délais. Il se leurre. A peine possède-t-il dix divisions opérationnelles et encore ! Absence d'armement et d'équipement modernes, manque d'entraînement, investissement essentiel au profit des campagnes coloniales, l'armée italienne est mal préparée à un conflit européen. La valeur de ses soldats est très inégale. Si l'Italie du Nord donne généralement de bons éléments, l'Italie du Sud goûte moins le son de la mitraille.

Dans l'immédiat, pour attaquer sur les Alpes, 312 000 hommes ont été rassemblés sous les ordres de l'héritier du trône, le prince Umberto. Cette masse peut également faire illusion mais, comme toute l'armée italienne, elle est mal préparée matériellement et psychologiquement à se battre. Seuls les Alpini ont quelque expérience de la vie en haute montagne dans des conditions climatiques sévères.

L'Italie possède également une marine et une aviation. Certains bâtiments récents sont de bonne facture. Sont-ils confiés à de bonnes mains ? L'avenir montrera vite ce qu'il en est. L'aviation ne compte que peu d'appareils susceptibles de rivaliser avec les chasseurs français ou britanniques [2].

---

1. Il aura sur cette table des négociations futures une réplique terrible à Badoglio lui faisant part de ses craintes devant l'ouverture des hostilités : « Je n'ai besoin que de quelques milliers de morts pour m'asseoir en tant que belligérant à la table de la paix. »

2. La Regia Aeronautica dispose de 3 296 appareils. La moitié seulement est opérationnelle, soit 783 bombardiers, 596 chasseurs, 268 avions d'observation et 151 de reconnaissance (chiffres précis contestés). La quantité estompe la qualité. Le Fiat CR 42 plafonne à 440 km/h, le

Cette réalité, Mussolini refuse de la prendre en compte, quitte à se lamenter sur la valeur de ses compatriotes :

> « C'est la matière qui me manque. Michel-Ange avait aussi besoin de marbre pour faire ses statues. S'il n'avait eu que de l'argile, il n'aurait été qu'un potier. »

Ses généraux, à l'exception de quelques-uns [1], se voilent beaucoup moins la face. Ils apprécient leurs troupes à leur juste valeur et ne sont pas pressés de les voir engagées. Apprenant, le 25 mai, la décision de leur patron d'entrer dans le conflit, Badoglio, chef de l'Etat-Major général, et Balbo, pourtant un vieux complice, sont demeurés pétrifiés. Ciano, gendre du Duce et ministre des Affaires étrangères, a murmuré : « C'est de la folie ! »

Dans un régime totalitaire, il est difficile de s'élever contre l'autorité du despote. L'Etat-Major italien ne se rebiffera pas ouvertement mais, conscient de la précarité de ses moyens, ne précipitera pas l'action. Cela explique déjà la passivité italienne initiale après le 10 juin, devant un adversaire qui, lui aussi, ne veut pas envenimer la querelle.

Au demeurant, la qualité du dispositif français explique cette attitude timorée.

Des contreforts du mont Blanc à la Méditerranée, sur près de 400 km à vol d'oiseau, la frontière franco-italienne suit pour l'essentiel la ligne de crêtes. Au nord de l'Ubaye, celle-ci s'élève régulièrement à plus de 3 000 m. Cette barrière montagneuse n'offre que quelques voies d'accès, connues et empruntées depuis la plus haute antiquité : cols du Petit-

---

Fiat G 50 à 473, le Macchi Mc 200 à 510. Avec deux mitrailleuses pour armement, ces chasseurs sont nettement surclassés par les Dewoitine 520 équipés d'un canon de 20, de quatre mitrailleuses et atteignant 530 km/h. Les bombardiers ont de meilleures possibilités. Le BR 20 a une autonomie de 3 000 km avec 1 600 kg de bombes. Le SM 79 de 1 900 km avec 1 250 kg de bombes. Ces chiffres sont honorables pour l'époque.

1. Dont le maréchal Graziani.

Saint-Bernard, du Mont-Cenis, du Mont-Genèvre, de Larche. Au sud de l'Ubaye, le relief s'abaisse quelque peu, mais sans offrir de larges axes de pénétration. Jusqu'à la côte, les chaînons de 1 000 à 3 000 m d'altitude continuent à faire écran.

En garde face à l'est, l'armée française des Alpes du général Olry a été sérieusement amputée par les prélèvements effectués au profit des autres théâtres d'opérations. Elle n'aligne que 175 000 hommes, dont 80 000 combattants de première ligne répartis en trois secteurs dits fortifiés : Savoie, Dauphiné, Alpes-Maritimes. Cette faiblesse numérique n'interdit pas une organisation cohérente et bien adaptée au terrain. En avant, sur les hauts, 86 SES [1] contrôlent les points de passage obligés. Constituées avec des enfants du pays, commandées par de jeunes officiers pleins d'allant, elles ont mission d'observation, de renseignement, d'action retardatrice. En retrait, épaulés par les ouvrages fortifiés ou de campagne, 46 bataillons d'infanterie barrent le débouché des cols et l'entrée des vallées. Pour soutenir les uns et les autres, 65 groupes d'artillerie ont repéré leurs plans de feu. Une incursion en force de l'ennemi passe obligatoirement par l'entonnoir des fonds ou le glacis des pentes où l'accueilleront à coup sûr les batteries françaises. Dans la partie méridionale, une densité plus forte de troupes et d'ouvrages compense les difficultés géographiques moindres. Fait important, l'armée des Alpes, bien commandée, s'est forgé un solide moral. Elle ne craint pas l'Italie. Au contraire !

Elle est en droit, cependant, de redouter la menace allemande. Le 12 juin, les PD sont encore sur la Seine et la Marne, mais elles progressent très vite. Le 17, elles atteindront la Saône. Le général Olry est un chef énergique. Le 15, il prescrit la « levée en masse », renouant avec les temps révolutionnaires. Suivant ses directives, le général Cartier rameute tous les soldats disponibles dans les dépôts ou garnisons. Des divisions improvisées se constituent pour tenir le

---

1. Sections Eclaireurs Skieurs.

Rhône de Lyon à Bellegarde. Une telle mesure couvre – en principe – l'armée des Alpes sur son flanc nord.

Les généraux italiens ignorent cette mise en place. Par contre, ils suivent attentivement l'avance des Panzers. Ils les verront débouler très prochainement dans la vallée du Rhône. Alors pourquoi ne pas laisser Hitler et ses blindés contourner l'obstacle et créer une situation qui permettra de venir, l'arme à la bretelle, ramasser un fruit mûr tombé au sol ?

Des Italiens peu tentés d'en découdre et comptant sur leurs alliés pour réaliser le gros du travail, des Français fort préoccupés par ailleurs, soucieux de ne rien aggraver et n'entendant mener qu'un combat strictement défensif, tout explique que, durant quelques jours, la guerre avec l'Italie donne l'impression de marquer le pas. Non qu'il ne se passe absolument rien à compter du 11 juin 1940 à 0 heure début des hostilités.

*
* *

11-21 juin

Sur la place de Venise, Mussolini, emporté par sa fougue, a parlé trop vite et trop fort. Il a perdu le bénéfice de la surprise. Dans les heures qui suivent, 53 tonnes d'explosifs, côté français, font sauter les ponts, coupent les routes et voies ferrées. Les axes de pénétration, déjà peu nombreux, sont désormais interdits à des éléments motorisés. Les hommes du prince Umberto se voient condamnés à progresser à pied. Une marche à pied à plus de 2 000 m d'altitude et où il fait froid, très froid. L'hiver s'attarde ; si bien qu'à la fin de la campagne, l'armée italienne, sur le front des Alpes, annoncera 2 151 « congelati [1] ».

Le schéma s'avère presque toujours le même. Des colonnes italiennes, avec plus ou moins de précaution, abordent les

1. Hommes atteints de gelures profondes.

cols. Les SES, les postes avancés signalent leur présence et engagent le combat. L'artillerie française entre en action. Sous le feu, l'arrivant reflue ou reste cloué au sol. Au mieux grignote-t-il quelques hectares d'alpage ou de pierraille. A chaque engagement il laisse des tués, des blessés, voire des prisonniers.

Quelques faits d'armes émergent de ces accrochages localisés. La SES du 80e BAF, celle du 7e BCA bloquent des heures durant, par le tir de leurs 24-29, de forts contingents adverses. Les ouvrages ne sont pas en reste. Dans la Redoute ruinée, les quarante compagnons du lieutenant Desserteaux s'interposent au passage du Petit-Saint-Bernard. Même attitude, au col du Mont-Cenis, des petits forts de la Turra et des Revets. Au mont Genèvre, les deux mortiers de 280 du lieutenant Miguet entreprennent, non sans succès, de réduire au silence les huit tourelles du fort du Chaberton qui, du haut de leurs 3 000 m, menacent tout le Briançonnais.

La bataille, sur mer et dans les airs, s'annonce plus sévère. Les Britanniques n'ont aucune raison de ménager les Italiens. Churchill, le 6 juin, a été formel :

> « Il est de la plus haute importance que nous portions des coups à l'Italie aussitôt que la guerre éclatera. »

La RAF, d'entrée, a programmé une opération aéronavale au départ des bases françaises de Provence. Le général Vuillemin, désireux, dit-il, d'éviter des représailles, s'y oppose. Les pistes du midi de la France sont quasiment interdites aux bombardiers anglais qui doivent se contenter de jeter quelques bombes sur l'Italie du Nord. Le mécanisme est enclenché. Mussolini ordonne de riposter. La Regia Aeronautica attaque la Tunisie [1], la Corse, des terrains d'aviation, des gares à Toulon, à Cannes, la base navale de Toulon. Chaque camp accuse des pertes. Civils pour les Français, équipages abattus pour les Italiens. Au cours de ces

1. On comptera plusieurs centaines de victimes musulmanes en Tunisie.

journées, le groupe III/6 [1] nouvellement équipé de Dewoitine 520, après avoir été replié du nord-est, est lancé dans la mêlée. Le 15, l'un de ses meilleurs pilotes, l'adjudant Le Gloan, réussit l'exploit d'abattre en quelques minutes quatre chasseurs CR 42 et un BR 20 de reconnaissance. Exploit décisif : les Italiens n'insisteront pas.

A Toulon, la Royale supporte mal les incursions de l'adversaire. La 5e escadre (amiral Duplat) se porte devant la Riviera italienne, soutenue par une couverture de bombardiers et de chasseurs du III/6. Les navires italiens naviguent loin au sud, dans le canal de Sicile et la mer d'Otrante, pour surveiller les accès de la Méditerranée orientale. A peine croisent, au large de Gênes, un torpilleur, un mouilleur de mines et des vedettes lance-torpilles. L'engagement naval n'est pas concluant [2]. La vraie victoire proviendra, le 16 juin, de l'aviso *La Curieuse*, en protection de convoi en Méditerranée occidentale. Voyant émerger le kiosque d'un sous-marin à courte distance, *La Curieuse* donne toute sa puissance et éperonne littéralement le sous-marin *Provanna* qui sera définitivement porté disparu le 17. Succès certes équilibré par la perte d'un croiseur britannique, coulé le 12 juin au sud de la Crète, alors que sa division partait canonner Tobrouk [3].

*
* *

L'annonce, le 17 juin, de la demande d'armistice française, si prévisible fût-elle, modifie les perspectives militaires et politiques. Bordeaux retire son aviation des Alpes et prescrit à la marine de ne plus intervenir. Ayant sollicité un armistice

---

1. Ce groupe III/6, sous les ordres du capitaine Stehlin, futur chef d'état-major de l'armée de l'air française, avait en ses rangs de prestigieux pilotes : Le Gloan qui sera tué accidentellement comme lieutenant le 11/9/43 avec 21 victoires homologuées ; Assolant, célèbre pour ses longs raids aériens et qui sera tué en défendant Madagascar contre les Anglais en 1942 ; Chainat, as de la Première Guerre mondiale ; Goujon, futur pilote d'essai du Trident après la guerre, etc.
2. Chaque parti dénombre une dizaine de morts.
3. En ces journées, les Français perdront également un sous-marin.

aussi bien de l'Italie que de l'Allemagne, le gouvernement entend « ne pas indisposer » l'adversaire.

Hitler et Mussolini se rejoignent à Munich. Euphorique, le Führer paraît accéder aux revendications de son allié. L'Italie occupera le versant occidental des Alpes jusqu'au Rhône. Qu'elle s'approprie Nice, la Corse, voire la Tunisie, paraît du domaine du probable.

Cette impression ne dure pas. Hitler se ravise. Il redoute que les exigences italiennes ne conduisent la France à une solution de désespoir. La flotte de la France est redoutable. Son empire est intact. Une partie de ses avions a gagné l'Afrique du Nord. La poursuite de la guerre avec les Français renforcerait les Anglais. Le Führer s'est persuadé que ces derniers seront bientôt, à leur tour, contraints d'accepter la paix. Tout infléchissement, en sens contraire, est à éviter.

Avec rage le Duce prend connaissance de la volte-face hitlérienne. L'Italie n'occupera que les territoires qu'elle aura effectivement conquis. Qu'elle imite l'Allemagne et mérite, sur le terrain, ses prétentions.

Mussolini doit se hâter. Il ne dispose que de quelques jours, le processus de paix étant engagé. Le 18 juin, il avait ordonné de suspendre les hostilités. Ses troupes avaient appris la nouvelle avec joie : « La guerre est finie ! » Le 19 au soir, il lance un ordre d'attaque générale. Objectifs : Bourg-Saint-Maurice, Modane, Briançon, Menton, dans un premier temps ; Chambéry, Grenoble, Nice, dans un second. Ses généraux, cette fois, n'ont plus qu'à s'exécuter, comptant bien au fond d'eux-mêmes sur l'aide allemande dans la vallée du Rhône pour glaner quelques succès.

Sur intervention de son maire, Edouard Herriot, Lyon, le 18 juin, a été proclamé ville ouverte. C'est un mauvais coup porté à l'armée des Alpes. Le lendemain, les Allemands pénètrent dans la ville. Peu après, l'un des ponts de Culoz tombe intact entre leurs mains. Le Rhône n'est plus un obstacle. La défense est contrainte de se replier sur une autre ligne de résistance. Elle le fait avec succès. Les unités levées à la hâte par Olry tiennent bon.

A partir de leurs têtes de pont de Lyon ou de Culoz, les Allemands parviendront à atteindre les abords de Valence et à s'emparer d'Aix-les-Bains. Sans plus. Le 25 juin les trouvera sur la basse Isère et bloqués devant Chambéry entre les pentes du Revard et le lac du Bourget. Au centre du dispositif, des canons bien servis par des marins accourus de Toulon interdiront de franchir la trouée de Voreppe. L'armée française des Alpes n'aura pas été tournée [1].

***

Coordonnée avec la poussée allemande, l'offensive italienne se déclenche véritablement le 21, quoique la veille un premier effort ait été tenté sur les hauteurs de Menton. Le prince Umberto a opté pour trois actions principales :

– Opération R sur la Riviera avec 80 000 hommes
– Opération M au col de l'Arche avec 52 000 hommes
– Opération B au Petit-Saint-Bernard avec 52 000 hommes.

Il engage également 40 000 hommes au Mont-Cenis, 35 000 au mont Genèvre et 12 000 en Queyras.

Cette marée de près de 300 000 Italiens devrait être à même de submerger les positions françaises. Déconvenue brutale ! Umberto et ses troupes n'obtiennent aucun succès marquant. Le scénario des journées précédentes se reproduit. Les SES rivalisent d'efficacité dans leurs combats retardateurs. Les groupes d'artillerie déclenchent leurs salves sur les concentrations. Les ouvrages ne cèdent pas. Les pertes ennemies sont importantes.

En quatre jours, les Italiens n'avancent que de quelques kilomètres dans des zones évacuées par leurs habitants. Ils restent contenus à la partie supérieure des vallées, transis de froid dans la neige et la brume. Des unités se débandent. D'autres se terrent pour résister aux intempéries et aux obus français.

---

1. La présence d'une forte armée suisse dissuadera la Wehrmacht de s'engager trop avant.

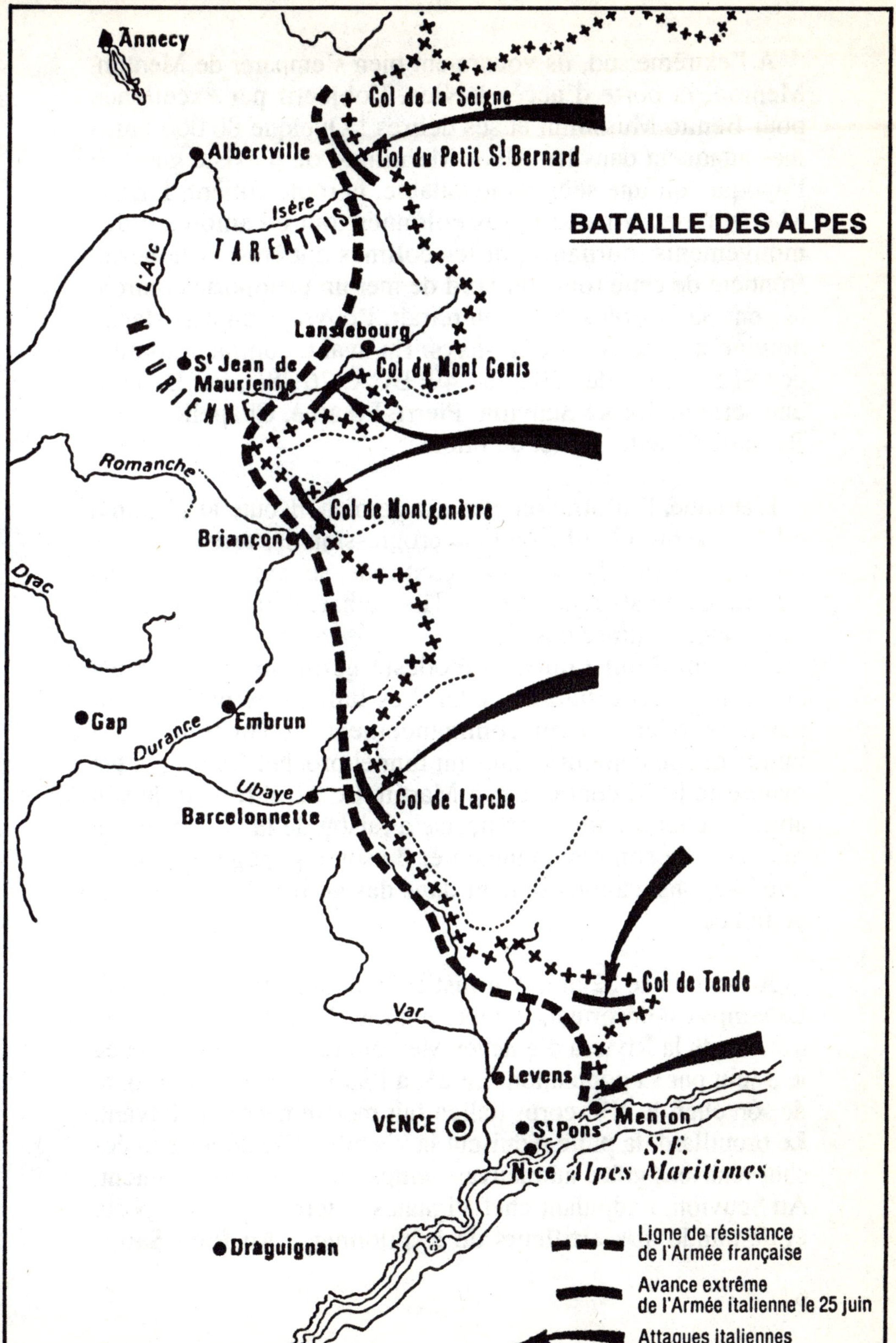

BATAILLE DES ALPES
Annecy
Col de la Seigne
Col du Petit St Bernard
Albertville
Isère
TARENTAIS
L'Arc
MAURIENNE
Lanslebourg
St Jean de Maurienne
Col du Mont Cenis
Romanche
Col de Montgenèvre
Briançon
Drac
Gap
Embrun
Durance
Ubaye
Barcelonnette
Col de Larche
Col de Tende
Var
Levens
Menton
VENCE
St Pons
S.F.
Nice
Alpes Maritimes
Draguignan
Ligne de résistance de l'Armée française
Avance extrême de l'Armée italienne le 25 juin
Attaques italiennes

A l'extrême sud, ils voudraient bien s'emparer de Menton. Menton, la porte d'accès à Nice, l'objectif par excellence pour Benito Mussolini et ses délires ! Quelque 80 000 hommes attaquent dans les Alpes-Maritimes, où n'existe guère, à l'époque, qu'une seule voie valable, la route côtière. L'Etat-Major italien y hasarde ses colonnes tout en amorçant des mouvements tournants par les collines côtières. A la borne frontière de cette route du bord de mer un petit poste contrôle le pont Saint-Louis. 5 km en retrait, l'ouvrage du cap Martin domine la côte et l'arrière-pays. En avant, comme toujours, des SES, celles des 20ᵉ, 25ᵉ, 49ᵉ BCA, 76ᵉ, 86ᵉ, 96ᵉ BAF, et une série de forts : Scuvion, Pierre-Pointue, Chapelle Saint-Bernard, Coletta, Collet du Pilon.

L'attaque, l'infiltration plus exactement, débute le 22 juin à 6 h 30. Le brouillard facilite la progression des arrivants mais les SES veillent. Le scénario, bien rodé, se reproduit une fois encore. Combats retardateurs. Tirs de harcèlement et d'arrêt. Résistance obstinée des forts.

Au pont Saint-Louis, la modeste garnison du fortin est encerclée mais refuse de céder. Les Italiens ne parviennent pas à déboucher. Leur commandement a chauffé un train blindé qui se camoufle dans un tunnel proche. Ce train s'est manifesté le 20 contre le cap Martin. Le 22, il ressort de son abri. La contre-batterie française a raison de la vaillance – à relever – de son commandant et de son équipage. Locomotive, wagons, canons sautent dans des gerbes de flammes et de fumée.

Au soir de ce 22 juin, l'armistice franco-allemand est signé. Le temps est désormais compté pour le Duce qui exige de ses troupes de la Riviera d'enlever Menton. La ville a été évacuée le 3 juin par sa population. Le 23, à l'aube, fidèle à la volonté de son chef, le XVᵉ corps italien fait mouvement vers l'avant. Le brouillard, la pluie réduisent la visibilité. Quelques percées sont réalisées grâce au mauvais temps, mais les forts tiennent. Au Scuvion, l'adjudant-chef Vignau s'enferme dans son poste et demande aux artilleurs de le pilonner... Au Pont Saint-

Louis [1], les FM crachent sans discontinuer... Dans Menton, les combats de rue infligent des pertes sérieuses à quatre bataillons adverses. Le 24, la lassitude italienne est générale. Manifestement, de leur côté, le cœur n'y est plus. L'armistice, signé le 24 au soir entre Huntziger et Badoglio, met fin aux combats le 25 à 1 h 35 (heure italienne) [2].

Pour zone d'occupation, l'Italie doit se contenter des territoires où ses troupes ont pris pied [3]. Ce qui revient à dire de la portion congrue. Une amorce de la Tarentaise, trois communes des Alpes-Maritimes (Fantan en totalité, Isola en partie, la vieille ville de Menton) ont été seules envahies. Partout ailleurs, l'Italien a été repoussé.

L'armée des Alpes peut se glorifier d'une résistance qui est une victoire. Elle accuse 37 tués, 62 blessés, 155 prisonniers ou disparus. En face, il y a 621 tués, 2 631 blessés, 616 prisonniers ou disparus. Soit 6 029 [4] hors de combat contre 254 ! Ce rapport est éloquent. Des ouvrages, dépassés par l'ennemi, résistent toujours et refusent de se rendre. La Redoute ruinée, la Turra, les Revets, Plan du Lin, la Balmette, Pont-Saint-Louis tiennent en respect les nouveaux arrivants. Ils ne seront évacués par leurs défenseurs que le 2 juillet et sur l'intervention formelle du commandement français. Les Italiens rendront les honneurs de la guerre à ces farouches combattants qui quitteront les lieux, libres, avec armes et bagages.

Mussolini est le grand perdant du fiasco de son armée. Sa soif de gloire n'a pas été étanchée. Quatre mois plus tard, elle le précipitera dans une autre aventure encore plus coûteuse pour son pays.

---

1. Poste tenu par un officier, un sous-officier et sept hommes.
2. 0 h 35, heure française.
3. L'armistice prévoit également la démilitarisation d'une bande de 50 km le long de la zone occupée en France, ainsi que le long de la Libye, en Algérie et Tunisie.
4. Compte tenu des 2 151 « congelati » !

Chapitre IV

L'ARMISTICE

17 juin

Le gouvernement Pétain, sitôt formé, a donc décidé d'interroger l'adversaire sur les conditions d'un armistice.

A 1 h du matin, Baudouin, à peine intronisé dans ses fonctions de ministre des Affaires étrangères, prie l'ambassadeur d'Espagne de demander à son gouvernement de servir d'intermédiaire. Dans la matinée, il effectuera la même démarche auprès de Mgr Valerio Valeri, nonce apostolique, afin que le Vatican intervienne, à son tour, auprès de l'Italie.

Au petit jour, Hitler prend connaissance, avec une demi-surprise, de la requête française. Ses éléments de pointe n'atteignent-ils pas à cet instant Le Mans, Angers, Saumur, Nevers, Digoin, Dijon ? A toute allure, Rommel fonce sur Cherbourg et Guderian sur Pontarlier. Pratiquement la moitié de la France, la plus riche, est sous la mainmise allemande. Pour le Führer, cette demande d'armistice double ses succès militaires d'une victoire politique.

*
* *

Vers 9 h, bien ignoré dans la confusion générale de la base de Bordeaux-Mérignac, un petit biplan quadriplace décolle vers l'Angleterre. Il était arrivé la veille, ayant à son bord de Gaulle et son mentor, l'Anglais Spears. Les mêmes reprennent le chemin inverse. De Gaulle a choisi son destin. Il quitte une métropole qui refuse la guerre. Il part rejoindre ceux qui ont décidé de lutter. Avec lui, un seul Français, son aide de camp, le lieutenant de Courcel. Quelques heures plus tard, l'appareil touchera le sol anglais et de Gaulle s'empressera de rendre visite au Premier britannique. Il ne se présente plus en émissaire du gouvernement français. Il n'est plus qu'un simple général de brigade venant proposer son épée pour poursuivre une guerre que Churchill entend bien mener jusqu'au bout quoi qu'il puisse en coûter.

*
* *

Alors que de Gaulle vole vers Londres, Pétain, à 12 h 30, s'adresse au pays. Le ton du vieux soldat se fait grave :

> « Français !
>
> « A l'appel de Monsieur le Président de la République, j'assume à partir d'aujourd'hui la direction du gouvernement de la France. Sûr de l'affection de notre admirable armée, qui lutte avec un héroïsme digne de ses longues traditions militaires contre un ennemi supérieur en nombre et en armes ; sûr que, par sa magnifique résistance, elle a rempli ses devoirs vis-à-vis de nos alliés ; sûr de l'appui des anciens combattants que j'ai eu la fierté de commander, je fais à la France le don de ma personne pour atténuer son malheur.
>
> « En ces heures douloureuses, je pense aux malheureux réfugiés qui, dans un dénuement extrême, sillonnent nos routes. Je leur exprime ma compassion et ma sollicitude. C'est le cœur serré que je vous dis aujourd'hui qu'il faut cesser le combat.

> « Je me suis adressé cette nuit à l'adversaire pour lui demander s'il est prêt à rechercher avec nous, entre soldats, après la lutte et dans l'honneur, les moyens de mettre un terme aux hostilités.
>
> « Que tous les Français se groupent autour du gouvernement que je préside pendant ces dures épreuves et fassent taire leur angoisse pour n'écouter que leur foi dans le destin de la patrie. »

Dans la population guettant, avec anxiété, les dernières informations, dans la masse des réfugiés perdue de désespoir, le message se colporte sans attendre. Un soulagement général monte de partout. Une ferveur spéciale salue l'homme qui ose prendre sur lui de mettre fin à l'épreuve. Qui ne saurait s'attendrir aux propos de l'auguste vieillard annonçant d'une voix parfois chevrotante :

> « Je fais à la France le don de ma personne pour atténuer son malheur ! »

Le « pétainisme » qui, bientôt, drainera les foules, alignera les notables, les anciens combattants, et les enfants des écoles, pour des ovations sans fin, plonge ses racines premières dans ces sentiments de délivrance et de reconnaissance. La propagande, avec son opprobre jeté sur le précédent régime, origine des maux, fera le reste.

Les combattants, au hasard de leur retraite, prennent connaissance du message du Maréchal. Comment ne seraient-ils pas conduits à s'interroger devant sa teneur ?

> « C'est le cœur serré que je vous dis aujourd'hui qu'il faut cesser le combat. »

Quels propos malheureux ! Les services officiels, ceux de l'armée en particulier, s'efforceront d'en atténuer la portée et préciseront qu'il faut *tenter de cesser* le combat. Qu'importe ! Le dommage est fait. Le doute s'insinue. S'agit-il d'un ordre de « cessez-le-feu » ? Les timorés s'en persuadent aisément. Les résolus ne veulent pas y croire. Les Allemands, de leur côté, profitent de l'équivoque pour réclamer la reddition des unités encerclées ou dépassées.

Dans les capitales anglaise et américaine, la nouvelle de la demande d'armistice survient avec l'annonce de la démission de Paul Reynaud. A Washington, la commission française d'achats a un réflexe heureux. Elle revend immédiatement aux Anglais tous les contrats passés avec les Etats-Unis (quarante-huit heures plus tôt, de Gaulle encore au gouvernement avait ordonné au *Pasteur,* chargé d'armement, de se dérouter et de ne pas rejoindre les côtes françaises). A Londres, le ton est plutôt à la compréhension. Churchill, qui a appris le retrait de Reynaud au moment où il s'apprêtait à aller le rejoindre en France, n'entend rien précipiter. Dans une brève allocution, il se veut magnanime :

> « Ce soir, les nouvelles de France sont très mauvaises et mon cœur saigne pour le courageux peuple de France qui est tombé dans ce terrible malheur. Rien ne changera les sentiments que nous avons pour lui, ni notre certitude que la France se relèvera [...] Les événements de France n'influeront en aucune façon sur nos actions ni sur notre but. »

La journée s'achève, rappelons-le, sur la décision provoquée par Herriot. Le maire de Lyon a obtenu de Pétain et de Weygand que sa métropole soit déclarée ville ouverte pour éviter « des destructions et des morts inutiles ». Il était difficile de refuser à Lyon ce qui avait été admis pour Paris.

Herriot a fait école. Bientôt, toutes les cités de plus de 20 000 habitants sont déclarées également « villes ouvertes ». Pratiquement la poursuite de la guerre devient impossible. Où se battre ? Où arrêter l'ennemi ? Partout les portes s'ouvrent devant lui. Toutes les résistances peuvent être aisément tournées en utilisant les centres-villes [1]. La France se tourne résolument vers la

1. Cette mesure mettra souvent en conflit autorités civiles et militaires, les premières s'opposant à ce que l'armée transforme leur commune ou leur village en centre de résistance.

cessation des combats, ce qui n'empêche pas certains de mourir héroïquement quelque part sur la Loire ou dans les Vosges.

*
* *

Hitler retrouve Mussolini à Munich. Le contraste est frappant entre le Führer et le Duce. Ce dernier reste renfrogné et vindicatif. La gloire militaire lui échappe mais il n'en diminue pas pour autant ses prétentions.

Le Führer, par contre, est tout à sa joie. Sur un quai de gare, il n'a pu réprimer une farandole d'allégresse. Il parcourt avec une satisfaction non dissimulée les télégrammes de félicitations émanant des Japonais, des Espagnols ou des Russes. Ces derniers ne ménagent pas leurs louanges, « saluant le magnifique succès des armées allemandes ».

Hitler, cependant, se veut modéré. A priori, il désire la paix avec la France et ne souhaite pas pousser celle-ci à des solutions de désespoir : gouvernement en exil, transfert de la flotte en Angleterre. En revanche, il entend bien occuper une partie du sol français dans l'attente de négociations définitives, une fois l'Angleterre vaincue. Car à cette heure le maître du Reich est persuadé que l'Angleterre connaîtra le sort de la France à moins que, comme il l'espère, elle ne se décide à traiter avec lui.

Il n'est pas seul à raisonner ainsi. A Bordeaux, chacun partage cette conviction que Weygand résume en une formule colorée :

> « L'Allemagne lui tordra le cou (sous-entendu à l'Angleterre) comme à un poulet en trois semaines. »

Le gouvernement belge qui a fui la Belgique envahie partage les mêmes sentiments. Coupé de son roi, de son pays, il constate :

> « 1/ qu'il est venu en France pour continuer la guerre aux côtés de ses garants ;

2/ que l'armée française a cessé de combattre ;

3/ que, dans ces conditions, les Belges en France doivent éviter tout acte hostile à l'égard des Allemands ;

4/ que le sort des officiers et soldats belges doit être identique à celui des officiers et soldats français ;

....

6/ que le gouvernement démissionnera dès que le sort des soldats belges en France et des réfugiés sera réglé, afin de faciliter les négociations probables de paix entre l'Allemagne et la Belgique »[1].

Aucune illusion donc. Les Belges, eux aussi, ont jeté l'éponge.

Un seul ministre manifeste son désaccord devant ce constat. Jaspin[2] quitte la séance et se rend au consulat britannique pour gagner l'Angleterre. Une Angleterre dont les derniers soldats s'embarquent à la hâte à Cherbourg, car Rommel peut y surgir d'un moment à l'autre, au terme d'une course folle à travers la Normandie et le Cotentin.

*
* *

N'y aurait-il pas, cependant, quelque part, quelques velléités de résistance ?

Certes, il y a toujours ceux qui continuent de se battre, à commencer par le GA/2 dans l'Est. Il y a les bouchons improvisés, de-ci de-là, par des poignées de braves pour contenir l'avance allemande. Il y a la révolte de ceux qui refusent de tomber entre les mains adverses. De Brest, de Saint-Nazaire, le *Richelieu,* le *Jean-Bart,* deux cuirassés encore aux essais, prennent la mer, en direction de Casablanca et Dakar, escortés par

1. Télégramme rédigé par Pierlot, chef du gouvernement, et adressé à Bruxelles par le truchement de l'ambassade d'Argentine à Berne.

2. Ministre de la Santé publique.

tous les bâtiments en état de naviguer [1]. A Lorient, Cherbourg, Brest, La Rochelle, tout ce qui ne peut être évacué est sabordé. Des incendies ravagent stocks, ateliers, réservoirs. D'immenses colonnes de fumée noircissent le ciel.

Ces réactions, où le sens de l'honneur rejoint celui du désespoir, ne sauraient arrêter le déferlement des panzers.

Le sursaut, la résistance ne surgiront-ils pas de cet empire de douze millions de kilomètres carrés et de soixante millions d'habitants, fierté de la métropole ? On y croit un instant en ce 18 juin.

Peyrouton, résident général en Tunisie, réagit l'un des premiers sur Radio Tunis :

> « L'honneur reste. L'Empire aussi. Soixante millions d'hommes, des terres immenses que notre génie civilisateur tira de longues servitudes. Soixante millions d'hommes auxquels les coloniaux, dont aujourd'hui, plus que jamais, je m'honore d'avoir été, apportèrent, malgré l'ignorance des foules d'esprit léger, l'opposition des doctrinaires obtus, contre tous les prophètes et les niais, la paix, la justice, la santé. Cet empire, conscient de ce qu'il nous doit, de ce que serait son sort s'il tombait demain sous le joug des Barbares, se dresse dans une attitude de résistance, à la fois pleine de courage et de gratitude. Saluons !
>
> « Tous, en ce bastion de l'Afrique du Nord, colonne de l'Empire, nous ne devons pas nous laisser abattre ; groupés derrière S.A. le bey, nos chefs civils et militaires, nous devons laisser aux lâches les paroles, les gestes d'apaisement. Et ceux qui ne trouveraient pas en eux la force nécessaire doivent songer au destin qui les attendrait si tout était perdu. Cette évocation, j'en suis sûr, les élèvera au-dessus d'eux-mêmes et les rendra dignes des circonstances. »

1. 80 bâtiments quittent Brest avec le *Jean-Bart*, fort de ses 35 000 tonnes.

Gabriel Puaux, haut-commissaire en Syrie, de Coppet, gouverneur général de Madagascar, Pierre Boisson, gouverneur général de l'AOF, félicitent le résident général en Tunisie et l'appuient. Ils offrent de se ranger derrière la haute personnalité du général Noguès, résident général de France au Maroc et commandant en chef du théâtre d'opérations d'AFN. Le successeur de Lyautey à Rabat a du prestige, de l'autorité. Il serait susceptible de rallier les énergies. Il mande au gouvernement :

> « Toutes les troupes, ainsi que les populations française et musulmane de l'Afrique du Nord, me prient, dans des démarches émouvantes, de demander respectueusement au gouvernement de continuer la lutte et de défendre le sol africain [...]
>
> « C'est donc avec une respectueuse mais brûlante insistance que je demande au gouvernement, au nom des intérêts les plus vitaux de notre pays, de venir poursuivre ou de laisser poursuivre la lutte dans l'Afrique du Nord, s'il n'est plus possible de le faire sur le continent [...] »

A Bordeaux, cette requête sera-t-elle entendue ? Pétain a fait demander aux Allemands et Italiens leurs conditions d'armistice. Celles-ci seront-elles acceptables ? Rien n'est sûr. Le sort de la flotte reste l'une des grandes interrogations qui peuvent tout remettre en question. Le 18, en milieu de journée, le gouvernement a pris à l'unanimité la décision solennelle et irrévocable « de ne laisser en aucune circonstance la flotte tomber aux mains de l'ennemi. Si sa reddition était incluse dans les conditions d'armistice, celles-ci seraient purement et simplement rejetées, quelque graves que puissent être les conséquences de ce refus ».

Rien n'est donc résolu. Chacun doit prendre position. Pétain a fait savoir sa volonté formelle de rester en France, quoi qu'il arrive. Par contre, Albert Lebrun estime que le président de la République ne doit pas tomber entre les mains des Allemands. Il annonce son intention de gagner l'AFN, imité par Daladier, Mandel, Reynaud, Herriot, Jeanneney.

La question est nettement posée : armistice en métropole ou poursuite de la lutte en AFN ? Qui l'emportera ? La logique de l'armistice semble fortement engagée, mais ira-t-elle jusqu'à son terme ?

*
* *

L'appel du 18 juin

A Londres, un homme n'attend pas d'apprendre si les conditions d'armistice seront ou non acceptables.

Charles de Gaulle, dès son arrivée, a été reçu par le Premier ministre. Churchill aurait préféré voir arriver une personnalité politique connue, un Reynaud, un Mandel, mais les contacts des semaines écoulées lui ont permis de jauger son interlocuteur. Il a senti qu'il avait devant lui un partenaire de sa trempe, apte, comme lui, à affronter les fortes lames. Il l'a autorisé à parler à la BBC pour tenter de rallier tous ceux qui se jugent de taille à refuser la défaite.

Il n'est pas tout à fait 18 h lorsque le général Charles de Gaulle pénètre dans le studio qui lui a été réservé. Il est en grande tenue, une paire de gants blancs à la main. Le lieutenant de Courcel l'accompagne. Deux autres Français, Jean Oberlé et Jean Marin, assisteront également à cette scène qui prendra bientôt valeur historique.

D'une voix grave, parfois heurtée, « l'homme du 18 Juin » lit son message. Un message que Churchill et Spears ont revu et approuvé :

> « Les chefs qui, depuis de nombreuses années, sont à la tête des armées françaises ont formé un gouvernement.
>
> « Ce gouvernement, alléguant la défaite de nos armées, s'est mis en rapport avec l'ennemi pour cesser le combat.
>
> « Certes, nous avons été, nous sommes submergés par la force mécanique, terrestre et aérienne, de l'ennemi.

« Mais le dernier mot est-il dit ? L'espérance doit-elle disparaître ? La défaite est-elle définitive ? Non !

« Car la France n'est pas seule. Elle n'est pas seule... Elle n'est pas seule...

« Elle a un vaste empire derrière elle. Elle peut faire bloc avec l'Empire britannique qui tient la mer et continue la lutte. Elle peut, comme l'Angleterre, utiliser l'immense industrie des Etats-Unis.

« Cette guerre n'est pas limitée au territoire malheureux de notre pays. Cette guerre n'est pas tranchée par la bataille de France. Cette guerre est une guerre mondiale. Toutes les fautes, tous les retards, toutes les souffrances n'empêchent pas qu'il y ait dans l'univers tous les moyens pour écraser un jour nos ennemis. Foudroyés aujourd'hui par la force mécanique, nous pourrons vaincre dans l'avenir par une force mécanique supérieure. Le destin du monde est là. »

Charles de Gaulle marque un temps d'arrêt puis reprend, très pâle :

« Moi, général de Gaulle, actuellement à Londres, j'invite les officiers et les soldats français qui se trouvent en territoire britannique, ou qui viendraient à s'y trouver, avec ou sans leurs armes, j'invite les ingénieurs et les ouvriers spécialisés des industries d'armement qui se trouvent en territoire britannique ou qui viendraient à s'y trouver, à se mettre en rapport avec moi.

« Quoi qu'il arrive, la flamme de la résistance ne doit pas s'éteindre et ne s'éteindra pas.

« Demain comme aujourd'hui, je parlerai à la radio de Londres. » [1]

1. Cet appel radiodiffusé ne doit pas être confondu avec le texte remanié qui sera placardé le 14 juillet et au début d'août à Londres, où on lit la phrase célèbre : « La France a perdu une bataille, mais la France n'a pas perdu la guerre ! »

Dans ses *Mémoires*, de Gaulle rapportera ses sentiments du moment :

> « A mesure que s'envolaient les mots irrévocables, je sentais en moi-même se terminer une vie, celle que j'avais menée dans le cadre d'une France solide et d'une indivisible armée. A 49 ans, j'entrais dans l'aventure comme un homme que le destin jetait hors de toutes les séries. »

*
* *

Un certain Charles de Gaulle

Origines familiales, formation, profession, tout devrait, naturellement, incliner Charles de Gaulle à l'obéissance. Or, le voici révolté, pour ne pas écrire mutin. Le fait serait étrange s'il n'y avait pas un tempérament Charles de Gaulle.

Est-ce la conviction absolue de sa supériorité ? Celui que ses camarades, à Saint-Cyr [1], avaient surnommé « *le Connétable* » promène sur les hommes et les événements un regard sans complaisance. Il n'a jamais hésité, tout au long de sa carrière militaire, à manifester haut et fort ses options, en opposition souvent avec les théories acquises. Sa conception d'un corps de bataille blindé allait à l'encontre des états-majors. Sa lettre aux hommes politiques, en janvier 1940, pour dénoncer la conduite de la guerre, sortait manifestement du cadre des obligations dites de réserve d'un officier en activité. N'importe ! De Gaulle, persuadé de la rectitude de ses vues, n'hésite ni à s'exprimer ni à passer aux actes. Il sait avoir raison !

Cette toile de fond campe l'essentiel du personnage. Pour le reste, qu'est vraiment Charles de Gaulle ? Patriote ? Il le dit et tout laisse à supposer qu'il « se fait une certaine idée de la France ». Intelligent ? De toute évidence. Lucide ? Assurément. Il voit loin et là n'est pas son moindre talent. Orgueilleux ?

---

1. Charles de Gaulle appartient à la promotion de Saint-Cyr 1909-1912 (Mauritanie).

Comment ne le serait-il pas ? Il se sent tellement au-dessus de la mêlée.

Honnête ? Insoluble débat. Sa vie privée est exemplaire. Son éloignement des choses de l'argent est manifeste. Ce sont là vertus peu communes dans les arcanes du pouvoir. Charles de Gaulle a une autre ambition. Il sait être à même de se tailler un monument devant l'Histoire. Il sait aussi, pour l'avoir écrit, que la sainteté ne conduit pas à l'empire. Est-ce dire que tous les coups sont permis ? Ses adversaires le diront, soulignant sa soif d'autorité, son cynisme, son mépris d'autrui, ses coups bas pour écarter les opposants, ses rancœurs implacables vis-à-vis de ceux qui l'auront rejeté [1].

Alors ? Sur cette route sert-il la France ou la France est-elle son faire-valoir ? Question sacrilège dont la réponse restera à jamais dans le secret de la conscience de l'intéressé.

La France, pour sa part, a déjà retenu que si la voix du 18 juin ne s'était pas élevée, c'eût été assurément dommageable pour elle. Ce cri de ralliement pour la revanche de la grande déroute du printemps 1940 lui permettra de prendre rang parmi les vainqueurs de la Seconde Guerre mondiale.

*
* *

Cet appel, venu de Londres, bien peu l'ont entendu. Qui, au soir du 18 juin, est à même de capter la BBC ? Plus de sept millions de civils errent sur les routes. Les combattants aspirent avant tout à échapper à l'étreinte adverse. Oui, ils sont bien peu nombreux à avoir perçu ce message de révolte signé Charles de Gaulle. Ceux qui l'entendront, dans la majorité des cas, lui réserveront un accueil mitigé. François Mauriac, dans *Le Figaro* du 19 juin, le critiquera sévèrement et louera par comparaison la « suprême preuve d'amour pour son pays » du maréchal Pétain. Rémy Roure rapportera le cri du cœur d'un soldat dans un café de Clermont-Ferrand :

---

1. Pour n'en rester qu'à la Seconde Guerre mondiale. Son retour au pouvoir en 1958, son action pour précipiter la fin de la guerre d'Algérie déclencheront d'autres haines.

« Celui-là nous casse les pieds ! »

D'autres auront un vocabulaire plus cru. La peur, la lassitude, la défaite ont brisé les énergies : plutôt la paix de Pétain que la guerre de De Gaulle. La réaction des Français est quasi unanime.

Il se trouvera cependant des vaillants. Oh, pas des dizaines de milliers ! Quelques centaines tout au plus, dans les débuts, oseront se joindre à ce général dont le nom semble sortir des profondeurs du terroir, de Gaulle.

*
* *

Cette paix, que quelques poignées d'irréductibles récusent, on espère, à Bordeaux, qu'elle intervienne au plus vite.

L'impatience croît. Si le Haut Commandement manque de renseignements précis, il est sans illusions. Il n'y a plus de front. La résistance craque de toutes parts hormis en des bouchons isolés. Cherbourg, Tours, Moulins tombent dans la journée. La grande boucle du Doubs est atteinte.

Le 18 juin, à 0 h 30, le gouvernement allemand, par le truchement de l'ambassade d'Espagne, accuse réception de la demande française par un message laconique annonçant une autre communication.

Côté allemand : on est moins pressé. La victoire est acquise. Hitler et Mussolini se rencontrent à Munich pour en tirer profit.

Le 19, à 0 h 25, l'ambassadeur d'Espagne apporte la communication attendue :

> « Le gouvernement du Reich est prêt à faire connaître au gouvernement français les conditions de la cessation des hostilités. Il recommande au gouvernement français d'envoyer des plénipotentiaires à cette fin. »

La note fixe toutefois un préalable :

> « L'accord sur la cessation des hostilités ne peut être discuté que si le gouvernement français entre

aussi en intelligence sur ce point avec le gouvernement italien. »

La chose était pourtant en cours depuis quarante-huit heures. Pour plus de sécurité, Baudouin prie l'Espagne de doubler les contacts normalement assurés par le Saint-Siège. A 10 h 30, les noms des personnalités destinées à composer la délégation française sont transmis à l'Allemagne : général d'armée Huntziger, président ; ambassadeur Léon Noël ; vice-amiral Le Luc ; général de division Parisot ; général d'aviation Bergeret [1].

Devant la menace qui pèse sur Bordeaux, le gouvernement français sollicite également une suspension d'armes immédiate et un arrêt des troupes sur les positions occupées le 19 à minuit.

Pour seule réponse, et le lendemain matin seulement, l'état-major allemand fait savoir que la délégation française sera attendue ce jour même, 20 juin, à partir de 17 h sur la route Tours-Amboise longeant la rive gauche de la Loire.

A 14 h 30, Huntziger, Léon Noël et leurs compagnons quittent Bordeaux avec des instructions très strictes. Ils ne sont habilités qu'à recevoir communication des conditions allemandes pour les transmettre au gouvernement, seul qualifié pour décider. Encore doivent-ils, au préalable, les adoucir si possible.

Officiers généraux ou supérieurs, hauts fonctionnaires ou petit personnel, ils se retrouvent, au total, une vingtaine dans les voitures qui, via Libourne et Angoulême, remontent vers le nord en direction de Poitiers et Tours.

A cette heure, la ligne atteinte par les avant-gardes allemandes est mal connue. Le commandement la situe à Poitiers. En fait, Tours n'est pas encore occupé.

Le petit convoi progresse avec peine. Le flot continu des réfugiés déferle vers le sud. Des militaires se mêlent aux civils apeurés. Presque tous sans armes, ils fuient la zone des combats. Terrible spectacle d'un peuple dans la débâcle ! C'est pour

1. Respectivement commandant d'un groupe d'armées ; ancien ambassadeur de France en Pologne ; chef d'état-major de la marine ; ancien attaché militaire à Rome ; de l'état-major de l'armée de l'air.

tenter d'y mettre un terme que les plénipotentiaires se fraient un chemin au milieu des voitures, des camions, des cyclistes, des piétons qui encombrent la chaussée.

Au-delà de Poitiers, la route se dégage. La progression peut s'accélérer. Dans la descente sur Tours se dressent quelques barricades. Le fusil à la main, des officiers et sous-officiers d'une unité de cavalerie veulent sauver l'honneur.

Tours, comme tant d'autres, a été déclaré ville ouverte, mais les ponts ont sauté. Il est impossible de franchir la Loire. Il est maintenant 22 h. En cette période du solstice d'été, la nuit a fini par tomber. Phares allumés, fanions des parlementaires déployés, les véhicules français s'engagent sur la route d'Amboise. Hormis les incendies dus aux bombardements aériens, il n'est plus de signes de bataille. Le cessez-le-feu localisé est respecté.

Vers 23 h, le contact est pris avec un avant-poste de la Wehrmacht. Désormais, il n'est plus qu'à se conformer aux instructions. Traversée de la Loire sur un pont de bateaux. Vendôme. Chartres. Les chauffeurs, après des heures de conduite éprouvante, sont à la limite de l'épuisement. Une voiture glisse dans un fossé, sans gravité heureusement. Versailles, Paris. Paris occupé. Le svastika flotte sur le Palais-Bourbon, le Quai d'Orsay, le ministère de la Marine, la tour Eiffel. A 7 h 30, brève étape à l'hôtel Royal-Monceau, avenue Hoche.

Nouveau départ à 13 h 30. Senlis, qui a beaucoup souffert. Compiègne. Un écriteau : « Carrefour de l'Armistice. » Hitler a voulu que le symbole de la revanche soit éclatant. Il en a fixé l'emplacement à Rethondes, à l'endroit même où, vingt-deux ans plus tôt, le maréchal Foch, généralissime des armées alliées, a imposé sa loi.

Quatre Français, seulement, sont admis à pénétrer dans le célèbre wagon [1] : Huntziger, Léon Noël, Le Luc, Bergeret. Les Allemands, par contre, sont en nombre. Ils se sont bousculés

1. Le wagon-restaurant 2419 D fait partie d'un lot de 22 voitures acquis en juin 1914 par le réseau de chemin de fer de l'Ouest-Etat. Affecté en juillet 1918 au train d'état-major du maréchal Foch, il est aménagé en salle de réunion avec une grande table. C'est à ce titre que le 11 novembre, à 0 h 5, il voit la signature de l'armistice de 1918.

pour goûter cet instant historique. Derrière le Führer, l'aréopage hitlérien se pavane au grand complet : Goering, Rudolf Hess, Raeder, Ribbentrop, Keitel... et d'autres d'un rang plus modeste. Le Dr Schmidt, ministre plénipotentiaire, sert d'interprète.

Keitel a la parole. Le chef de l'OKW vocifère plus qu'il ne s'exprime et commence par s'insurger, longuement, contre le sort injuste, selon lui, réservé au peuple allemand en 1918. Sa diatribe lui permet de préciser ensuite que la délégation française a été convoquée sur les lieux mêmes de l'armistice du 11 Novembre pour « effacer une fois pour toutes, par un acte de justice réparateur », le souvenir du tort fait à l'Allemagne.

D'un geste brusque, Adolf Hitler tend alors à chacun des délégués français un exemplaire des « conditions allemandes », puis se retire avec sa suite. Ne demeurent plus en séance que Keitel, Jodl et quelques officiers. Le vrai débat peut s'engager.

Un débat qui n'en est pas un, compte tenu que les plénipotentiaires français n'ont pas rang pour conclure et n'ont mission que de transmettre. Au mieux doivent-ils tenter d'édulcorer ce qu'ils peuvent. Les généraux allemands, pour leur part, s'appuient sur les textes remis et sur les « conditions ». Celles-ci s'avèrent sévères, très sévères :

– Occupation du territoire national situé à l'ouest ou au nord d'une ligne passant par Orthez, Mont-de-Marsan, Libourne, Angoulême, Angers, Tours, Bourges, Paray-le-Monial, Dole.

– Démobilisation de l'armée française, à l'exception des troupes nécessaires au maintien de l'ordre.

– Remise à l'Allemagne du matériel de guerre.

– Regroupement de la flotte française dans des ports à déterminer pour y être démobilisée et désarmée sous contrôle de l'Allemagne et de l'Italie. La désignation de ces ports sera faite selon les ports d'attache des navires en temps de paix (article VIII).

Après celui de 1940, il est, sur ordre exprès de Hitler, transféré à Berlin, puis déplacé. En 1944, à Ohrdorf, petite ville de Thuringe, une équipe de SS procède, sur ordre, à sa destruction.

Le wagon actuellement en place à Rethondes n'est donc qu'une copie.

– Interdiction de décollage des appareils français.
– Arrêt des émissions radio.
– Frais d'entretien des troupes d'occupation à la charge du gouvernement français.
– Libération des prisonniers de guerre allemands.
– Remise à l'Allemagne des ressortissants allemands désignés par le gouvernement du Reich qui se trouvent sur des territoires français (métropole et colonies).
– Maintien en captivité des prisonniers de guerre français jusqu'à la conclusion de la paix.

Il est prévu la création d'une commission chargée de régler et contrôler l'exécution des conventions d'armistice. Celui-ci entrera en application six heures après la signature d'un accord avec l'Italie.

France coupée en deux ! Prisonniers de guerre maintenus en détention ! Désarmement de l'armée française ! Déshonneur de devoir livrer des réfugiés hostiles à la tyrannie nazie ! Incertitude sur le sort de la flotte avec la notion de ports de rattachement ! Pour se plier à de telles exigences, il faut vraiment être aux abois.

Il n'est qu'un seul baume dans le cœur des émissaires français. La France – du moins pour l'instant – conserve l'intégralité de son empire.

*
* *

Par téléphone, seul moyen autorisé, et encore difficilement, par les Allemands, Huntziger retransmet à Weygand la teneur du diktat de Rethondes. Il appartient au gouvernement du maréchal Pétain de trancher. Lors de sa constitution, ses membres, avec plus ou moins de détermination, ont opté pour la conclusion d'un armistice. Les clauses de celui-ci sont maintenant connues : une décision urgente s'impose. Keitel, de son ton sans appel de feldwebel [1], ne l'a pas caché.

---

1. Adjudant.

*
* *

A Bordeaux, dans la classe dirigeante, l'ampleur du désastre a perturbé les esprits et entravé les jugements. Où est le devoir ? Où est le véritable patriotisme ? La peur s'en mêle. Contrecoup hypocrite des dilemmes et des craintes, l'interrogation sur l'armistice change d'expression. Le gouvernement doit-il rester en métropole ou gagner l'AFN ? C'est refuser d'affronter la réalité, car nul n'est dupe. Demeurer en France signifie accepter l'armistice, rejoindre l'Algérie ou le Maroc équivaut à poursuivre la lutte.

Face aux échéances inéluctables, les responsables se divisent. Les chefs militaires ne dissimulent pas leur choix. Ils ont reconnu leur défaite, Weygand le premier. Soucieux de ne pas aggraver les malheurs de leurs troupes et de leurs compatriotes, ils poussent à l'arrêt des combats. Ils savent sur cette voie pouvoir compter sur l'autorité du Maréchal.

La même unanimité ne se manifeste pas chez les hommes politiques. Tous ne sont pas à Bordeaux pour s'exprimer. Certains parlementaires sont aux armées. D'autres se sont égaillés au hasard de la débâcle. Mais la grosse majorité des présents se range sans murmure sous la tutelle protectrice du vainqueur de Verdun. Mettre en question le patriotisme de Philippe Pétain serait iconoclaste ! L'intérêt supérieur du pays est le seul guide du Maréchal ! Deux ténors donnent de la voix dans ce sens auprès de leurs collègues, Pierre Laval et Raphaël Alibert.

Pierre Laval n'est pas encore au gouvernement. Il n'y sera que le 23 en qualité de vice-président du Conseil, Pétain ayant préféré l'avoir « dedans que dehors », mais son influence est déjà considérable. Avec son entregent, qui est grand, il va de l'un à l'autre, distillant un défaitisme puisé dans ses sympathies anciennes pour l'Italie, son pacifisme « à la Briand », son anglophobie notoire et son antipathie, voire sa haine, pour certains de ses collègues. Le maurrassien Alibert le rejoint. Pour arriver à ses fins, il n'hésitera pas à falsifier la vérité auprès du président de la République...

Face à un bloc militaire figé dans ses certitudes, face à des politiciens dont nombre sont déjà convaincus, les velléitaires de la lutte à outrance ne présentent que des rangs dispersés. Albert Lebrun, ombre falote, erre au hasard des couloirs. Jeanneney, Herriot, dignitaires sans tribune, ne promènent que leur superbe. Paul Reynaud traîne l'opprobre d'une démission peu flatteuse. Daladier, Mandel, Campinchi, Mendès France donnent plutôt l'impression de céder à l'esprit de fuite qu'à prôner l'ardeur de se battre. Chez aucun d'entre eux ne gronde le grand souffle de 1793 pour proclamer « la Patrie en danger » et ordonner la levée en masse.

Le 20 juin, à 12 h 30, à l'heure où les délégués français s'apprêtaient à quitter Bordeaux, Pétain s'est exprimé dans un message radiodiffusé :

> « J'ai été avec vous dans les jours glorieux. Chef du gouvernement, je suis et resterai avec vous dans les jours sombres. Soyez à mes côtés. »

Pas d'ambiguïté. Pétain restera en France avec les Français.

Peu auparavant, une note de l'amiral Darlan avait informé députés et sénateurs que le paquebot *Massilia* se tenait à leur disposition au Verdon. Lebrun, de son côté, a fait savoir qu'il rejoindrait incessamment Port-Vendres pour gagner l'Algérie.

Les partisans de la résistance l'emporteront-ils ?

Non. Jeanneney, un moment enclin au départ, se ravise. Les sénateurs décident à l'unanimité de ne pas embarquer sur le *Massilia* pour ne pas être absents alors que des décisions doivent intervenir.

Alibert, péremptoire, annonce à Lebrun :

> « Il est inexact que les Allemands aient passé la Loire. Le commandement nous informe, au contraire, que nos troupes résistent solidement et que le fleuve n'a été franchi sur aucun pont. » [1]

1. Alibert reconnaîtra par la suite sans difficulté avoir commis ce jour-là un sérieux mensonge.

Ebranlé par cette information, Lebrun décide de surseoir à son départ. Des parlementaires, menés par Pierre Laval, viendront également faire pression sur lui pour l'inciter à ne pas partir.

Ils ne seront donc que 18 députés et un sénateur [1] – beaucoup dans l'ambiance générale s'étant désistés – à prendre, le 22 en fin d'après-midi, la route du Verdon. Parmi eux : Daladier, Mandel, Campinchi, Delbos, Jean Zay, Mendès France, Le Troquer [2]. Avec eux aussi un jeune homme d'une vingtaine d'années appelé à faire une belle carrière : Edgar Pisani [3]. Départ dans l'opprobre général de l'opinion publique et qui trouvera écho chez les marins du *Massilia.* Après bien des palabres, le paquebot n'appareillera que le 23 à 21 h 30.

Les opposants à l'armistice partis, la voie se dégage. Les ultimes obstacles à un acquiescement aux exigences allemandes se nomment de Gaulle, l'Empire, et la Flotte.

De Gaulle ? Qui s'en soucie vraiment durant cette semaine du 18 au 25 juin ? Il compte encore pour bien peu. Seule manifestation à son endroit, il recevra, dans un premier temps, un ordre du ministre de la Guerre de rentrer en France, ordre qu'évidemment il n'exécutera pas [4].

L'Empire ? L'appel des gouverneurs ou résidents en place est à prendre en considération. A l'extrême il serait susceptible de provoquer une cassure dans l'unité nationale. Weygand, le 21, pose à Noguès, qui apparaît un peu comme le chef de file, une série de questions qui sont autant de réponses :

> « Le gouvernement comprend vos raisons de demeurer à vos postes. Je vous demande de répondre explicitement aux questions suivantes :
>
> Quelles sont, à votre avis, étant donné l'impossibilité à peu près absolue pour la métropole de vous renforcer et de vous ravitailler en munitions :

---

1. Sur les 200 présents à Bordeaux.
2. Mandel et Jean Zay seront par la suite assassinés par la milice.
3. Edgar Pisani est né en 1918.
4. Le 23 juin, le colonel d'infanterie, breveté d'état-major, Charles André Marie Joseph de Gaulle sera mis d'office à la retraite, par mesure disciplinaire.

a/ les possibilités de durée en résistance en Algérie, en Tunisie et au Maroc, en tenant compte d'une intervention possible des puissances de l'Axe par le Rif espagnol ?

b/ les possibilités et l'efficacité d'actions offensives terrestres et aériennes partant de Tunisie ?

« Répondez d'urgence. Je vous envoie par avion le général Kœltz pour recueillir de vous tous les renseignements complémentaires. »

La Flotte ? Le débat sur ce sujet n'est pas clos. Il conduira bientôt à la rupture avec l'Angleterre.

*
* *

Après plusieurs séances de nuit aux discussions indécises, le gouvernement Pétain se réunit de nouveau le 22 juin à 8 h 45. La fatigue, la lassitude se font sentir.

Même ceux qui, les heures précédentes, comme Chautemps et Darlan, ont évoqué l'éventualité de poursuivre la lutte se taisent. Albert Lebrun déclare « qu'il n'y a rien de déshonorant dans les conditions d'armistice, si dures soient-elles ».

Weygand revient sur les possibilités de résistance outre-mer. Il est loin d'être optimiste quant aux moyens militaires à opposer à une invasion de l'Afrique du Nord et reste dans l'attente du rapport du général Kœltz envoyé auprès de Noguès.

Au même moment, Huntziger se retrouve face à Keitel. L'Allemand n'a pas baissé le ton. Les demandes françaises se heurtent à des refus systématiques. A peine est-il obtenu quelques assouplissements pour la marine et l'aviation. Pour la première, aucun document écrit n'est rédigé, mais les Allemands semblent accepter que le gros des forces navales demeure dans les ports d'AFN [1].

1. Seule une division navale stationnerait à Toulon. L'essentiel de la flotte est alors réparti entre Alexandrie, Bizerte, Mers el-Kébir, Casablanca, Dakar et la Martinique.

Pour l'aviation, il est ajouté à l'article V :

> « Il peut être renoncé à la livraison d'avions militaires, si tous les avions encore en possession des forces armées françaises sont désarmés et stockés sous le contrôle allemand. »

Toujours par téléphone, Bordeaux est tenu au courant de l'évolution des pourparlers.

A 18 h 34, Keitel fait savoir :

> « Je fixe comme dernier et extrême délai l'heure de 19 h 30 (heure allemande) pour une réponse définitive.
>
> « A l'expiration de ce délai, je considérerai que les négociations ont échoué. »

A 18 h 36, Huntziger est fixé par télégramme :

> « N° 43 DN. Ordre est donné à la délégation française de signer la Convention d'armistice avec l'Allemagne.
>
> « Rendre compte de l'exécution. La délégation se rendra à Rome où les pouvoirs ont été envoyés par câble. »

A 18 h 50, Keitel signe le premier la convention d'armistice. Huntziger ensuite appose sa propre signature au nom de la France [1].

L'armistice franco-allemand est conclu. Cependant, pour qu'il entre en application, l'accord avec l'Italie reste à conclure.

*
* *

1. Ce qui permettra par la suite à Léon Noël de déclarer ne pas avoir signé l'armistice.

Dans cet intervalle, et alors qu'Huntziger et sa suite prennent la route de Rome, se consomme un événement essentiel : le divorce franco-britannique.

L'Angleterre et la France sont alliées. Les deux pays ont déclaré ensemble la guerre à l'Allemagne pour protéger la Pologne. Ils ont ensuite, militairement et politiquement, uni leurs efforts. Ils se sont engagés, par leurs chefs de gouvernement, à ne pas signer de paix séparée. Même si la liberté d'action prise par Gort puis par Brooke, même si la préférence donnée à l'embarquement des tommies à Dunkerque, même si le refus d'engager l'intégralité de la RAF dans la bataille de France conduisent certains à la gommer un peu vite, cette existence d'une coalition formelle est bien réelle.

Churchill, de prime abord, s'est montré compréhensif devant la déconfiture de son principal partenaire. Il a cependant posé un préalable pour rendre à la France sa liberté : le sort de la flotte française. Les navires de la Royale ne doivent en aucun cas tomber entre les mains allemandes, car l'Angleterre continue et continuera de se battre. Churchill ne cesse de le clamer.

A Bordeaux, Sir Ronald Campbell, l'ambassadeur de Grande-Bretagne en France, a le devoir de rappeler cet impératif.

Le diplomate, si francophile soit-il, est avant tout un Britannique. Patriote et homme de devoir, il ne cesse de harceler les gouvernants français pour leur rappeler ses préoccupations. A la longue, son insistance devient pesante. Elle ressemble fort à une accusation à peine voilée.

Il pourrait pourtant avoir un motif de satisfaction. Le 19 juin, lord Lloyd, ministre du Commerce, lord Alexander, premier Lord de la Mer, ont fait un déplacement inopiné jusqu'à Bordeaux. Reçus par Pétain, Darlan et Baudouin, ils sont repartis, rassurés, semble-t-il, leurs interlocuteurs ayant pris des engagements en ce qui concerne la flotte.

Dans le cadre de l'alliance commune, il serait de bonne règle que les Anglais, par Campbell, leur ambassadeur, soient tenus parfaitement informés des négociations et des conditions d'armistice. Tel n'est pas le cas. Bousculé de tous côtés, lassé peut-être par le comportement de l'ambassadeur, Baudouin, premier responsable en la matière en tant que ministre des Affaires étrangères, ne se préoccupe qu'à demi d'informer ses partenaires. Ceux-ci, renseignés cependant, estiment avoir tout à craindre de l'article VIII qui prévoit de rassembler les navires français dans leurs ports de rattachement. Or, ceux de l'Atlantique se trouveront en zone occupée par les Allemands !

Est-ce cette incertitude ? Est-ce la pression croissante devant les dangers menaçant la Grande-Bretagne ? Est-ce le besoin de conforter l'opinion publique ? Est-ce l'influence des diatribes croissantes de De Gaulle à la BBC contre le gouvernement Pétain ? Churchill, le 22 à 11 h, hausse le ton. Le jouteur britannique devient agressif et appelle nettement à imiter les bons Français, à imiter de Gaulle.

Churchill ne songe pas seulement à la Flotte. Il songe également à l'Empire. Sur son ordre, à Alger, Tunis, Rabat, ses consuls interviennent auprès des responsables français pour les inciter à ne pas renoncer. Ils promettent d'apporter aide financière et matérielle aux « insurgés » éventuels. Propos agressifs. Incitations à rébellion. A Bordeaux, on ne saurait apprécier le comportement de l'allié britannique.

Winston Churchill par tempérament tombe volontiers dans l'excessif. Au moment où il s'insurge, le gouvernement Pétain n'a pas encore accepté les conditions allemandes. Il en prend, il est vrai, le chemin.

En fin de journée, Pétain annonce sa décision de faire entrer Pierre Laval dans son gouvernement. Eu égard aux sentiments bien connus de l'intéressé, le geste ne peut manquer de paraître inamical outre-Manche.

Sir Ronald Campbell le comprend ainsi. A 23 h 30, il prend en hâte congé de Baudouin et des Français, invoquant l'ordre formel de son gouvernement de ne tomber, en aucun cas, aux mains de l'ennemi. Il entraîne dans son départ précipité les ministres du Canada et d'Afrique du Sud [1]. Procédure sensiblement identique le lendemain sur les bords de la Tamise. Corbin, l'ambassadeur

1. Ils iront tous s'embarquer à Saint-Jean-de-Luz sur un croiseur britannique qui appareillera dans la nuit du 23 au 24 juin.

de France, estimant avoir « représenté une politique d'étroite collaboration entre la France et l'Angleterre, et ne pouvant trouver désormais les dispositions nécessaires pour l'accomplissement de cette tâche », donne sa démission. Les liens diplomatiques sont désormais rompus entre les gouvernements officiels de la France et de la Grande-Bretagne. Le trait d'union entre Français et Anglais est destiné pour de longs mois à passer par celui qui a lié sa fortune à celle de Churchill, Charles de Gaulle.

*
* *

L'armistice avec l'Italie

Le 23, vers 6 h, la délégation française s'envole dans trois Ju 52 à destination de Rome via Munich. L'accord avec les Italiens devient une nécessité urgente pour le commandement français. La Wehrmacht atteint Rochefort, Royan, Poitiers, dépasse Issoudun et Châteauroux, descend la vallée du Rhône et livre combat avec des éléments retardateurs au nord-ouest de Saint-Etienne. Dans l'Est, elle termine l'anéantissement des troupes encerclées dans les Vosges ou à l'intérieur de la Ligne Maginot.

Des armées françaises ne demeurent plus que des débris informes, que des chefs, à tous niveaux, tentent de sauver du naufrage absolu, c'est-à-dire de la destruction ou de la capture.

L'accueil à Rethondes était glacial. A Rome, il se veut courtois. Les Italiens, en bons Latins, ne sont pas dépourvus de finesse. L'incongruité de la situation ne leur échappe pas. Vingt-deux ans plus tôt, ils étaient avec les Français contre ces Allemands devenus leurs alliés. Au plan militaire, ils ont marqué le pas et ne peuvent se présenter en vainqueurs. Ils ne doivent qu'à Adolf Hitler la présence devant eux des délégués du gouvernement de Bordeaux.

Sans doute est-ce pour ces raisons que Mussolini s'est abstenu de paraître. Il a mandaté son gendre, le comte Ciano, ministre des Affaires étrangères, assisté du maréchal Badoglio. Ironie du destin, ce dernier et le général Parisot, ancien attaché militaire à Rome, sont amis intimes.

« Dieu sait combien de fois, écrira Ciano, ils ont dit ensemble du mal des Allemands. »

Les prétentions italiennes sont modérées. L'Italie ne réclame, comme zone d'occupation, que le territoire occupé par ses troupes au moment de la signature de l'armistice. Autrement dit, quasiment rien [1], les Italiens ayant été pratiquement repoussés sur les Alpes. Dans la nuit du 23 au 24, Huntziger, par téléphone, rend compte à Weygand.

Le 24, à 8 h, Pétain réunit le conseil des ministres. Le pire paraît évité. Aucune revendication italienne sur la flotte, la Syrie ou la Tunisie. Seul est précisé que le territoire de la Côte française des Somalis sera démilitarisé et que l'Italie pourra utiliser le port et les installations portuaires de Djibouti ainsi que la voie ferrée Djibouti - Addis-Abeba sur le parcours français.

A 19 h 10, au terme de quelques réajustements, Huntziger reçoit l'ordre de signer ; ce qui est réalisé à 19 h 15 par les chefs des deux délégations.

Le cessez-le-feu général interviendra le 25 juin à 0 h 35. Les clairons le sonneront à l'heure prescrite. La bataille de France est terminée.

*
* *

En Allemagne, l'allégresse est générale. Hitler proclame triomphalement :

> « Peuple allemand !
>
> « Nos soldats, après une vaillante lutte de six semaines, ont conduit à son terme la guerre en Occident contre un ennemi courageux. Leurs actions héroïques resteront dans l'histoire comme la victoire la plus glorieuse de tous les temps. Nous remercions le Seigneur pour sa bienveillance. [2]

1. Sauf Menton et l'amorce des vallées de la Maurienne et de la Tarentaise.

2. Adolf Hitler était-il croyant et percevait-il la notion de justice divine ? A priori, non, mais la question ne paraît jamais avoir été vraiment élucidée.

> « J'ordonne le pavoisement de tout le Reich pour dix jours, et la volée des cloches pour sept jours. »

Pratiquement, en Allemagne, à quelques exceptions près, dont Guderian, chacun est persuadé que la fin définitive de la guerre est proche. Bien peu ne doutent que l'Angleterre ne sollicite prochainement la paix.

En Italie, par contre, c'est le désenchantement. Mussolini aspirait à la gloire. Elle n'était pas au rendez-vous.

Quant à la France, blessée, elle ne peut être qu'en deuil. En fin de journée, Pétain, à la radio, explique les raisons militaires de la défaite. Après avoir justifié sa décision de refuser de continuer à répandre le sang français, il se veut moralisateur :

> « Vous avez souffert. Vous souffrirez encore. Beaucoup d'entre vous ne retrouveront pas leur métier ou leur maison. Votre vie sera dure. Ce n'est pas moi qui vous bernerai par des paroles trompeuses. Je hais les mensonges qui vous ont fait tant de mal.
>
> « La terre, elle, ne ment pas. Elle demeure votre recours. Elle est la patrie elle-même. Un champ qui tombe en friche, c'est une portion de la France qui meurt. Une jachère de nouveau emblavée, c'est une portion de France qui renaît.
>
> « N'espérez pas trop de l'Etat. Il ne peut donner que ce qu'il reçoit. Comptez pour le présent sur vous-mêmes et, pour l'avenir, sur les enfants que vous aurez élevés dans le sentiment du devoir.
>
> « Nous avons à restaurer la France. Montrez-la au monde qui l'observe, à l'adversaire qui l'occupe, dans tout son calme, tout son labeur et toute sa dignité.
>
> « Notre défaite est venue de nos relâchements. L'esprit de jouissance détruit ce que l'esprit de sacrifice a édifié.
>
> « C'est à un redressement intellectuel et moral que, d'abord, je vous convie.

> « Français, vous l'accomplirez et vous verrez, je vous le jure, une France neuve surgir de votre ferveur. »

Bien peu de Français savent qu'un journaliste de gauche, d'origine israélite, Emmanuel Berl, a rédigé ce discours [1] imprégné de la pensée maurrassienne. Retour à la terre, nécessité d'un redressement intellectuel et moral synonyme d'un ordre nouveau, autant de thèmes chers au directeur de l'*Action française*.

Le retentissement du message est certain.

François Mauriac, qui paraît s'être donné mission de se présenter comme la conscience des Français, en rendra compte, le 3 juillet, dans les colonnes du *Figaro* :

> « Les paroles du maréchal Pétain, au soir du 25 juin, rendaient un son presque intemporel ; ce n'était pas un homme qui nous parlait, mais, du plus profond de notre histoire, nous entendions monter l'appel de la grande nation humiliée. Ce vieillard était délégué vers nous par les morts de Verdun et par la foule innombrable de ceux qui, depuis des siècles, se transmettent le même flambeau que viennent de laisser tomber nos mains débiles. » [2]

Quant à l'ordre nouveau, il trouvera bientôt son expression concrète.

*
* *

Dans son allocution du 25, Pétain a fait également allusion aux colonies appelées à demeurer formellement dans la mouvance française. Pour signer l'armistice, il lui a été nécessaire de l'imposer aux barons de l'empire, les Noguès, Boisson,

1. Comme d'autres allocutions du maréchal Pétain.
2. Par la suite, Mauriac évoluera comme Paul Claudel, autre chantre notoire, durant un temps, du pétainisme, attitude qui leur vaudra une place de choix dans le « Dictionnaire des girouettes » !

Puaux, Mittelhauser. Ce dernier, dans un télégramme envoyé le 23 juin à 23 h 30, se montrait très ferme :

> « Beyrouth, 23 juin, 22 h 30.
>
> « Au général Noguès, commandant en chef le théâtre d'opérations de l'Afrique du Nord.
>
> « J'ai pris publiquement position, en accord avec le Haut-Commissaire, pour continuation de la lutte. Je suppose qu'un gouvernement de la France impériale va se constituer en Afrique du Nord ainsi qu'un commandement en chef des forces de l'empire. Je vous serais reconnaissant de me tenir informé. Il me paraît urgent que quelqu'un prenne en main la conduite de la guerre et coordonne la conduite des opérations militaires, navales et aériennes, en liaison avec le commandement britannique, et organise ravitaillement général. »

Pour obtenir obéissance, Weygand a jeté le poids de son autorité dans la balance. Il a mandé à chaque rebelle potentiel :

> « Les éléments d'appréciation dont vous disposez ne vous permettent pas de juger la situation à laquelle le gouvernement a dû faire face, ni d'apprécier les conditions que cette situation lui a imposées dont aucune n'est contraire à l'honneur de la patrie. Le gouvernement fait appel à votre sens du devoir, sur lequel il sait pouvoir compter, pour maintenir dans nos troupes la discipline la plus stricte et autour de vous l'esprit de concorde et la confiance dans le gouvernement. »

Il sera écouté.

Le 25 juin au matin, Churchill a perdu son principal allié. Il ne serait pas lui-même s'il ne tentait un ultime effort.

Il sait que Mandel, à bord du *Massilia*, est sur le point d'arriver à Casablanca. L'ancien ministre, et ancien chef de cabinet du Tigre, lui paraît la personnalité politique la plus propre à former un contre-gouvernement en exil, et à rallier l'empire et la flotte. Sur ordre exprès de Londres, Duff Cooper, ministre de l'Information, et le général Gort, l'ancien patron du BEF, décollent en hydravion pour Casablanca afin d'entraîner Mandel. Mais celui-ci n'est déjà plus libre de ses mouvements. Quasiment gardé à vue, il lui est impossible de communiquer avec les deux émissaires qui se hâtent de repartir de crainte d'être arrêtés. Il n'y aura pas de complot de Casablanca. L'ordre pétainiste règne au Maroc.

Churchill doit se contenter de mesures conservatoires et en particulier d'interdire à la force X de l'amiral Godfroy, au mouillage à Alexandrie, d'appareiller pour Beyrouth.

Pour le reste, il ne peut que renouveler ses appels vers les émules possibles de Charles de Gaulle :

> « Nous ne pouvons croire, en effet, que les intérêts supérieurs de la France et l'esprit du pays ne trouveront pas à se traduire par d'autres expressions que les quelques solutions de désespoir qui ont été arrêtées par le gouvernement de Bordeaux.
>
> « Nous sommes décidés à accorder notre appui, jusqu'à l'extrême limite de nos forces et de nos ressources, à quelque mouvement français que ce soit qui viendrait à se créer contre la pression de l'ennemi pour la lutte contre la nazification ou la barbarie et pour la renaissance de la France. »

Il ne sera guère entendu. La France, le 25 juin 1940, a bien déposé les armes.

*
* *

Terrible constatation !

Il ne se sera trouvé en France qu'un modeste général de brigade (et encore, à titre temporaire) pour oser lever l'étendard de la révolte. La suite prouvera certes que l'intéressé avait la carrure de l'aventure mais là n'est pas la réflexion première.

Aucun homme d'Etat d'envergure, aucun militaire de renom ne franchissent le pas.

Pas même Paul Reynaud [1], absolutiste déclaré jusqu'au 16 juin.

Pas même Mandel, disciple de Clemenceau et pourtant réputé solide.

Pas même Darlan, patron incontesté d'une marine qui l'au rait suivi.

Pas même Noguès, chef de prestige dans une Afrique du Nord où il avait rang de commandant en chef.

Et combien d'autres... La dérobade est générale. Elle ne signifie pas absolument lâcheté ni absence de patriotisme. Pesanteur de la défaite, autorité du maréchal Pétain, tradition de discipline, volonté de ne pas rompre l'unité nationale ont prévalu. Mais comment ne pas reconnaître aussi qu'il était plus confortable d'obéir...

Quant au bien-fondé de l'armistice ?

Terrible débat. Depuis un demi-siècle, les passions des uns et des autres, la pression du gaullisme n'ont pas encore permis de déboucher sur une conclusion non manichéenne. L'Histoire a démontré le bien-fondé de l'appel du 18 juin et de l'opposition absolue au nazisme. Elle n'a pas démontré pour autant – et ne pourra jamais démontrer – que l'armistice ne fut pas un temps mort obligatoire et sur le fond bénéfique. Tout demeure donc sur ce sujet domaine de l'hypothèse et de l'interprétation [2].

---

1. Il acceptera pendant quelques jours, avant d'y renoncer, le poste d'ambassadeur de France à Washington.

2. L'Histoire ne se refait pas, est-il de coutume de dire, et il est donc délicat de s'aventurer dans l'Histoire fiction.

Si la France avait prolongé sa résistance outre-mer, on est en droit de penser que l'Afrique noire, couverte par les glacis sahariens, aurait pu échapper à une offensive nazie. Les flottes française et britannique tenaient la mer. Une incursion jusqu'à Dakar et au-delà était une entreprise difficile.

En revanche, le sort de l'AFN paraît plus aléatoire. Moyens militaires limités. Troupes faiblement armées. Pas de blindés. Peu d'artillerie.

*
* *

Premiers crimes

Ruines et malheurs accompagnent toujours les guerres. Le conflit engagé le 3 septembre 1939 s'aggrave des méfaits de l'idéologie nazie.

La Wehrmacht de 1940 se montre généralement « korrekt » vis-à-vis de son adversaire malheureux. Des tués sont ensevelis. Des blessés sont soignés. Des troupes contraintes de capituler reçoivent les honneurs de la guerre.

Cette attitude n'est pas sans de larges exceptions. Des unités se livrent à des exactions, présages de futurs comportements à des échelles plus vastes.

Le 28 mai, 54 habitants de Courrières, 70 d'Oignies sont fusillés par le 497e régiment de la 267e division, suite à la résistance du 2e Zouaves qui tenait ces localités.

Peu après, 98 autres sont exécutés à Aubigny-en-Artois, suite à la solide défense d'une unité britannique. Ce crime est à mettre au compte de la division SS Totenkopf.

Le 20 juin, à Montlur, dans la région de Lyon, plus d'un millier de tirailleurs prisonniers du 25e RTS sont massacrés par leurs adversaires, furieux de s'être vu opposer des troupes de couleur. Un cas similaire s'était produit à Chartres le 17 juin.

Weygand avait réussi à faire passer 900 appareils de l'autre côté de la Méditerranée, mais beaucoup étaient sans équipement ni armement. Bref, tout était à craindre d'une invasion par la péninsule espagnole et la Libye italienne. L'Algérie, la Tunisie, le Maroc auraient, sans doute, été assez vite occupés (l'occupation de la majeure partie de la Tunisie par les Allemands en 1942-43 le prouve). Hitler aurait, très certainement, tenu les deux rives de la Méditerranée occidentale. Les conséquences en auraient été évidentes pour Gibraltar, Malte et peut-être l'Egypte. La position de l'AFN, future plate-forme de la reconquête de l'Europe par l'Italie et le midi de la France, se serait posée tout à fait différemment.

Il est évident aussi que la France aurait été envahie dans son intégralité, dès juin-juillet 1940. Elle aurait connu des souffrances supplémentaires mais aurait évité pour son Histoire la honte du régime de Vichy et de la Collaboration (certains Français n'en auraient peut-être pas moins failli).

Le 7 juin, le capitaine Charles N'Tchorere, ancien saint-cyrien, commandant la 7e compagnie du 23e RICMS, est abattu par un sous-officier allemand parce qu'il tenait à rester avec ses camarades officiers européens.

Ces actes ne seront pas les seuls. La Luftwaffe, quant à elle, se comporte comme en Pologne. Elle anéantit sous ses bombes des centres urbains qui n'abritent que leur population. Elle pilonne et mitraille toutes les colonnes, frappant sans discernement troupes et civils, et plus souvent civils que militaires.

Qui oserait en douter ? Cette guerre n'épargnera personne !

Chapitre V

100 000 TOMBES

Le fait est patent. Les combattants de 1940 ont mauvaise presse. Les cadets font bien piètre figure comparés à leurs aînés, les glorieux « poilus » de la Grande Guerre, ceux de la Marne, du Chemin des Dames ou de Verdun.

Et pourtant... En six semaines de guerre effective, 90 000 d'entre eux sont tombés [1]. Le combattant français a versé son sang plus que son adversaire ou ses alliés.

Les Allemands ont eu 27 000 morts [2], les Belges 7 500, les Hollandais 2 900, les Anglais 3 500. Ces chiffres parlent. Dans leur sécheresse, ils rendent compte de l'âpreté de certains combats menés par des Français.

Douze généraux, un amiral sont tombés, plusieurs les armes à la main. Le général Deslaurens a été blessé mortellement en

1. Soit sur six semaines un taux de pertes bien supérieur à celui d'une période équivalente de 14-18. Il y a également 200 000 blessés, et, à ne pas oublier, 1 900 000 prisonniers.

2. Plus 110 000 blessés, 18 000 disparus, 1 900 prisonniers qui seront rendus à l'armistice (dont 400 aviateurs. Les Anglais avaient avec raison demandé leur évacuation sur l'Angleterre).

faisant le coup de feu pour couvrir le repli de ses derniers fantassins de l'île de Walcheren. Le corps du général d'Argenlieu sera retrouvé, un mousqueton, chargeur à moitié vide, à ses côtés : il s'efforçait, sur ordre, de rejoindre le PC du général Giraud. Le général Augereau, retranché dans une ferme, se défendra jusqu'au bout avec son seul revolver...

Certes – nul ne le conteste – il y eut des lâchetés et des dérobades. Les cas précis abondent, impliquant tant gradés que non-gradés, civils que militaires.

A Vouziers, le maire et le sous-préfet s'enfuient, abandonnant malades, invalides, vieillards, femmes en couches. A Angers, les mêmes responsables s'entendent pour une reddition et livrent les ponts. A Vierzon, le maire enjoint aux troupes de quitter sa ville et fait hisser des drapeaux blancs. Poitiers, Cholet, Thouars, Loudun, Niort connaissent des scènes sensiblement analogues. L'exemple venait de haut. Edouard Herriot n'avait-il pas insisté pour que Lyon fût déclaré ville ouverte ?

Des généraux ne se montrent pas plus brillants. A Nantes, le général commandant d'armes renonce à se défendre et laisse le grand pont sur la Loire tomber intact aux mains de l'ennemi, qui s'empressera de passer sur la rive gauche. Quant à Huntziger, il organise son PC de combat à Verdun, loin sur les arrières.

En ces semaines tragiques, les unités les moins bien encadrées plient, parfois sans combattre. Aux abords de Sedan, les artilleurs des 55e et 71e DI déclenchent le mouvement. Apeurés, ils se replient vers l'arrière, abandonnant leurs pièces et leurs attelages. Sur leur passage, la panique déferle en vagues. Un capitaine, à la portière d'un camion, crie à tue-tête :

– Sauvez-vous, voilà les boches !

Des bidasses, pour justifier leur fuite, affirment que tous leurs officiers ont été tués. Etc.

Spectacle de déroute qui se renouvellera en maints endroits. Une rumeur, toujours la même : « Voilà les boches ! », videra quantité de positions. Des ordres de repli prématuré, dus à l'affolement d'un officier, y contribueront également.

Désordre, désorganisation du commandement, absence de ravitaillement, tout se paie. Pillage, ivrognerie, refus d'obéissance, menaces envers des gradés restés fidèles à leur devoir constituent la toile de fond de la débandade.

L'ennemi en profite largement. Il moissonne les prisonniers par dizaines, par centaines, par milliers. On verra ces colonnes de vaincus s'éloigner vers l'est, sans grande surveillance ; peu d'entre eux cependant songeront à s'éclipser.

Les exemples inverses abondent aussi. Si légionnaires et tirailleurs meurent selon leurs traditions, ils ne sont pas les seuls.

Le 7e BCL perd 50 % de ses effectifs en menant des contre-attaques. L'escadron du lieutenant de Blignères charge à cheval, sabre au clair, comme en août 1914. A La Haye-du-Puits, dans le Cotentin, une escouade de marins, emmenée par l'enseigne de vaisseau Allary, bloque toute la nuit du 16 au 17 juin la progression du bataillon de reconnaissance de la division Rommel fonçant sur Cherbourg. A Saumur, élèves officiers de l'Ecole de Cavalerie et de Saint-Maixent entrent dans la légende en défendant les passages de la Loire. Monthermé, cap Gris-Nez, Dunkerque, Stonne, et combien d'autres noms sont synonymes de lutte farouche.

Il serait aussi fallacieux qu'excessif d'englober toute la génération de 1940 dans une même réprobation. Il y eut des défaillances. Il y eut des actions héroïques. Certains s'enivraient dans les caves tandis que d'autres, à l'étage, mouraient les armes à la main.

*
* *

Où sont nos aviateurs ?

Dans cette bataille perdue, une question revient souvent. « Où sont nos aviateurs ? » s'indignent les biffins en scrutant un ciel qu'ils voient désespérément vide de cocardes tricolores. Oui, ce ciel de Blériot, de Guynemer, de Fonck, de

Védrines, de Nungesser et Coli, de Costes et Bellonte, de Mermoz, de Guillaumet et de tant d'autres, était-il vide ?

Le 10 mai 1940, la France comptait, en métropole et outre-mer, 77 500 aviateurs, dont 3 600 navigants, servant 2 716 appareils. Ce dernier chiffre doit être ramené aux seuls appareils de première ligne. La France dispose véritablement de 600 chasseurs, contre 1 200 à l'Allemagne, et 220 à 240 bombardiers en majorité dépassés [1]. La disparité est énorme. La chasse se bat à un contre deux, le bombardement à un contre sept (l'aviation en piqué est totalement absente). Impossible avec une telle infériorité d'assurer l'ensemble des missions : appui au sol, escortes des bombardiers, défense du territoire.

L'aviation française a été la première victime des conflits sociaux, de la nationalisation des constructions aéronautiques, des économies de budgets. Les gouvernants, les ministres de l'Air, qu'ils s'appellent Pierre Cot, Guy La Chambre ou Laurent-Eynac, en portent la responsabilité première, les chefs militaires, Vuillemin notamment, pour ne pas s'être battus avec suffisamment d'insistance, la seconde.

Par-delà les interrogations tendancieuses et les légendes, le bilan suffit. 778 appareils allemands seront abattus par la chasse française. 306 avions français seront descendus. L'aviation a 679 tués ou disparus, soit 30 % de l'effectif combattant. En combat singulier, les pilotes français, numériquement inférieurs, ont montré qu'ils étaient les meilleurs. Souvent face à un adversaire équipé d'appareils supérieurs : le Messerschmitt 109 à moteur à injection effectue des virages plus serrés que le Morane 406. Il est mieux armé, un canon de 23, deux mitrailleuses de 13. Le Morane 406 n'a que 8 secondes de feu avec son canon de 20, et 15 secondes avec ses mitrailleuses.

Les équipages, qu'ils soient de chasse, de bombardement ou de reconnaissance, sont allés jusqu'au bout. En Belgique, le lieutenant Delattre, ayant épuisé ses bombes et munitions de bord, un moteur en feu, écrase résolument son Bre-

1. Plus environ 400 chasseurs de la RAF.

guet 693 sur une colonne allemande. Un seul Breguet sur six rentrera de cette mission. Le 14 mai, à Sedan, 14 Amiot 143 se lancent dans une tentative désespérée pour couper les ponts jetés par Guderian [1]. Un seul Amiot rejoindra sa base. En Lorraine, le capitaine Pierre Hyvernaud, l'un des grands espoirs des ailes françaises, tombe au-dessus de Blénod-lès-Toul après avoir abattu quatre adversaires [2].

*
* *

Pourquoi ?

La France n'avait jamais connu pareille débâcle en son histoire. Pourtant, la tradition de la valeur guerrière de ses soldats est solidement établie. Les Capétiens ont bâti la maison France, le glaive à la main. Républiques et Empires les ont imités. 14-18 a été le point d'orgue de l'héroïsme et du sang versé. Vingt ans après, en pleine gloire militaire, la France s'effondre. Pourquoi ? Oui, pourquoi une telle défaite aussi rapide que brutale ? Pourquoi cet effondrement après l'éclatante démonstration de la ténacité française en 14-18 ? Une première réponse s'impose : la France de 1940 paie sa victoire de 14-18. Cette évidence ne se répétera jamais assez.

1 400 000 morts ! Les listes des tués sur les monuments aux morts des plus modestes villages rendent compte jusqu'à ce jour de cette hémorragie. Cette saignée a vidé le pays de ses forces vives. Des milliers et des milliers de Français sont tombés « sans avoir vidé leurs carquois ». Les élites ont été décimées. Péguy, Psichari, Alain-Fournier, autant de grands noms des lettres fauchés par la mitraille. Avec eux, combien d'autres noms de la vie politique, économique, artistique,

1. 240 appareils allemands seront détruits par la DCA française. 229 appareils français seront détruits au sol, résultat de la surprise et de la supériorité du bombardement allemand.

2. Il est équitable de souligner que, ce jour-là, 35 Blenheim anglais, engagés dans la même mission, ne reviennent pas.

scientifique de la Patrie, disparus avant même d'avoir été reconnus ! Des promotions de Saint-Cyr ont été laminées. Autant d'éléments de valeur qui manqueront en 1940.

Les rescapés sont revenus marqués par l'horreur, criant : « Plus jamais la guerre ! » Les guerriers ont légitimement aspiré à la paix. Rejetant le carnage, ils ont mal préparé leurs fils à imiter leurs sacrifices.

Les fautes politiques, les erreurs militaires, tout découle de cet holocauste de la Grande Guerre que chacun refusait de voir se renouveler. Sapé dans ses forces vives, le pays glissait chaque jour un peu plus sur la « pente déclive » [1] qui menait au gouffre.

Les conséquences se mesurent à tous niveaux.

Les dirigeants politiques n'ont pas su trouver d'alliés. Ils ont négligé l'Italie et la Petite Entente. Ils ont perdu l'URSS. Ils n'ont pas su doser l'effort de guerre. Ils se sont trompés dans le choix des hommes. Ils ont choisi Gamelin, Georges ou Vuillemin plutôt que Juin, de Lattre ou de Gaulle. Ils n'ont pas su, surtout, imprimer une force morale à la nation.

Les chefs militaires, Pétain en tête, ne sont pas moins responsables. Ils se sont obstinés à raisonner en fonction du passé. Ils ont parlé défensive, front continu, fortifications. Ils ont sous-estimé les évolutions, l'avenir du char comme de l'avion.

Ils ont encore plus mal conduit leur bataille. Ils ont surchargé les ailes (Ligne Maginot et Nord) en faisant l'impasse sur les Ardennes [2]. Ils n'ont pas constitué de réserves. Ils sont tombés dans le piège de l'avance en Belgique-Hollande. Ils ont pratiqué le colmatage et les petits paquets. L'artillerie, trop statique, n'a pas été d'un grand secours.

---

1. Pierre Gaxotte.

2. Sur la Meuse, la 61e DI devait tenir un front de 30 km et une compagnie de mitrailleuses, à Monthermé, avait 1 200 m à défendre. Par contre, en certains points de la Ligne Maginot ou du Nord, telle division couvrait moins de 10 km.

Que dire également de l'organisation du commandement ? Qui commande sur le front français ? Gamelin ou Georges ? Qui coordonne les Alliés, Français, Britanniques, Belges ? Personne, pratiquement.

Figée dans des concepts de la guerre précédente, l'armée française s'est heurtée à un corps de bataille plus motivé, plus mobile. Le fer de lance blindé, en Hollande, en Belgique, dans le Nord, dans l'Est, a frappé très fort tout en étant largement couvert dans les airs. Une défense linéaire, sans grande possibilité de contre-attaque, était condamnée à céder et à ouvrir une brèche. Ce qui s'est produit d'entrée de Dinant à Sedan (et ailleurs)...

Evoquant les responsabilités du Haut Commandement, un historien militaire a écrit :

> « Ou il [le Haut Commandement] connaissait la puissance de l'armée allemande, et il est inexcusable de ne pas avoir exigé des pouvoirs publics, quitte à provoquer un éclat, une armée française capable de lui résister ; ou il ne soupçonnait pas cette puissance, et il est impardonnable de l'avoir ignorée. » [1]

Certes, un maréchal octogénaire, des généraux sexagénaires, des officiers supérieurs bedonnants ne portent pas seuls le poids de la défaite. Il n'en est pas moins paradoxal que certains d'entre eux soient les grands bénéficiaires du désastre national.

*
* *

Les causes nationales de la défaite de 1940 sont, aujourd'hui, globalement connues. Pourquoi estomper celles des alliés de la France ? N'ont-ils pas eu, eux aussi, leurs carences ?

---

1. Colonel Alerme, *Les causes militaires de notre défaite*. Paris, 1940. Publications du Centre d'études de l'Agence « Inter-France ».

Que penser de la Grande-Bretagne ? S'est-elle vraiment opposée à la montée du nazisme ? N'a-t-elle pas eu tendance à freiner et à contrer une France de l'après-guerre devenue, à ses yeux, trop puissante sur le continent ? S'est-elle bien préparée devant le danger nazi grandissant ? S'est-elle, après septembre 1939, ayant donné le signal de la lutte, investie pleinement ? N'a-t-elle pas engagé sa marine avec une certaine prudence (sauf à Dunkerque, mais là surtout pour sauver les siens) ? N'a-t-elle pas eu tendance à garder ses avions pour pouvoir mieux assurer sa propre défense par la suite ? Pourquoi un pays plus peuplé que la France, fort d'un immense empire, ne disposait-il que d'une armée de métier, et n'a pu, de ce fait, investir que 10 divisions, le dixième des troupes françaises ?

Comment ne pas s'interroger également sur les comportements de la Hollande et de la Belgique ? N'ont-elles pas fait preuve d'un certain aveuglement ? Pourquoi se sont-elles obstinées à brandir une neutralité jugée par d'aucuns suicidaire ? Pourquoi ont-elles, avant le 10 mai, refusé de véritables accords militaires avec la France ?

Il n'est pas de réponses absolues à de telles interrogations. Du moins, ces dernières permettent-elles de penser que la France ne porte pas, seule, le poids de la défaite.

Chapitre VI

LES RAPACES

La France est battue, l'Angleterre mise à rude épreuve. Ces deux puissances, peu ou prou, veillaient sur l'Europe. Par leurs empires coloniaux, elles régentaient une large fraction du monde. Brutalement cette prééminence s'effrite. Et l'Amérique se tait. L'heure est trop belle pour ne pas profiter des circonstances. N'ayant pas à écouter les réactions des grandes démocraties, les régimes totalitaires ont toute latitude pour se précipiter dans le jardin de leurs voisins.

*
* *

Les Soviétiques, les premiers, donnent le ton.

Ils n'ont jamais admis l'émancipation des pays Baltes. Durant des siècles, Lituanie, Lettonie, Estonie ont connu les rivalités d'influence entre Slaves et Germains. Les Chevaliers teutoniques y menèrent des luttes légendaires. Pendant deux siècles, jusqu'à la Révolution russe, le tsarisme a paru y imposer sa loi. Sa chute a permis l'éclosion des aspirations nationales, et l'accession à l'indépendance des trois pays, au terme de batailles sévères contre les armées bolcheviques de 1918 à 1920.

En mars 1939, renouant avec les traditions teutoniques, les Allemands ont occupé Memel (actuelle Klaïpcda). Le pacte germano-soviétique d'août 1939 a reconnu les pays Baltes comme zone d'influence soviétique, ce qui a permis à l'URSS d'y obtenir des bases militaires.

Le 14 juin, tandis que la France et l'Angleterre ont d'autres soucis, l'Armée rouge, sans préavis, envahit ses voisins, bien incapables de résister. Le 21 juillet, ils sont officiellement annexés à l'Union soviétique. Moscou, par là même, améliore son accès à la Baltique et couvre Leningrad d'un large glacis.

Staline ne s'en tient pas là. L'accord Molotov-Ribbentrop d'août 1939 a également prévu que la Bessarabie reviendrait à l'URSS [1]. Moscou exploite son avantage, exigeant des Roumains non seulement la Bessarabie mais également la Bukovine septentrionale. Faute du soutien hitlérien, Bucarest doit s'exécuter. Le 28 juin, Bessarabie et Bukovine du Nord passent sous tutelle soviétique.

Moins de quinze jours ont suffi au maître du Kremlin pour saisir un peu plus de 200 000 km² et 11 000 000 d'habitants. Onze millions d'hommes se sont vu imposer une loi dont ils ne voulaient pas...

*
* *

Francisco Franco Bahamonde aime la terre d'Afrique. Elle lui a procuré, dans les rangs du Tercio, la légion étrangère espagnole, gloire et galons. Elle lui a ouvert, depuis le Maroc espagnol, la route qui l'a mené à entrer en vainqueur dans Madrid.

Tanger, face à la pointe méridionale de l'Europe, bénéficie d'un statut privilégié sur le sol marocain. Ville internationale [2], elle est le grand rendez-vous des trafiquants, des agents secrets et des cinéastes. Pour l'Espagne, tenir Tanger donne-

---

1. La Bessarabie fait l'objet d'une vieille revendication russe remontant aux crises balkaniques et au délabrement de l'Empire ottoman. La Roumanie avait pu l'annexer en 1918.
2. Administrée par l'Angleterre, la France, l'Italie et l'Espagne.

rait accès au Maroc français mieux que ne le permet Ceuta enclavé derrière la barrière du Rif. Et Franco, l'Africain, ne désespère pas de s'octroyer un jour l'empire de Lyautey. Tétouan et les collines du Rif n'ont rien des richesses de Rabat, Casablanca, Marrakech et de l'Atlas...

Le 14 juin 1940, le Caudillo envoie 1 200 hommes, sous le commandement du colonel Yuste, occuper Tanger. Il déroge aux conventions internationales, tout comme Staline dans les pays Baltes, mais qui s'en préoccupe en ce 14 juin 1940 ? En novembre, il se sentira assez fort pour rattacher Tanger au Maroc espagnol.

*
* *

Visées soviétiques. Visées espagnoles. Visées japonaises tout autant. Cette fois sur l'Indochine française.

La France est en Indochine depuis Napoléon III et Jules Ferry. Charner, La Grandière, Francis Garnier, Gallieni, Lyautey, Paul Doumer et d'autres ont fait de la péninsule indochinoise l'un des fleurons de l'empire colonial français. Le drapeau tricolore flotte de la Porte de Chine à la pointe de Ca Mau, 1 500 km plus au sud. Une colonie (la Cochinchine), quatre protectorats (Tonkin, Annam, Laos, Cambodge) regroupent vingt-trois millions d'habitants [1] sur 736 000 km².

Depuis août 1939, le général Georges Catroux assume à Hanoi les responsabilités de gouverneur général. Ce soldat a derrière lui une solide expérience coloniale. Il fut au Maroc durant la conquête et la pacification. Il fut en Syrie sous Gouraud. Il fut en Algérie commandant du XIXe corps d'armée. On lui reconnaît autorité, intelligence et souplesse. Il sait s'adapter [2].

Pour garder un territoire plus vaste que la France, Catroux ne dispose que de moyens modestes. Une milice

1. Dont 30 000 Européens.

2. Chef de bataillon, il a aussi été le compagnon de captivité en Allemagne du capitaine de Gaulle en 1916-1917.

indigène, quatre régiments blancs dont un de la Légion étrangère [1], quatre régiments de tirailleurs indigènes, une petite marine [2], quelques avions, la plupart hors d'usage. Si ces forces de souveraineté sont capables de maintenir l'ordre, elles ne sauraient, à 10 000 km de la métropole, s'opposer longtemps avec succès à l'intervention d'une puissance étrangère.

De puissance étrangère susceptible de s'en prendre à cette possession française, il n'en est qu'une : le Japon.

Soixante-dix millions de Japonais vivent à l'étroit sur 330 000 km². Trusts et caste militaire les ont lancés dans une politique d'expansion sur le continent. Les Russes l'ont appris à leurs dépens en 1905. La Corée a été annexée la même année [3]. La Mandchourie a été transformée en protectorat sous le nom de Mandchoukouo en mars 1932. L'invasion de la Chine de Tchang Kaï-Chek a commencé en juillet 1937. Un gouvernement fantoche a été installé à Nankin.

Le chef nationaliste a perdu du terrain mais il résiste. Ayant dû abandonner Pékin, Nankin et les provinces côtières du Sud, il a replié sa capitale sur Tchungking. Retranché dans l'intérieur et le Sud de la Chine, il ne dispose que de deux axes de ravitaillement : la route de Birmanie, côté anglais, le chemin de fer du Yunnan, côté français. Une bonne partie de ses approvisionnements transite ainsi par Haiphong et Lao-Kay en empruntant la vallée du fleuve Rouge.

Ce trafic est licite. Chine et Japon ne sont pas en état de guerre déclarée. S'il ne peut être reproché de soutenir l'un des belligérants, personne n'est dupe. La France tire profit mais a choisi son camp. Elle aide Tchang Kaï-Chek. Elle lui permet de recevoir essence et véhicules dont il a le plus grand besoin.

---

1. Vᵉ REI, régiment de tradition du Tonkin. Y servir est regardé comme une récompense. Aussi comprend-il, dans l'ensemble, des légionnaires assez âgés.

2. Un croiseur, le *La Motte-Picquet,* trois avisos coloniaux et six canonnières. Dix-sept Morane de chasse (sans canons de 20), deux escadrilles de bombardement, quelques Potez de reconnaissance.

3. Formose (Taiwan) l'a été dès 1895.

La France de l'avant-guerre, grande puissance mondiale, pouvait risquer ce jeu. Sa défaite de juin 1940 remet tout en question. Tokyo la sait incapable d'élever lc ton en Extrême-Orient.

Le 19 juin, l'ultimatum, dont la réponse est exigée dans les vingt-quatre heures, tombe :

> « Couper la route de Chine. Accepter des commissions de contrôle sur le sol indochinois. »

Catroux se trouve face à un dilemme tragique. Localement, il n'est pas en mesure de faire front. La métropole ne peut rien pour lui. Les Etats-Unis renâclent à prendre position contre le Japon. L'Angleterre est trop préoccupée par son propre sort pour se soucier de l'Indochine française.

Catroux se résigne. Il joue la conciliation. Il ferme la frontière. Il accepte un contrôle par des commissions japonaises.

Curieusement, ce pragmatisme déplaît à Vichy. Le gouvernement, né du refus de poursuivre la lutte, désavoue celui qui lui emboîte le pas. Catroux est relevé. Le vice-amiral Decoux, commandant des forces navales en Extrême-Orient, le remplace. Le 20 juillet, Jean Decoux, 56 ans, prend la « barre de l'Indochine ». Ce marin de rigueur et de devoir aura pendant cinq ans le périlleux honneur de contrer les ambitions d'un Japon qui ne cessera d'accentuer sa pression. Face aux réalités comme aux exigences, Vichy [1] et le gouverneur général devront lâcher du lest.

Le 30 août, les Nippons se voient accorder le principe de facilités militaires. Le 22 septembre, ils obtiennent l'utilisation de trois aérodromes et le stationnement de 6 000 hommes au Tonkin.

Les compromis diplomatiques seront vite dépassés. Dans la nuit du 22 au 23 septembre, une division japonaise de l'ar-

1. Le gouvernement français entretient des relations « normales » avec le Japon. Des ambassadeurs sont en poste à Tokyo et Vichy.

mée de Canton attaque Langson, l'ancienne citadelle de Gallieni. Trois jours de combats font 800 tués dans les rangs de l'armée française qui révèle sa faiblesse [1].

L'incident tragique en reste là. Les Japonais ont montré leur force. Ils s'en resserviront.

1. Dans le même temps, des troupes nippones débarquent dans la région de Doson, position clef de la rivière de Haiphong.

Chapitre VII

JUILLET 40. LE TEMPS DES INCERTITUDES

Et maintenant !

Que va-t-il se passer ?

Le 25 juin 1940, le Führer étale sa suprématie. En quelques jours ou quelques semaines, ses armées ont balayé la Pologne, la Norvège, le Danemark, la Hollande, la Belgique, le Luxembourg. Finalement, elles ont eu raison de l'adversaire le plus redoutable, la France. Après l'Europe centrale, la mainmise sur l'Autriche et la Tchécoslovaquie, l'Allemagne domine l'Europe occidentale. Il ne reste que l'Angleterre, une Angleterre arc-boutée sur son île, mais elle aussi bien affaiblie par son échec en Norvège et surtout par le désastre subi par son corps expéditionnaire.

Oui, que va-t-il se passer ? L'Angleterre, à son tour, pliera-t-elle le genou ? Hitler s'efforcera-t-il de trouver avec elle une paix de compromis, ou bien tentera-t-il de s'imposer par la force ? L'Angleterre, alors, sera-t-elle capable de tenir ? Telle est la question essentielle. Il y en a d'autres. Quel sort sera réservé à la France par le vainqueur ?

Comment évoluera la République française ? En cas de poursuite du conflit, que deviendra la flotte française ? Quel destin connaîtra le mouvement lancé par le général de Gaulle ? A la longue, quelle sera l'attitude des Etats-Unis ainsi que de l'URSS et du Japon ? Et, en premier lieu, que décidera Adolf Hitler ? Juillet 1940 se présente d'abord comme le mois des grandes incertitudes.

*
* *

Le 23 juin, au matin, l'ancien caporal autrichien s'est rendu à Paris pour se griser de sa victoire. Arrivé très tôt, et en petit comité, il a parcouru la capitale française. Il a commencé par l'Opéra, « le plus beau théâtre du monde », selon lui. Puis, du palais de Chaillot, il a contemplé la tour Eiffel et l'esplanade du Champ-de-Mars. Après quoi, il s'est attardé devant le tombeau de l'Empereur [1] avant de gagner le Sacré-Cœur de Montmartre. Les deux jours suivants, il a effectué un long pèlerinage sur les champs de bataille de 14-18.

A cette date, dans l'euphorie de ses rêves réalisés, le maître du Reich se persuade volontiers que l'Angleterre ne peut faire autrement que d'accepter la paix. Il ne songe pas d'ailleurs à dépecer l'empire britannique. Il ne veut pas l'abattre comme il l'a fait de la France dont il écrivait dans *Mein Kampf* :

> « L'ennemi mortel, l'ennemi impitoyable du peuple allemand est et reste la France. »

Les Etats-Unis, le Japon seraient les grands bénéficiaires d'une mise à mal du Royaume-Uni. L'Allemagne n'en tirerait pas bénéfice.

Son triomphe militaire, l'environnement ne peuvent qu'inciter Hitler à croire la paix probable. Le pape Pie XII,

1. C'est à cette occasion qu'il a donné l'ordre de rapporter de Vienne les cendres de l'Aiglon. Ce transfert devait avoir lieu le 15 décembre suivant.

confidentiellement, lui a écrit ainsi qu'à Churchill et Mussolini pour proposer sa médiation en vue « d'une paix juste et honorable ». Le roi de Suède est intervenu dans le même sens. Ces initiatives montrent bien qu'une telle perspective se dessine, d'autant que l'Amérique ne bouge pas [1].

Adolf Hitler n'a pas eu l'intuition des grands capitaines pour juger qu'au lendemain de Dunkerque les temps lui étaient favorables. L'Angleterre n'était pas en état de lui résister. Son BEF a abandonné tout son armement lourd sur les plages de Dunkerque. Satisfait d'avoir – et pas toujours – remporté ses fusils ! Jouant l'audace, le Führer certes aurait pu risquer l'invasion. Des parachutistes, des troupes débarquées n'auraient pratiquement pas trouvé d'unités constituées pour s'opposer à eux. Heureusement pour l'Angleterre, Hitler a tergiversé. Il a eu peur de la Navy, de la RAF. Il a cru que la débâcle française entraînerait l'arrêt des combats. Et l'improvisation n'est pas dans le tempérament allemand. Adolf Hitler médite longtemps ses plans avant de s'engager.

Peu à peu, cependant, des études s'élaborent. Le 2 juillet, une directive de l'OKW, bien qu'encore hésitant, énonce l'intention d'attaquer l'Angleterre :

> « Le Führer et Commandant suprême décide qu'un débarquement en Angleterre est possible, à condition que la suprématie aérienne puisse être réalisée et certaines conditions remplies. La date n'est pas encore décidée. Tous les préparatifs doivent commencer immédiatement. »

La fin du texte est significative :

> « Tous les préparatifs doivent être entrepris, étant entendu que l'invasion est seulement un projet et n'a pas encore été décidée. »

---

1. Sur place, la diplomatie et les services secrets allemands dépensent même des fortunes pour soutenir les partisans de l'isolationnisme américain.

Effectivement, rien ne l'est encore. Hitler hésite. Il réunit ses chefs militaires. Il évoque avec eux les difficultés d'une invasion. Le 16 juillet, enfin, il franchit le pas. Sa nouvelle directive n° 16 présage bien d'une opération de débarquement contre l'Angleterre :

> « Puisque l'Angleterre, en dépit de sa situation militaire sans issue, ne manifeste toujours aucune intention d'en venir à un arrangement, j'ai décidé de préparer une opération de débarquement et de l'exécuter si nécessaire.
>
> « Le but de cette opération est d'éliminer la métropole anglaise en tant que base pour continuer la guerre contre l'Allemagne et, si ce devait être nécessaire, de l'occuper entièrement. »

Les préparatifs d'« Otarie » (nom de code de l'entreprise) doivent être achevés à la mi-août.

Hitler aurait-il quelque regret ou quelque hésitation ? Avec lui, il n'est pas possible de parler de scrupules. Le 19 juillet, au Reichstag, il lance solennellement à l'Angleterre un ultime appel :

> « A cette heure, je crois qu'il est de mon devoir devant ma conscience de faire appel une fois de plus à la raison et au bon sens en Grande-Bretagne et ailleurs. Je me considère en posture de lancer cet appel puisque je ne suis pas le vaincu qui mendie des faveurs, mais le vainqueur qui parle au nom de la raison. Je ne vois aucun motif de prolonger cette guerre. »

La BBC ne tardera pas à lui retransmettre un « *No* » aussi brutal que définitif.

Ce sera donc la guerre. Hitler aura perdu plusieurs semaines et, très certainement, laissé passer une occasion unique.

Il a surtout sous-estimé une donne majeure. Il n'a pas pris la mesure de ce bouledogue ne cessant de montrer les dents de l'autre côté du Channel. Il a oublié que celui qui se dressait devant lui pour galvaniser la résistance britannique ne se nommait plus Neville Chamberlain mais Winston Churchill.

Ah, ce Churchill !

A peine intronisé, il a promis aux siens « sang, peines, larmes, sueur ». Il ne varie pas ; il se battra « sur les collines et sur les grèves » et « pendant des années et, s'il le faut, tout seul » [1]. Il répète « son inflexible résolution de continuer la guerre » [2]. Il répond courtoisement, mais fermement, au souverain pontife comme au monarque suédois, par une fin de non-recevoir indirecte. Toute discussion implique un préalable : le retour en arrière en ce qui concerne la Tchécoslovaquie, la Pologne, la Hollande, la Belgique et surtout la France.

Face à la boulimie de conquêtes du dictateur nazi, l'heure est à l'effort. Hitler, sans doute, frappera-t-il à nouveau, mais où ? Quelque part sur le littoral de la Manche ou sur celui de la mer du Nord ? A moins que ce ne soit vers l'Irlande ? Des parachutistes tomberont-ils sur les arrières ? Plus vraisemblablement encore la Luftwaffe se déchaînera-t-elle contre les ports, les villes, les centres industriels, les aéroports ?

Devant le danger un peuple se mobilise. A l'anglaise. Avec calme et sang-froid, en respectant le *break* du thé. Et ce peuple qui vit ses *finest hours* suit son chef. Le Premier ministre est partout. Il s'occupe de tout. L'honorable gentleman s'est mué en « sergent de bataille allant en chaque endroit faire avancer ses gens et hâter la victoire ».

Il presse la mobilisation [3]. Il met sur pied des unités de volontaires de défense locale qu'il baptise *Home Guard*. Il accélère le recrutement des pilotes de chasse. Il inspecte les défenses et les batteries côtières. Il supervise les informations de la presse.

---

1. 4 juin.
2. 18 juin. Devant les Communes.
3. Il rappelle à juste titre aux siens que l'Angleterre pendant la première année de la guerre 14-18 avait mis sur pied 47 divisions de douze

Il pousse les fabrications d'armement. Il exige des rapports sur la bonne utilisation des chars et des canons disponibles. Il étudie des projectiles antichars à lancer par fusils et mortiers, et des « bombes collantes » à plaquer sur les parois des blindés. Il se soucie des heures de marée favorables à un débarquement...

Il alerte les pays du Commonwealth et les prie de l'aider dans l'effort de guerre. Il réclame l'arrivée de troupes indiennes en Egypte et en Palestine. Il impose le recrutement de colons juifs pour libérer des soldats anglais [1]. Il fait préparer des raids de représailles sur Turin et Milan.

Il organise une brigade hollandaise. Il reconnaît de Gaulle comme chef de la France libre. Il incite la Yougoslavie à mobiliser...

Que ne fait ce lion britannique que ses compatriotes voient surgir en tous lieux, parfois coiffé du casque du tommy et toujours le cigare aux lèvres !

Et les résultats sont là. L'Angleterre devient un camp retranché et ses usines un arsenal de guerre. Les obstacles se dressent sur les rivages ou dans l'intérieur contre les parachutistes. La mobilisation permet de constituer 55 divisions. La *Home Guard* regroupe près de deux millions d'hommes – pas toujours bien armés – prêts à courir sus à l'envahisseur. Les usines tournent à fond. Hommes et femmes travaillent jusqu'à épuisement.

Les dominions répondent à l'appel bien que depuis 1936 ils possèdent leur complète autonomie en matière de politique étrangère. Le Canada, derrière son Premier ministre

---

bataillons. Près d'un an après le déclenchement de la Seconde Guerre mondiale, elle ne dispose que d'une douzaine de divisions de neuf bataillons (c'est avouer, indirectement, sa part de responsabilité dans la défaite française).

1. C'est ainsi qu'un jeune colon israélite du nom de Moshe Dayan (né en 1915) s'engagera dans une division australienne et perdra un œil en Syrie, en 1941, lors de combats contre les Français.

Mackenzie King [1], s'offre comme terre de refuge pour la famille royale, le gouvernement britannique et la formation des pilotes de la RAF. Il édifie des centres de construction aéronautique [2], des chantiers navals. A la fin de 1941, il aura mis sur pied de guerre un demi-million d'hommes [3]. L'Afrique du Sud offre ses ports et ses usines. Ses troupes interviennent en Afrique du Nord et au Moyen-Orient. L'Australie et la Nouvelle-Zélande envoient cinq divisions en Egypte sous le commandement du général Freyberg, héros de la Première Guerre mondiale.

En Inde, la situation est plus délicate. Gandhi, le Congrès, la Ligue musulmane réclament des contreparties : statut de dominion, puis gouvernement autonome.

Churchill ne saurait se présenter en liquidateur du prestigieux Empire des Indes. Il obtiendra cependant huit divisions (en février 1941), incorporées à l'armée britannique en Egypte.

Il n'est qu'une exception à cette belle unité. De Valera refuse d'engager l'Eire à défaut d'obtenir l'Ulster, vieille revendication irlandaise. Cette réserve n'empêchera pas 150 000 Irlandais de s'engager, à titre personnel, dans les rangs de l'armée britannique. Mais cette neutralité irlandaise coûtera cher. La Navy ne pourra utiliser des ports bien situés sur les lignes de navigation de l'Atlantique Nord. Les sous-marins allemands y trouveront avantage.

Dans cette guerre appelée à s'élargir, l'Angleterre, sur le fond, dispose de sérieux atouts. Par ses dominions, par son empire colonial, elle est présente dans toutes les mers du globe. Elle est à Gibraltar, à Malte, sur la route de Suez. Elle est à Freetown, au Cap, à Aden, sur l'antique route des Indes qui reprend essor par suite des menaces en Méditerranée. Elle est à Colombo, à Singapour, sur la route de l'Extrême-Orient.

1. Au pouvoir, pratiquement, depuis 22 ans.
2. Le célèbre bombardier Mosquito sortira des usines canadiennes en 1943.
3. Pour une population de 12 millions d'habitants.

Elle est à Terre-Neuve, aux Bermudes, sur la route des Amériques. Hitler, tel Napoléon, peut dominer l'Europe. La Grande-Bretagne avec sa flotte et ses bases tient les grands espaces dans un conflit dont elle entend coûte que coûte sortir victorieuse.

De cette obstination, en faudrait-il une preuve première ? Ce sera Mers el-Kébir, ce douloureux épisode que de Gaulle qualifiera d'« odieuse tragédie ».

*
* *

Mers el-Kébir – 3 juillet 1940

Churchill, en ses *Mémoires*, justifiera ses actes du 3 juillet 1940, en évoquant une parole de Danton en 1793 :

> « Les rois coalisés nous menacent ?
> Jetons-leur en défi une tête de roi ! »

Cette tête de roi, en l'occurrence, sera la flotte française. Churchill la lancera, en défi, à son peuple, à ses adversaires, à la face du monde.

Et ce défi, il le voudra, encore plus, éminemment utilitaire.

Winston Churchill, en bon sujet de Sa Majesté, est un pragmatique. Par expérience, il ne croit plus en la parole de Hitler qui a annoncé ne pas vouloir utiliser la marine de guerre française. Il n'accorde pas plus de crédit à celle de Darlan qui pourtant, le 12 juin à Cangé, lui a juré de ne jamais laisser ses bâtiments tomber entre les mains des Allemands [1]. Il juge sur pièces. La flotte française, réunie aux marines allemande et italienne, équilibrerait celle de

1. Comme il ne croit pas en la parole de Philippe Pétain.

Le 19 juin, trois de ses envoyés, Alexander, premier Lord de l'Amirauté, c'est-à-dire ministre de la Marine, Sir Dudley Pound, amiral de la Flotte, Sir Lloyd, ministre des Colonies, ont été reçus par le maréchal Pétain et l'amiral Darlan.

Les deux hommes leur ont donné l'assurance formelle que la flotte française ne serait en aucun cas livrée aux Allemands.

l'Angleterre. Elle représente un danger mortel. Elle doit donc être neutralisée. Sans plus.

Le dossier, il est vrai, a de quoi inquiéter Churchill en dépit de l'engagement de Darlan. L'article VIII de la Convention d'armistice prévoit que la flotte française [1] :

> « serait rassemblée dans des ports à déterminer, pour y être démobilisée et désarmée sous contrôle allemand et italien » !

Sous contrôle. Churchill connaît cette clause. Qui contrôle n'est pas loin de pouvoir s'approprier. Plus grave encore, la désignation de ces ports sera faite d'après les ports d'attache des navires en temps de paix. Cherbourg, Lorient, Brest se trouvent en zone occupée...

A sa décharge également, Churchill ignore complètement les ordres formels et répétés de Darlan.

Le 28 mai, l'amiral de la Flotte a rédigé de sa main :

> « Au cas où les événements militaires conduiraient à un armistice dont les conditions seraient imposées par les Allemands et si ces conditions comprenaient la reddition de la flotte, je n'ai pas l'intention d'exécuter cet ordre.
>
> « Il conviendrait par suite de donner les ordres suivants, qui doivent être préparés par vous à l'avance, pour pouvoir être lancés en temps voulu [...] :
>
> ....
>
> « 2/ Ceux qui sortiront du combat se réfugieront dans le port anglais le plus aisé à atteindre et se tiendront prêts soit à se détruire, soit à combattre avec les Anglais.
>
> ....
>
> « 4/ Tous les navires susceptibles de traverser l'Atlantique par leurs moyens, par ravitaillement

1. Sauf la fraction réservée à la défense des territoires coloniaux.

en mer, remorqués, doivent s'efforcer de se rassembler à Halifax au Canada. »[1]

Ces directives, François Darlan les a renouvelées les 14[2] et 24 juin[3] à ses principaux subordonnés. C'est clair. La flotte

---

1. Note manuscrite à l'amiral Le Luc, chef d'état-major des forces maritimes françaises.

2. Directive rédigée le 14 juin par le capitaine de vaisseau Auphan sur ordre de Darlan et complétée par l'amiral lui-même :

« Amiral Nord Ouest Sud Afrique

Amiral Atlantique – 3e escadre – Force X

P M 1 2 3 4 5

A déchiffrer par l'Amiral en personne. Au cas où nous serions surpris par rapidité événements et difficultés transmission, voici mes directives à garder pour vous seul en cas d'armistice malheureux.

PRIMO. Aucun bâtiment de combat proprement dit ne doit tomber intact aux mains de l'ennemi.

SECUNDO. Tous bâtiments aptes à continuer la lutte se rendront si possible dans port britannique ou port colonial continuant lutte aux ordres commandement local en attendant que le CEC FMF (Commandant en chef des Forces Maritimes Françaises) se fasse connaître.

TERTIO. Bâtiments de combat ne pouvant rallier port britannique devront se saborder. »

3. Ordre du 24 juin à 12 h 45.

« A Amiraux Ouest, Sud, Afrique, Antilles, FNEO, 3e escadre, Force X Division navale Levant

Préfets maritimes 3e et 4e régions maritimes

Je profite dernières communications que je peux transmettre en chiffré pour faire connaître ma pensée à ce sujet :

PRIMO. Les navires de guerre doivent rester français avec pavillon français, équipage réduit français, séjour port français métropolitain ou colonial.

SECUNDO. Précautions secrètes d'autosabotage doivent être prises pour que ennemi ou étranger s'emparant d'un bâtiment par la force ne puisse s'en servir.

TERTIO. Si Commission d'armistice chargée interpréter les textes décidait autrement que dans paragraphe *primo*, au moment exécution de cette décision nouvelle, navires de guerre seront sans ordres nouveaux soit conduits aux Etats-Unis, soit sabordés s'il ne pouvait être fait autrement pour les soustraire à l'ennemi. En aucun cas ils ne devront être laissés intacts à l'ennemi. »

François Darlan a donc modifié certains aspects de ses ordres, et écarté l'Angleterre comme destination. Mais les instructions de sabordage, plutôt que de tomber aux mains de l'ennemi, demeurent impératives.

française ne doit, en aucun cas, devenir la propriété des Allemands. L'avenir apporte sur ce point un jugement sans appel même si le sabordage de la flotte à Toulon, le 27 novembre 1942, est à regarder comme l'événement le plus négatif de toute l'histoire de la marine française.

*
* *

Certains – le général Weygand notamment – ont avancé que les propos incendiaires de Charles de Gaulle dénonçant l'armistice et certaines de ses clauses auraient incité Churchill à l'action. Ainsi, entre autres :

> « ... Notre flotte, nos armes, nos chars, nos avions à livrer intacts pour que nos adversaires s'en servent contre nos propres alliés. » [1]

Ces paroles ont pu porter, mais quel que fût leur poids, l'opinion de Churchill était faite.

*
* *

Le 1er juillet 1940, la flotte française est très largement dispersée. Certains bâtiments ont trouvé refuge à Portsmouth et Plymouth en Angleterre. Le *Richelieu* et le *Jean-Bart,* accompagnés d'éléments plus légers, ont pu respectivement gagner Dakar et Casablanca. Trois croiseurs – emportant l'or de la Banque de France – ont rallié la Martinique. En Méditerranée, Alexandrie, Bizerte, Alger, Mers el-Kébir et Toulon servent de mouillage. Il existe enfin des forces navales dans les territoires coloniaux, notamment en Extrême-Orient [2].

Dès le lendemain de l'armistice, Churchill a tranché. Il annihilera le danger que cette flotte représente. Il frappera là

1. Charles de Gaulle. Le 26 juin.
2. Ces forces navales comprennent essentiellement le croiseur *La Motte-Picquet,* un croiseur léger, le *Primauguet*, des avisos coloniaux et six canonnières, ces dernières basées en Chine.

où il peut frapper : à Mers el-Kébir, dans les ports anglais, à Alexandrie. Dans le plus grand secret, il organise cette neutralisation à laquelle il a donné un nom : « Catapult ». Les cuirassés *Hood, Valiant, Resolution,* le porte-avions *Ark Royal,* escortés de contre-torpilleurs, se regroupent à Gibraltar sous les ordres de l'amiral Somerville. Objectif prévu : Mers el-Kébir.

*
* *

La journée du 3 juillet s'annonce magnifique. Une de ces belles et chaudes journées que l'été maghrébin dispense à loisir du 15 juin au 15 septembre. Dès le lever du jour, le soleil tape dru. Le ciel se montre sans nuages.

Des hauteurs de Santa-Cruz, qui dominent Oran au couchant, à celles du djebel Santon, la rade de Mers el-Kébir s'évase sur une petite dizaine de kilomètres. En eau profonde, à l'abri du promontoire du même nom, la marine a édifié là une base solide appelée à couvrir la Méditerranée occidentale [1]. Suite à l'armistice, en vue de procéder aux opérations de désarmement, l'endroit connaît une importante concentration. Amarrés à la jetée qui pointe vers l'intérieur de la baie s'alignent les bâtiments de gros tonnage : le *Dunkerque,* sur lequel l'amiral Gensoul, commandant l'escadre, a hissé sa marque ; le *Provence* ; le *Strasbourg* ; le *Bretagne* ; le *Commandant Teste,* transporteur d'avions.

Un peu en retrait, vers le rivage, à la limite des fonds de dix mètres, se balancent les contre-torpilleurs. Partout, les équipages vaquent aux tâches coutumières. Le commandant de l'escadre, l'amiral Gensoul, est un marin de qualité qui respecte les traditions de la Royale. Tout doit être en ordre en toutes circonstances pour être à même de faire face à toute éventualité.

Mais que pouvait-il arriver ? L'armistice a été signé avec l'Allemagne et l'Italie, et les Allemands n'ont jamais eu les

1. Gibraltar est à environ 400 km.

moyens de se hasarder en Méditerranée. Quant aux Italiens, leurs marins dans les brèves rencontres des semaines écoulées n'ont guère fait brillante figure. Et les Anglais ? Pour la Royale règne encore l'Entente cordiale. Il y a moins d'une semaine, Sir Dudley North, gouverneur de Gibraltar, a rendu visite à l'amiral Gensoul. L'entretien a été amical et Gensoul a affirmé à son visiteur que ses bâtiments ne tomberaient jamais entre les mains des Allemands et des Italiens.

7 heures. Le contre-torpilleur *Foxhound* se présente devant la passe de Mers el-Kébir. A la coupée, le capitaine de vaisseau Holland, envoyé de l'amiral Somerville et porteur d'un pli destiné à l'amiral Gensoul. Ce texte, rédigé par Churchill lui-même, a été télégraphié la veille au soir à Somerville. Le commandant de l'escadre française prend bientôt connaissance, avec stupeur, de ce qui est un véritable ultimatum :

> « Le gouvernement de Sa Majesté m'a ordonné de demander à l'escadre qui se trouve actuellement à Mers el-Kébir et Oran de choisir l'une ou l'autre des propositions suivantes :
>
> a/ venir avec nous afin de poursuivre la lutte jusqu'à la victoire contre les Allemands et les Italiens ;
>
> b/ appareiller avec des équipages réduits pour gagner sous notre contrôle un port britannique. Ces équipages seront rapatriés dès que possible [...] ;
>
> c/ si, par contre, vous vous croyez dans l'obligation de stipuler que vos navires ne pourraient être employés contre les Allemands et les Italiens, que cela équivaudrait à rompre l'armistice, appareillez avec nous, avec des équipages réduits, pour vous rendre dans quelque port français des Antilles – à la Martinique, par exemple – où vos bâtiments seront démilitarisés à notre satisfaction ou encore confiés aux Etats-Unis, et où ils demeu-

reront en sécurité jusqu'à la fin de la guerre, les équipages ayant été rapatriés.

« Dans le cas où vous refuseriez ces offres raisonnables, je devrais, à mon profond regret, vous sommer de couler vos navires dans les six heures.

« Enfin, si aucune des propositions ci-dessus n'était acceptée, j'ai reçu du gouvernement de Sa Majesté l'ordre d'employer tous les moyens de force qui pourraient être nécessaires pour empêcher vos bâtiments de tomber entre les mains allemandes ou italiennes. »

L'équilibre intellectuel de Gensoul est certain. Son sens de l'honneur également. Ce dernier lui interdira de biaiser pour gagner du temps jusqu'à la nuit [1]... et dictera une conduite qu'il expliquera par la suite :

« Après avoir lu, il est certain que dès le début j'ai eu l'impression très nette que moi, amiral français, responsable des bâtiments placés sous mes ordres, je ne pouvais pas obéir à cet ultimatum. Ceci peut être discutable, surtout six ans après : mais sur le moment, au point de vue de l'honneur du pavillon français et en tant qu'amiral, j'estimais que sous la menace des canons, fussent-ils anglais, je ne pouvais pas mollir et en accepter les termes. »

Et pourtant, confessera-t-il aussi :

« Nous étions absolument proanglais. A cent pour cent. » [2]

---

1. L'obscurité lui aurait, peut-être, permis de se dégager du piège de Mers el-Kébir.

2. Déposition au procès de Paul Baudouin en 1946.

Gensoul sait surtout que se rallier aux Anglais conduirait à remettre en cause l'armistice. Cette responsabilité, quel que soit son rang dans la hiérarchie navale, il estime ne pas avoir le droit de l'endosser. Ses décisions immédiates sont donc celles d'un soldat discipliné et lucide : il ordonne à ses navires de prendre les dispositions de combat (7 h 30). Il rend compte à l'Amirauté en métropole de sa situation, et s'efforce d'engager le dialogue dans l'espoir, peut-être, de trouver une solution honorable.

Dans l'escadre, c'est le branle-bas. A la hâte, mécaniciens et chauffeurs courent aux machines, canonniers aux tourelles et aux soutes, électriciens et torpilleurs aux tubes et engins. A 9 h 10, chacun apprend la raison profonde de ces préparatifs :

> « La flotte anglaise est venue nous proposer un ultimatum inacceptable : soyez prêts à répondre à la force par la force. »

Face au devoir, il ne s'élève aucune contestation, mais les réflexions révèlent le désarroi : « C'est impossible ! Ce serait trop bête ! »

Vers 12 h 30, cinq hydravions survolent l'entrée de la passe à basse altitude et larguent des mines. L'Anglais tente de fermer la nasse de Mers el-Kébir.

A Nérac, PC replié de l'Amirauté, l'amiral Le Luc [1] a reçu le compte rendu de Gensoul. Ne parvenant pas à joindre Darlan, il prend sur lui de donner ordre aux amiraux Duplat à Toulon, Marquis et Bourragué à Alger, d'appareiller et de rallier Oran pour se mettre aux ordres de l'amiral Gensoul. La marine française se prépare au combat. A 14 h, Darlan entérinera ces décisions.

Sur rade et dans la moiteur du *Dunkerque* aux écoutilles et hublots fermés, Gensoul et Holland, l'émissaire de Somerville, essaient de se convaincre mutuellement. A bord du *Hood*, Somerville lui-même souhaite éviter l'affrontement.

---

1. Chef d'état-major de la marine et, à ce titre, second de Darlan.

Il hésite sur la conduite à tenir. A Londres, les amiraux s'interrogent. Tous visiblement répugnent à l'épreuve de force.

C'est compter sans Churchill. Le Premier ministre demeure inflexible.

Il rapportera dans ses *Mémoires* :

> « Tandis que les négociations se poursuivaient, à l'Amirauté, l'émotion était intense. Le tourment de l'amiral Sommerville et de ses principaux officiers était bien visible, à travers les télégrammes échangés. Il ne fallut rien moins que les ordres les plus péremptoires pour les contraindre à ouvrir le feu. »

L'aveu est signé. Mers el-Kébir porte bien la griffe de Winston Churchill.

A 16 h, un ultime message arrive du *Hood* à l'intention de Gensoul :

> « Si l'une des propositions britanniques n'est pas acceptée pour 17 h 30 BST [1] – je dis 17 h 30 BST – il faut que je coule vos bâtiments. »

Les négociations sont bien terminées. A 16 h 35 Holland franchit la coupée du *Dunkerque* pour regagner sa vedette.

A 16 h 56 – heure française –, les premières salves de 380 anglaises s'abattent dans la rade de Mers el-Kébir. Le signal d'appareillage est aussitôt halé bas, devenant exécutoire. Gensoul a attendu l'initiative britannique.

Les navires français, quasiment immobiles, au début du moins, constituent une proie facile. Le promontoire de Mers el-Kébir masque leurs vues et gêne le tir. Leurs adversaires, au large, sont maîtres de leurs mouvements pour évoluer et viser.

Les contre-torpilleurs, plus rapides car plus légers, n'ont que 900 mètres à parcourir pour gagner la passe et dépasser les filets du barrage. Encore leur faudra-t-il éviter les mines

1. British summer time : heure d'été anglaise.

dispersées par les hydravions... Ils s'ébranlent de toute leur puissance, manœuvrant pour éviter les gerbes de l'escadre de Somerville qui tire à cadence accélérée. 24 obus de 380 s'abattent par minute. Tirés à moins de 15 000 mètres, aucun blindage n'est capable de leur résister.

Les gros bâtiments, qui représentent de trop belles cibles, se déhalent lentement, handicapés par leur masse et leur voisinage. Le *Bretagne* est touché le premier. Frappé à plusieurs reprises, il chavire, entraînant dans la mort la majorité de son équipage (37 officiers, 940 marins). Le *Dunkerque*, en train de riposter, est frappé à son tour. En quelques minutes, il est hors de combat. Le *Provence*, touché également, parvient à s'échouer. Il reste le *Strasbourg*, magnifique vaisseau de ligne de 35 000 tonnes. Pavillon au vent, il se dirige vers la haute mer. A 17 h 9, il atteint la porte du barrage. Esquivant les mines, il passe et met à 28 nœuds, tandis que ses 330 crachent leurs bordées.

L'Anglais, dès le début de la riposte, s'est dissimulé derrière un écran de fumée. Un moment, il tente de donner la chasse au *Strasbourg*, puis se replie. Il sait que des escadres françaises, de Toulon, d'Alger, poussent leurs feux. Il craint de trop s'engager. Près du *Strasbourg*, les contre-torpilleurs sortis à leur tour de la rade commencent à monter la garde. Seul manque le *Mogador*, en partie incendié par l'impact d'un 380.

Le premier acte s'achève. Le 4 juillet à 20 h 10, le *Strasbourg*, escorté par le *Volant*, le *Tigre*, le *Terrible* [1], le *Lynx*, eux-mêmes rejoints devant Oran par les torpilleurs *Bordelais* et *Poursuivante*, rallieront Toulon.

Le second acte surviendra le surlendemain. Entre 5 h 30 et 6 h, trois vagues d'avions torpilleurs lancés de l'*Ark Royal* attaquent à nouveau le *Dunkerque*. Le navire amiral échappe aux coups directs, mais le chalutier *Terre-Neuve* qui était bord à bord avec lui explose, atteint par des torpilles [2]. Quatre officiers, 150 marins s'ajoutent aux victimes.

---

1. A l'époque, bâtiment de guerre le plus rapide du monde.
2. Causant quelques dommages au *Dunkerque*.

*
* *

Peu avant ces événements tragiques de Mers el-Kébir, d'autres moins sanglants mais tout aussi pénibles ont eu lieu le long des quais de Portsmouth et Plymouth.

Là non plus, nul nuage n'annonçait l'orage. Bien au contraire. Les marins anglais redoublaient d'amabilité, invitant même à dîner leurs camarades français. Dans l'ombre, pourtant, tout se tramait suivant les directives de l'opération « Catapult » prescrite par Churchill.

A 3 h 45, dans la nuit du 2 au 3 juillet, des détachements britanniques arrivés par terre ou par mer, parfois sous des couvertures innocentes [1]–, bousculent les sentinelles, envahissent les coursives et s'engouffrent dans l'intérieur des bâtiments. Il y a là 2 vieux cuirassés [2], 9 torpilleurs ou contre-torpilleurs, 10 avisos, 4 sous-marins, dont le *Surcouf* – le plus grand sous-marin du monde [3] –, et environ 200 navires de petit tonnage. L'affaire est vite menée. Officiers et marins français, tirés de leur sommeil, se trouvent brutalement face aux baïonnettes anglaises. Par petites colonnes, ils débarquent et s'éloignent vers des centres d'internement.

Deux bataillons d'infanterie, 1 000 marins, 500 « marines » ont mené l'action. La surprise, la vitesse d'exécution ont empêché une réaction d'ensemble. Cependant, de-ci delà, s'esquisse une réplique pour amorcer une défense ou tenter un sabordage. Un Anglais, un Français sont tués au cours de brèves échauffourées [4]. La modicité des pertes n'interdit pas le ressentiment. Chez les Français, soudain prisonniers de leurs alliés de la veille, un seul mot revient : « Félonie ! »

*
* *

1. L'un des détachements se présentera sous pavillon Croix-Rouge.
2. Cuirassés *Paris* à Plymouth, *Courbet* à Portsmouth.
3. Le *Surcouf* disparaîtra en mer le 19 février 1942.
4. Il y a également trois blessés du côté anglais.

A Alexandrie, l'amiral Cunningham a reçu des instructions identiques à celles de l'amiral Somerville. Mais Cunningham n'est pas Somerville. Ce marin gentleman répugne à tirer, pratiquement à bout portant, sur des frères d'armes dont les navires sont amarrés à quelques centaines de mètres des siens. Entre discipline rigide et honneur, il choisit l'honneur.

Là n'est pas le moindre paradoxe de ce conflit qui reculera les bornes de la monstruosité de certains êtres humains. Il affranchit les soldats, les meilleurs du moins, de leur antique subordination. Des hommes voués à une stricte exécution s'interrogent, mettent en cause le bien-fondé des ordres reçus. Après de Gaulle, voici Cunningham. La liste sera longue. Des officiers allemands se lèveront contre le despote conduisant leur pays à la ruine. La guerre sort de son cadre strictement militaire. Elle implique désormais un choix personnel de valeurs où le sens de l'honneur rejoint le sentiment patriotique. Blaise de Montluc en avait déjà eu le pressentiment : « Nos vies et nos biens sont à nos rois, l'âme est à Dieu et l'honneur à nous. Car sur mon honneur, le roi ne peut rien ! »

Ce choix de l'honneur ne sera pas toujours facile. De Gaulle avouera : « Ce fut terrible. » Des hommes se tromperont en toute bonne foi. Croyant servir le pays, ils serviront l'ennemi. Bien des tenants de la collaboration avec l'Allemagne s'égareront sans avoir eu, au départ, volonté de nuire. Fourvoyés dans l'engrenage, ils ne pourront plus reculer.

Cunningham est de ceux-là dont la conscience récuse certaines directives. Pour éviter l'affrontement, il prend sur lui de proposer à son homologue, l'amiral Godfroy, trois solutions :

– mettre ses bâtiments à la disposition de l'Amirauté britannique avec son armement de volontaires ;
– les désarmer sous la contrainte ;
– les couler.

Il est alors 9 h. A 11 h, le Français adresse sa réponse :

> « Devant la mise en demeure inattendue qui m'est signifiée, j'écarte la première solution qui n'est pas conciliable avec mon devoir de militaire.

« Je serais enclin à accepter la deuxième si je pouvais la recommander à mes chefs, qui, seuls, peuvent m'autoriser à désarmer mes navires dans un port étranger sous la contrainte d'une autorité étrangère.

« S'il m'est interdit d'en discuter avec vous, je me vois réduit à choisir la troisième solution parce qu'elle peut, seule, dans les conditions où nous sommes, se concilier avec notre sens naval de l'honneur. »

Le sabordage s'annonce, ainsi, comme la seule issue. Il s'effectuera, le lendemain, au large.

Ce serait donc la fin pour le cuirassé *Lorraine,* les croiseurs *Duquesne, Tourville, Suffren, Duguay-Trouin,* les torpilleurs *Fortuné, Basque, Forbin* et le sous-marin *Protée.*

Mais l'écho de Mers el-Kébir, en fin de journée, ne peut qu'accroître la tension. Au matin du 4 juillet, les marins français découvrent que les batteries anglaises sont braquées en leur direction. Le drame de Mers el-Kébir va-t-il se renouveler à Alexandrie ?

Non. Cunningham ne le veut pas. Il échange des télégrammes avec Godfroy. Dans le milieu de l'après-midi, entre hommes de bonne volonté, un terrain d'entente se dessine. Godfroy, réaliste, propose :

– de débarquer le mazout ;

– de déposer au consulat de France, hors de tout contrôle anglais, les obturateurs d'artillerie et les pointes percutantes des torpilles ;

– de procéder au débarquement d'une partie des équipages.

Cunningham donne son accord « avec une profonde reconnaissance ».

Le pire a été évité. Le 7 juillet, un gentleman's agreement est signé entre les deux parties. La flotte d'Alexandrie sera épargnée. On pourra épiloguer sur sa passivité du moment alors que le monde s'embrase. Cette trêve durera 28 mois jusqu'en novembre 1942. Les marins d'Alexandrie, alors, à l'instar de leurs camarades de l'armée d'Afrique, reprendront le combat à côté des Alliés. Le sang-froid de Cunningham et de Godfroy leur permettra de prendre part à la revanche.

Certains d'entre eux n'attendront pas si longtemps. Le lieutenant de vaisseau d'Estienne d'Orves rejoint, presque de suite avec quelques matelots, les Forces françaises libres. Il tombera sous les balles allemandes, au mont Valérien, le 29 août 1941. Rejoindra aussi les FFL l'enseigne de vaisseau Barberot, futur fidèle parmi les fidèles du général de Gaulle.

*
* *

« Catapult » n'est pas terminée pour autant.

Le 8 juillet, le *Richelieu,* qui avait réussi à gagner Dakar, est visé à son tour. Le grand cuirassé est encore en état d'infériorité. Ses machines ont souffert d'un voyage mené à trop vive allure. Son armement lourd n'est pas totalement installé. Les bombardiers Swordfish anglais, venus du porte-avions *Hermes*, qui l'attaquent à la pointe du jour, le trouvent immobilisé et mal défendu. Il encaisse une torpille qui l'immobilisera plusieurs mois [1].

*
* *

Si, à Alexandrie, le dénouement paraît convenable, si, à Portsmouth et Plymouth, les pertes humaines restent modiques, à Mers el-Kébir, par contre, le tribut payé par la marine française à « Catapult » s'affirme très lourd. 1 297 marins, dont 47 officiers, ont été tués. 351 ont été blessés [2]. Trois gros bâtiments [3] sont hors d'usage. D'autres sont paralysés pour longtemps.

---

1. Pas de victimes !
2. Les Anglais, bénéficiant de la surprise et de la possibilité de manœuvrer, n'accusent que des pertes légères mais mal connues, Churchill ayant toujours exigé la discrétion sur ce point.
3. Le *Commandant Teste* a, par miracle, échappé aux coups.

Cette tragédie procure, dans l'immédiat, une relative compensation. Aux yeux des Allemands, les Français ont parfaitement respecté l'armistice. Ils n'ont pas cédé aux sirènes anglaises. La délégation française à la commission d'armistice s'empresse de réclamer quelques aménagements pour permettre de mieux se défendre si un nouveau Mers el-Kébir devait se reproduire. Hitler donne son accord sur les points sollicités [1]. Ces avantages obtenus ne sont pas négligeables mais le bilan d'ensemble de « Catapult », par-delà les victimes, est, lui, loin d'être positif.

Churchill, dans ses *Mémoires*, exaltera l'événement :

> « Dans tous les pays du monde, le fait d'avoir éliminé presque d'un seul coup ce facteur important que représentait la flotte française causa une impression profonde. Voilà que cette Angleterre que tant d'étrangers estimaient déjà vaincue et finie, que les étrangers estimaient toute tremblante, au bord de la capitulation, devant la formidable puissance dressée en face d'elle, frappait brutalement ses plus chers amis de la veille et s'assurait momentanément la maîtrise incontestée des mers ! C'était montrer jusqu'à l'évidence que le Cabinet de guerre britannique ne redoutait rien et ne reculerait devant rien. Et c'était exact. »

Oui, c'était exact. Churchill a démontré au monde, et à ses compatriotes tout d'abord, sa farouche résolution. Ce faisant, il est bien dans son rôle et dans son personnage de Clemenceau anglais :

> « Je fais la guerre, encore la guerre, toujours la guerre ! »

1. Suspension pure et simple des conditions stipulées à l'article VIII de la Convention d'Armistice sur la démobilisation des équipages et le désarmement des navires. Libération du personnel de la marine bloqué à Rochefort (575 officiers, fonctionnaires civils et secrétaires). Libre passage à Gibraltar des bâtiments de guerre et de commerce.

Pour le reste, a-t-il vraiment gagné ?

La flotte française n'est pas détruite. Elle a perdu 120 000 de ses 660 000 tonnes, soit le cinquième de son potentiel. Elle existe toujours. Certes, les navires détruits ne pourront être utilisés contre l'Angleterre, mais cette destruction leur interdit également de pouvoir se battre à nouveau contre l'Allemagne.

Il est logique que les réactions soient passionnelles. Psychologiquement, politiquement, les dégâts de Mers el-Kébir sont considérables [1]. La France avait loyalement accepté – et même approuvé – l'Entente cordiale, en dépit des vieux ressentiments – bûcher de Rouen ou rocher de Sainte-Hélène. Et puis, brusquement, l'adversaire millénaire retrouve son vrai visage. Les Français sortaient déjà de la bataille avec une rancœur certaine contre leur allié. Ils avaient le sentiment d'avoir été abandonnés. Mers el-Kébir accroît cette rancœur et lui donne des motifs tangibles. Perfide Albion !

François Mauriac, traduisant le ressentiment général, écrit, dans *Le Figaro* :

> « M. Winston Churchill a dressé pour combien d'années contre l'Angleterre une France unanime ! »

Darlan est révolté. Il donne l'ordre de « considérer comme hostile et d'attaquer tout bâtiment de guerre britannique rencontré », et fait préparer un raid de représailles contre Gibraltar. Laval l'approuve et le soutient. En conseil restreint, à Vichy, le 4 juillet dans la matinée, seul le sang-froid de Baudouin et de Weygand empêche l'irréparable : déclarer la guerre à l'Angleterre. Les décisions de Darlan sont annulées mais les relations diplomatiques, à peu près suspendues par le départ volontaire de l'ambassadeur anglais le 23 juin, sont rompues.

---

1. Qui estompent, par leur côté meurtrier, les incidents de Portsmouth, Plymouth, Alexandrie et Dakar.

Laval, avec son anglophobie patentée, a la partie belle. Il peut, à loisir, dénoncer la trahison anglaise, prôner le rapprochement avec le vainqueur présumé, profiter du désarroi général pour préparer le renversement des institutions. De fait, la politique de collaboration de Vichy, la guerre de Syrie seront le prolongement direct de Mers el-Kébir, de même, à un degré moindre, que l'instauration de l'Etat français. Et les lendemains plus lointains en résulteront aussi. La résistance sanglante au Maroc, le 8 novembre 1942, l'attitude d'Esteva et Derrien permettant, à la même époque, à l'Allemagne de prendre pied en Tunisie, la flotte qui se saborde à Toulon plutôt que de rallier les Alliés, encore et toujours des séquelles de Mers el-Kébir.

Mers el-Kébir, la grande faute de Churchill durant cette Seconde Guerre mondiale ! La France, les Français, la cause des Alliés en paieront lourdement le prix.

La France libre en pâtit tout autant car, dans l'immédiat, tous ceux qui pouvaient avoir tentation de poursuivre la lutte aux côtés des Anglais s'interrogent. Nombre de ceux qui avaient prévu de demeurer en Angleterre y renoncent. Des ralliés à la France libre aussi. De Gaulle lui-même vit des heures difficiles.

Finalement, brûlant ses vaisseaux jusqu'au bout, il donne raison à Churchill [1]. On ne manquera pas de lui reprocher ses propos qui font bien piètre cas du sang français versé :

> « En vertu d'un engagement déshonorant, le gouvernement qui fut à Bordeaux avait consenti à livrer nos navires à la discrétion de l'ennemi. Il n'y a pas le moindre doute que, par principe et par nécessité, l'ennemi les aurait employés, soit contre l'Angleterre, soit contre notre propre empire. Eh bien ! je dis sans ambages qu'il vaut mieux qu'ils aient été détruits. »

1. Non sans avoir cependant au préalable demandé aux Anglais d'épargner, à l'avenir, aux Français de telles « odieuses tragédies ».

*
* *

Mers el-Kébir déplace aussi – et cela se conçoit aisément – les fondements du mouvement lancé par de Gaulle le 18 juin et pour lequel il avait reçu quitus formel du gouvernement britannique le 28 :

> « Le gouvernement de Sa Majesté reconnaît le général de Gaulle comme Chef de tous les Français libres, où qu'ils se trouvent, qui se rallient à lui pour la défense de la cause alliée. »

Français libres [1]. France libre. Forces françaises libres. Autant de termes qui seront bientôt synonymes d'une singulière épopée !

Pour l'Histoire, le premier résistant se nomme Charles de Gaulle. Chronologiquement, quelques-uns pourraient, peut-être, lui contester ce titre, l'ayant imité simultanément, voire précédé de quelques heures : l'aspirant Christian Fouchet et ses camarades aviateurs, venus de Bordeaux, touchent l'Angleterre à peu près en même temps que de Gaulle. Ils ne savent pas encore qu'il y aura un « appel du 18 juin ».

Cet appel a sonné le ralliement et signalé où se regrouper. Son rédacteur est en droit d'espérer toucher bien du monde. Les Français, fin juin 1940, sont nombreux en Angleterre. Résidents, rescapés de Dunkerque, des côtes normandes ou bretonnes, repliés de Norvège, marins de la Royale ou de la marchande totalisent plusieurs dizaines de milliers de personnes. Hors du sol britannique, en métropole, dans l'empire

1. Créée par décret du 4 avril 1946, la médaille commémorative des services volontaires dans la France libre définit la qualité de Français libre. Elle sera décernée à tous ceux qui ont servi effectivement et volontairement la France libre entre le 18 juin 40 et le 3 juin 43 (création du CFLN de Gaulle-Giraud) ou entre le 3 juin 43 et le 1er août 43 pour les forces armées (fusion des armées de Gaulle-Giraud). 50 000 médailles environ seront attribuées. 40 000 bénéficiaires potentiels ne se feront pas connaître.

ou à l'étranger, comment ne pas escompter également que bien des hommes répondent « présent » ?

Effectivement, des isolés, des petits groupes se présentent. Le vice-amiral Muselier, bien qu'à la retraite, rejoint à la tête d'une escouade de matelots. Ce marin de forte tête jouera un rôle essentiel dans les débuts de la France libre. De Gaulle lui confiera le commandement de la marine et de l'armée de l'air. (Muselier sera à l'origine de la croix de Lorraine qui ornera les emblèmes de la France libre.) Rejoignent également René Cassin, juriste de réputation internationale, Maurice Schumann, futur animateur des émissions « Les Français parlent aux Français ». Mais ce sont principalement des hommes sous l'uniforme qui se décident : Pierre-Olivier Lapie, député socialiste, les capitaines Tissier et Dewavrin arrivant de Norvège, le capitaine de frégate Thierry d'Argenlieu [1], les capitaines de Rancourt, Astier de Villate, Bécourt-Foch [2], de Chevigné, le lieutenant Repiton Preneuf, le sergent Zirnheld, professeur de philosophie, auteur de la célèbre prière du parachutiste [3] et qui sera tué en Libye.

Les ralliements d'unités constituées sont plus difficiles à obtenir. Ils requièrent l'engagement des chefs. Ces chefs, au lendemain de Mers el-Kébir et de « Catapult », se montrent réticents (les officiers de marine seront ulcérés, sentiment légitime sur le moment). Il est cependant des exceptions notoires : l'état-major et un bataillon de la 13e DBLE derrière le colonel Magrin-Vernerey et le capitaine Koenig, un bataillon du 24e RIC en transit à Chypre, la 3e compagnie du 24e RIC qui, derrière le capitaine Folliot, passe en Palestine anglaise, une fraction du 1er RSM du capitaine Jourde, les officiers et équipages du sous-marin *Rubis* (commandant Cabanier), du sous-marin *Narval*, du chalutier-patrouilleur *Président Honduce*. Enfin, fait exceptionnel, les 133 marins-

1. Ancien de l'Ecole navale, entré au Carmel et rappelé au service lors de la déclaration de guerre.
2. Petit-fils du maréchal Foch.
3. « Donnez-moi, mon Dieu, ce qui vous reste,
Donnez-moi ce que l'on ne vous demande jamais... »

pêcheurs de l'île de Sein qui, en bloc, du 24 au 26 juin, gagnent l'Angleterre.

Ces volontaires ont tout abandonné, tout risqué. Leur engagement sera leur fierté. Comment, par la suite, ne toiseraient-ils pas ceux qui n'ont pas osé se joindre à eux ? Pour les Français libres, il y aura toujours eux et les autres, ces autres auxquels ils lanceront avec superbe, voire avec mépris, l'épithète de « vichyste ». Attitude compréhensible, la nature humaine étant ce qu'elle est et de Gaulle, pour sa part, ne faisant rien, bien au contraire, pour atténuer les clivages entre ses partisans de la première heure et les autres.

En passant ses troupes en revue à Londres pour la fête nationale, le chef de la France libre doit constater l'impact fâcheux de Mers el-Kébir. Le flot des ralliements s'est singulièrement tari après le 3 juillet. A la mi-juillet 1940, les FFL ne comptent que 5 500 hommes pour l'armée de terre, un millier de marins et moins de 500 aviateurs. C'est peu quelle que soit la valeur de la troupe. De Gaulle le reconnaîtra : « Le tronçon du glaive était fortement trempé mais, Dieu ! qu'il était court ! »

Les gros bataillons, il est condamné à aller les chercher là où il en existe. A défaut de la métropole, dans l'empire. Autre aventure rendue possible par l'arrivée de personnalités de caractère : de Larminat, de Hauteclocque, Parant, de Boislambert, Broche, Félix Eboué.

L'Etat français

Si, pour quelques Français, l'avenir immédiat signifie se battre, pour l'immense majorité de leurs compatriotes le quotidien signifie vivre et rebâtir. La guerre a ruiné bien des choses, à commencer par l'Etat.

La IIIe République sort, après la patrie, la grande vaincue du désastre. Sedan, 70 ans plus tôt, l'avait portée sur les fonts baptismaux. Sedan, cette fois, lui a ouvert le chemin du trépas.

Le jugement des citoyens est, à cet égard, unanime et sans appel. Oublié l'Empire ! Oubliée l'Alsace-Lorraine recouvrée ! Les Français ne voient plus que l'immédiat : les morts, les réfugiés, les prisonniers, la défaite, l'occupation, les décombres ; à leurs yeux, un seul responsable : leur République ! Et comment la défendre ? Elle a étalé les faiblesses de sa Constitution. 44 gouvernements de 1917 à 1940, soit en moyenne un tous les six mois ! Elle a affiché l'incapacité de ses chefs, notamment celle de son président, tous dépassés par la montée du totalitarisme, les conflits sociaux et l'évolution des armements. Des scandales l'ont éclaboussée.

Il n'est pas à s'étonner que le tollé à son endroit roule en vagues rugissantes. Il ne provient pas uniquement de Maurras et des siens acharnés à vouloir tuer la gueuse. Depuis le début des années 30, ils sont nombreux à réclamer une révision constitutionnelle. Des intellectuels, des politiques, de droite comme de gauche, ont réclamé que l'on « réforme non seulement l'Etat irresponsable et faible, mais l'Etat envahisseur et tentaculaire » [1]. Des disciples de Proudhon comme de Barrès ont dénoncé étatisme et centralisation. Et, bien sûr, poussait derrière eux la cohorte de bons apôtres réfutant les principes mêmes de la démocratie.

Dans la colère qui monte vers les responsables supposés du désastre, l'opinion populaire exige des changements. Les Français brutalement réclament autorité, discipline, propreté. Traumatisés par les coups reçus, les voici prêts à accepter un ordre nouveau.

Pour achever la IIIe République, les spadassins sont déjà dans la place. Ils y tiennent même des rôles d'importance. Alibert est sous-secrétaire d'Etat à la présidence du Conseil. Laval a rang de ministre d'Etat et de vice-président du Conseil.

Juriste, conseiller d'Etat, Raphaël Alibert est notoirement connu pour être monarchiste, maurrassien, germanophobe, antisémite. Jouant des uns et des autres, et se présentant comme un maître ès politiques, il a réussi, bien avant la guerre, à devenir l'un des familiers très écouté de Philippe Pétain. Cette intimité l'a conduit au gouvernement le 16 juin ; il y deviendra celui qu'un historien qualifiera de « mauvais

---

1. Thierry Maulnier.

génie de la Révolution nationale »[1]. Il a déjà sans vergogne pipé les dés pour obtenir l'armistice et faire introniser le Maréchal. Il est prêt maintenant pour la seconde étape, celle de l'accession de celui-ci à un pouvoir sans partage.

Quels que soient les agissements d'Alibert, le premier couteau du moment est Pierre Laval. Ah, Laval ! Quelle haine autour de ce nom ! Et que le temps écoulé n'a guère atténuée !

L'individu, de prime abord, n'attire pas. La veste et le pantalon tombent mal. Le gilet accuse l'embonpoint. Le teint fait maladif. Les dents jaunies, au-dessus d'une lippe épaisse, trahissent les « éternelles cigarettes ». Seul détail de prix, la cravate de soie blanche[2]. Mais elle sent le parvenu.

Le personnage pourtant ne saurait être sans talent ni entregent. Sinon, comment expliquer l'ascension de celui qu'un humoriste désignait d'une boutade : « Un Fouché ? Non, un Fouchtra » !

L'enfant de Châteldon a su s'imposer, alliant ténacité, intelligence, séduction. Le petit pion est devenu avocat, puis député socialiste et maire d'Aubervilliers. Au fil des années, il a abandonné ses amis d'origine et glissé vers le centre droit pour se retrouver deux fois président du Conseil et plusieurs fois ministre. Ce cursus politique n'a pas été innocent. L'Auvergnat dispose d'une fortune rondelette.

Cette habileté ne lui a pas valu que des amitiés. Il traîne derrière lui des antipathies solides dont il entend bien obtenir raison. Partisan d'un rapprochement avec l'Italie et surtout désormais avec l'Allemagne dont il est persuadé qu'elle occupera un rôle majeur en Europe, il ne dissimule pas non plus son hostilité envers l'Angleterre. Vieilles rancœurs personnelles à solder, sympathie pour les puissances prêchant un ordre nouveau, animosité vis-à-vis de la Grande-Bretagne.

Tout entraîne Pierre Laval devenu, dans un cabinet nettement teinté de kaki, la personnalité civile la mieux à même de

1. Robert Aron.

2. Ce qui le fera souvent désigner comme « l'homme à la cravate blanche ».

profiter des circonstances favorables à l'instauration d'un régime correspondant à ses vues. En moins de quinze jours, il y parviendra.

*
* *

Le 29 juin, l'équipe gouvernementale a abandonné Bordeaux, condamné à figurer en zone occupée. Après une brève escale à Clermont-Ferrand, elle s'installe le 1er juillet à Vichy. La petite cité thermale offre ses résidences et hôtels où ministères et services s'entassent dans un tohu-bohu général. Pétain occupe l'hôtel du Parc, Lebrun le pavillon de Sévigné. Les parlementaires, peu à peu, arrivent. A priori, cette implantation ne devrait être que provisoire ! Pétain espère pouvoir remonter prochainement sur Paris ou, à défaut, sur Versailles. En France, le fait est notoire, le provisoire dure souvent lontemps. Celui-ci se prolongera quatre ans. Vichy, capitale fugitive de la France, donnera son nom au régime personnifié par Philippe Pétain.

Avant même l'emménagement à Vichy, les idées de réforme hantent les esprits. Le Maréchal y est favorable. En bon militaire habitué à voir ses ordres exécutés, il entend avoir les mains libres pour gouverner et ne pas voir son action constamment entravée par des palabres. Il n'en demande pas davantage. S'étant toujours présenté en militaire républicain, il ne réclame pas, particulièrement, la disparition de la République.

Son entourage se divise. Baudouin, Bouthillier, si partisans soient-ils d'une autorité raffermie, ne penchent pas pour l'abolition de la République. La mettre en veilleuse leur suffirait. Weygand, en revanche, est plus catégorique. Dès le 29 juin, il a présenté une petite note au Maréchal qui dit en substance :

1/ La France ne veut plus de l'ancien ordre des choses.

2/ Il faut instaurer un régime social sans lutte de classes.

3/ La famille doit être mise à l'honneur.

4/ Contre la vague de matérialisme, il faut renforcer l'éducation de la jeunesse.

5/ A programmes nouveaux, hommes nouveaux. Le temps presse.

Le ton d'un soldat, monarchiste de cœur, non dépourvu d'idéalisme et puisant son inspiration dans ses convictions religieuses, se reconnaît dans ces lignes. Mais Weygand n'est pas de ceux qui conspirent et pratiquent le coup bas. Loyal avant tout envers Pétain, il suivra ses directives.

On y revient toujours. Les « manœuvres » contre les institutions passent par Alibert et Laval.

Ces deux comparses ne sont pas seuls. Leurs ambitions rejoignent les vues de parlementaires ou anciens parlementaires souvent marqués à droite, Xavier Vallat, Jean-Louis Tixier-Vignancour, Jean Ybarnegaray, mais largement rejoints par des collègues d'autres horizons, Marcel Déat, ancien député SFIO [1], Adrien Marquet, député-maire de Bordeaux, lui aussi ancien socialiste, et par d'autres plus modérés, tels Gaston Bergery, Georges Bonnet, François Piétri.

Face à eux, les grands ténors de la IIIe République se montrent bien ternes. Léon Blum, Jeanneney, Herriot se taisent ou se font discrets. Paul Reynaud, rescapé d'un accident d'automobile où a été tuée Madame de Portes, se tient sur la défensive. Quant au gardien du temple, Albert Lebrun, le président de la République en exercice, il ne déroge pas à son habituelle inconsistance.

Certains, s'ils étaient là, élèveraient peut-être la voix, mais les passagers du *Massilia* sont loin et réduits au silence. Daladier, Mandel, Campinchi et leurs amis sont prisonniers de fait. Alibert a su, habilement, présenter leur départ comme une désertion. Il les tient sous haute surveillance et se prépare à en faire, avec d'autres, les boucs émissaires de la bataille perdue.

La destinée fait bien – ou mal – les choses. Mers el-Kébir surgit brutalement en toile de fond. L'indignation, la colère

1. Et qui évoluera très vite vers une collaboration plus qu'active avec l'Allemagne.

contre l'ancien allié servent Laval. Les événements confortent ses jugements. Il peut se répéter que les Français ont commis une énorme erreur en se rangeant du côté des Britanniques et que leur avenir passe par une entente avec l'Allemagne et – sous-entendu – par un régime plus ou moins similaire.

Laval doit néanmoins se dépenser. Les sénateurs anciens combattants n'apprécient pas ce qu'il leur annonce le 4 juillet :

> « Le Parlement doit être dissous. La Constitution doit être réformée. Elle devra s'aligner sur celle des Etats totalitaires. Tout est à reconstruire. Une tâche immense nous attend... »

S'ils font entière confiance au maréchal Pétain, ils acceptent mal de voir disparaître la légalité républicaine. Ils le disent, le répètent, et trouvent même un moment l'aval de Pétain lui-même.

Un moment se dresse également Pierre Etienne Flandin. Ce grand notable de la IIIe République sait argumenter. Si ses collègues n'étaient pas si accablés, il aurait pu les entraîner, mais l'enthousiasme républicain a vacillé. Laval peut marteler :

> « De deux choses l'une : ou bien vous acceptez ce que nous demandons, et vous vous alignez sur la Constitution allemande ou italienne, ou bien Hitler vous l'imposera. »

Il est pressé d'en finir. Pétain aussi en fin de compte, qui souhaite travailler. Au fil des heures, la procédure envisagée par l'Auvergnat grignote les conciliabules, les commissions, les séances plénières.

Le 9 juillet, le principe d'une révision constitutionnelle est acquis à la quasi-unanimité :

> « La Chambre des députés (ou le Sénat) déclare qu'il y a lieu de réviser les lois constitutionnelles. »

Les opposants à cette motion se font rares. Trois à la Chambre sur 398 votants, un au Sénat sur 230 votants.

In fine, quelques soubresauts imposent à Laval de tirer sa botte secrète : une lettre que Philippe Pétain lui a adressée le 7 juillet. Qui oserait se prononcer contre la volonté du Maréchal ?

> « Monsieur le Président,
>
> « Le projet d'ordre constitutionnel déposé par le gouvernement que je préside viendra en discussion les mardi et mercredi 9 et 10 juillet devant les assemblées. Comme il m'est difficile de participer aux séances, je vous demande de m'y représenter. Le vote du projet que le gouvernement soumet à l'Assemblée nationale me paraît nécessaire pour assurer le salut de notre pays.
>
> « Veuillez agréer... »

Comment résister à une telle invite ? Quatre-vingts parlementaires ne seront, cependant, pas d'accord pour voter le texte définitif inspiré par Laval et Alibert :

> « Article unique :
>
> « L'Assemblée nationale donne tous pouvoirs au gouvernement de la République, sous l'autorité et la signature du maréchal Pétain, à l'effet de promulguer, par un ou plusieurs actes, une nouvelle Constitution de l'Etat français. Cette Constitution devra garantir les droits du travail, de la famille et de la patrie.
>
> « Elle sera ratifiée par la nation et appliquée par les Assemblées qu'elle aura créées. »

Quatre-vingts opposants plus dix-sept abstentionnistes ! A peine 15 % des parlementaires présents ! Par 569 voix, la IIIe République, celle du Front populaire, s'est suicidée en toute légalité sans autre panache que le cri isolé de Marcel Astier, sénateur de l'Ardèche : « Vive la République quand même ! »

Le comportement de ces caciques est révélateur. Albert Lebrun signe le projet de révision constitutionnelle [1]. Jeanneney le vote. Edouard Herriot se contente de s'abstenir. Par la suite, Léon Blum s'efforcera de trouver des circonstances atténuantes au vote de ses collègues :

> « J'ai vu là pendant deux jours des hommes s'altérer, se corrompre comme à vue d'œil, comme si on les avait plongés dans un bain toxique. Ce qui agissait, c'était la peur : la peur des bandes de Doriot dans la rue, la peur des soldats de Weygand à Clermont-Ferrand, la peur des Allemands qui étaient à Moulins. »

Pieux mensonge. La France de juillet 1940 est consentante. Elle se donne à celui qui lui apparaît comme le plus apte à panser ses plaies. « Quarante millions de pétainistes », écrira un historien [2].

Dans l'immédiat, les quatre-vingts deviennent des « méchants ». Ils prendront leur revanche quelques années plus tard. Il y aura aussi des clairvoyants et des habiles dans l'autre camp. Des volte-face intelligentes interviendront... à temps.

*
* *

Les Français, le 10 juillet 1940, par le vote de leurs représentants, mettent un point final à trois quarts de siècle de leur histoire. La Constitution qui les régentait depuis 1875 est jetée aux orties.

La République elle-même a vécu. La France n'en est plus une. Elle est devenue un Etat. Le changement est d'importance. Il écarte la démocratie. Il ouvre toute grande la porte à un autoritarisme qui se porte bien en Europe – Russie,

1. La Constitution ayant été abolie, il estimera ses fonctions révolues et se retirera à Vizille dans une résidence personnelle.

2. Henri Amouroux.

Allemagne, Italie, Espagne, Portugal. Pétain, Laval et Alibert plus exactement ne traînent pas en besogne. Dès le 11 juillet se diligentent les procédures. Les trois actes constitutionnels tombent.

Le jour même, le gouvernement est remanié. Laval, Baudouin, Bouthillier conservent leurs fonctions. Les militaires, Weygand, Darlan, Pujo, Colson, également. Provisoirement. Alibert prend les Sceaux. Inédit notoire, un syndicaliste de marque, René Belin, reçoit la Production industrielle et le Travail. Ancien secrétaire général adjoint de la CGT, il teinte de rose un cabinet droitier.

Tout nouveau régime surgi des circonstances se réfère à des principes, s'appuie sur des hommes.

L'Etat français n'échappe pas à ces règles. La défaite l'a engendré. Une éthique particulière l'anime. Le prestige d'un homme l'autorise [1].

L'armistice du 11 novembre 1918 avait conforté la IIIe République. Celui du 25 juin 1940 la condamne. Cette évidence, déjà évoquée, s'impose.

« Liberté, Egalité, Fraternité » ornaient les frontons des temples de feu la République. « Travail, Famille, Patrie » s'inscrivent sur les emblèmes et les monnaies du nouveau régime. Les idéaux républicains, issus de 1789 et de ses lendemains, s'effacent au profit de ceux de la Révolution nationale, slogan qui sera retenu par les princes de juillet 1940 [2].

Cette Révolution nationale n'est nullement assimilable au marxisme ou au nazisme. Elle ne découle pas de la réflexion ou de l'imagination d'un seul individu. Elle est un assemblage. La pensée de Maurras, d'abord et surtout, la vieille sève du nationalisme, l'influence du personnalisme, le legs de la civilisation chrétienne s'y côtoient. Ce large puzzle, résul-

---

1. Aurait-il pu exister, initialement du moins, sans Philippe Pétain ? C'est très douteux.

2. Le terme, déjà prononcé, apparaîtra officiellement dans le message du maréchal Pétain le 11 octobre 1940.

tante de courants divers, possède néanmoins des dominantes : autorité, patrie, régénération morale.

Depuis le début du XXe siècle, Charles Maurras s'est affirmé comme le maître à penser des détracteurs de la République. Le chef de l'Action française n'a cessé de plaider contre la démocratie et pour une restauration de la monarchie qui permettrait le retour aux traditions nationales. Esprit sans complaisance, il a réclamé parallèlement l'instauration d'un ordre nouveau générateur d'un ordre moral écartant l'esprit de jouissance – rigueur qui l'a conduit tout naturellement à un appel au retour à la terre et à ses exigences. Sur cette route altière, il a fait école. Alibert est de ceux qui se réclament de lui.

Ce retour vers les traditions nationales rejoint, à bien des égards, le nationalisme d'un Péguy ou d'un Barrès, même si ceux-ci étaient loin de faire obligatoirement référence aux vertus de la monarchie. Le personnalisme des années 30 qui accorde la priorité à la personne humaine regardée comme valeur suprême, peut sembler en contradiction avec la raison d'Etat mais assure le lien avec l'héritage chrétien. Les positions de l'Eglise, dans le domaine socio-économique, qu'elles soient anciennes ou plus récentes (encyclique *Rerum novarum* de 1891), ont mis l'accent sur la famille, le mariage, le travail, mais aussi sur le corporatisme remontant à l'Eglise médiévale, et les conceptions sociales de La Tour du Pin ou d'Albert de Mun.

Ce mélange crée au départ un ensemble original [1] prônant un pouvoir fort respectueux des acquis nationaux et religieux. Il ne peut être qualifié de fascisme. Il ne fait référence ni à l'athéisme ni à un quelconque racisme hormis, très bientôt, à un antisémitisme qui sera sa lèpre. (Ce ne sera pas la seule. D'autres suivront.) Il n'est pas non plus proallemand. Bien au contraire. Les maîtres du moment – à l'exception de

1. Il est paradoxal que le triptyque « Travail, Famille, Patrie » ait, en partie, des origines républicaines. Ces valeurs se trouvent mentionnées dans le préambule de la Constitution de la IIe République en 1848 : « La République a pour base la famille, le travail, la propriété, l'ordre public. »

Laval – s'affirment nettement antiallemands et patriotes pour ne pas dire cocardiers. La France revient souvent dans leurs discours. Ils parlent des devoirs envers elle, la restaurer dans sa grandeur n'étant pas le moindre.

Et, au sommet de l'édifice, il y a un homme, car ce sont les hommes (les figures de proue, a écrit René Grousset) qui façonnent l'Histoire. Philippe Pétain en 1940 est cet homme. Il répond aux aspirations du moment. Il présente le pedigree du chef que réclament les Français. Que n'offre-t-il pas ? Gloire, sagesse, bon sens, désintéressement, bonté, autorité naturelle.

Le culte du chef se développe sans retenue. La propagande joue à plein, s'appuyant sur l'adhésion populaire. En cet été 1940, une véritable idolâtrie monte vers le « sauveur de la patrie ». Montagard et Courtioux composent le « tube » du moment qu'entonnent les enfants des écoles, les anciens combattants et que répètent tous les orphéons, petits ou grands : « Maréchal, nous voilà ! »

Le chant du Maréchal restera, pour la génération de 1940, l'évocation de cette époque. L'air traîne un peu, mais les paroles, si puériles soient-elles, rendent bien compte d'une réelle ferveur [1].

---

1. 1er couplet :

Une flamme sacrée
Monte du sol natal
Et la France enivrée
Te salue, Maréchal !
Tous tes enfants qui t'aiment
Et vénèrent tes ans
A ton appel suprême
Ont répondu présents !

Refrain :

Maréchal, nous voilà
Devant toi, le sauveur de la France !
Nous jurons, nous, tes gars,
De servir et de suivre tes pas.
Maréchal, nous voilà,
Tu nous as redonné l'espérance !
La Patrie renaîtra,
Maréchal (bis) *nous voilà !*

L'autorité naturelle de Philippe Pétain – tous ceux qui l'ont abordé sont unanimes – se double maintenant d'une autorité légale. Le vote du 10 juillet a hissé le maréchal sur le pavois. Les actes des jours suivants instaurent un absolutisme de fait. Ce règne quasi sans partage, l'intéressé ne le mesure qu'en partie. Laval devra lui en faire la remarque :

– Connaissez-vous vos pouvoirs, monsieur le Maréchal ?

– ...

– Ils sont plus grands que ceux de Louis XIV, parce que Louis XIV devait soumettre ses édits au Parlement, tandis que vous, vous n'avez pas à soumettre vos actes constitutionnels au Parlement puisqu'il n'est pas là.

L'Auvergnat voit juste. Le Maréchal a les mains libres.

Est-il pour autant un monarque absolu ? La réponse est loin d'être formelle. Si alerte soit-il, Pétain n'en a pas moins 84 ans. Il a des assoupissements, des temps d'oubli. La pensée, par moments, vacille ou s'atténue ; les années aggraveront cette torpeur intermittente.

L'entourage le constate, en use, en profite. Il influencera de plus en plus les décisions du chef de l'Etat. D'où les louvoiements politiques suivant l'évolution de cet entourage et de sa composition. Les Du Moulin de Labarthète, Ménétrel, Laure, Brécard, Fernet, Bonhomme [1], personnages omniprésents, imposent, pour l'instant, leurs vues et leurs conclusions. En ces

---

L'auteur de ces lignes se souvient, étant en culotte courte en ces années de guerre, avoir fredonné avec d'autres sur le même air :

Maréchal, halte-là !
Qu'as-tu fait de la France ?
Tous les gars qu'ont du cran
Marcheront sous de Gaulle au combat...

D'où provenait cette version incendiaire pour l'époque ?...

1. Tous compagnons ou amis de longue date du Maréchal : Henri Du Moulin de Labarthète, chef de cabinet ; docteur Ménétrel, médecin personnel ; général Laure, secrétaire général du chef de l'Etat et son historiographe ; général Brécard, grand chancelier de la Légion d'honneur ; amiral Fernet ; capitaine Bonhomme, officier d'ordonnance.

débuts de Vichy, ce sont eux les vrais maîtres. Laval, instrument de la conquête du pouvoir, est tenu à l'écart. Trop pro-allemand. Trop marqué par son passé de parlementaire. Trop isolé dans un cercle où les militaires priment. Tenace, il attend son heure. Elle surviendra avec l'aide des Allemands.

*
* *

Le nouveau gouvernement, comme le veut Pétain, se met à l'ouvrage. Tout, dans l'immédiat, ne sera pas négatif. Quelques mesures survivront à l'épuration : fête des mères, 1er mai chômé, notion de salaire minimum vital, conseil de l'Ordre des médecins, retour à l'existence légale des ordres religieux, réforme des jurys d'assises, etc.

Ce ne sont là qu'aspects secondaires d'une tâche où l'effort de reconstruction prime. 6 000 ouvrages d'art sont rétablis. Les réfugiés, dans leur ensemble, regagnent leurs foyers ; les combattants sont démobilisés. Les grands principes trouvent une application immédiate :

– charte du Travail sous l'égide de René Belin ;
– dénonciation du syndicalisme au profit d'un corporatisme prêchant la fin de la lutte des classes ;
– éducation de la jeunesse avec la création des Chantiers de Jeunesse [1], etc.

Cette Révolution nationale se pare très vite d'antisémitisme. L'antisémitisme est une vieille donne bien souvent liée

1. La Convention d'armistice réduisait l'armée française à 100 000 hommes (dont 4 000 officiers) destinés aux tâches de maintien de l'ordre.

Les Chantiers de Jeunesse, créés le 30 juillet 1940, visent à apporter aux jeunes Français qui ne peuvent être incorporés un remplacement de service militaire. A mi-chemin du scoutisme et du militarisme, ils aspirent aussi à inculquer les « valeurs nouvelles » et à participer à la rénovation du pays. Son chef, le général de corps d'armée de La Porte du Theil, entend bien préparer ses garçons à une revanche possible. Beaucoup d'anciens des Chantiers se retrouveront dans les maquis ou dans la Résistance.

au christianisme et au déicide imputé au peuple juif. Il n'apparaît pas obligatoirement sous les couleurs de l'extrême droite. Proudhon, Blanqui furent de ceux qui, avant Drumont et sa *France juive,* le relancèrent au XIXe siècle. L'opprobre jeté sur la classe politique, rendue responsable des malheurs des temps, a contribué à raviver de vieilles haines. Les israélites ne sont-ils pas nombreux dans les allées du pouvoir, qui se nomment Léon Blum, Pierre Mendès France ou Jean Zay [1] ? Pour peu, ils seraient vite présentés comme les uniques coupables.

Le 18 octobre 1940 paraîtra au *Journal officiel* le statut des Juifs. Ceux-ci sont désormais exclus des fonctions publiques, du journalisme, du cinéma, du théâtre, de la radio [2]. L'intention est évidente : interdire aux Juifs autorité ou influence. Pratiquement ils doivent quitter l'armée, l'enseignement, la justice [3]. En zone occupée, les Allemands ont déjà mis en place des dispositions plus graves. Ils ont saisi les entreprises appartenant à des israélites.

Vichy commence à montrer là un visage qui le flétrira à jamais. Il ira bientôt beaucoup plus loin.

Dans le même temps, des mesures répressives s'abattent sur les adversaires politiques ou les présumés coupables. Reynaud, Daladier, Gamelin et d'autres sont placés en résidence surveillée avant de se retrouver internés. Les gaullistes sont poursuivis. Presque tous sont condamnés par contumace vu les circonstances. 2 200 fonctionnaires sont révoqués dont 49 préfets. 163 conseils municipaux sont suspendus [4]. La franc-maçonnerie est interdite. La France, peu à peu, glisse vers l'arbitraire. Traumatisée par les épreuves récentes, elle mettra quelque temps à en prendre conscience.

---

1. Les adversaires de Jean Zay ne se privent pas de rappeler un texte de jeunesse où il traitait le drapeau tricolore de « vil torche-c... » !

2. Quelques dérogations sont accordées aux anciens combattants pour des fonctions subalternes.

3. En Algérie, le décret Crémieux datant d'octobre 1870, qui accordait la citoyenneté française aux israélites, est aboli.

4. Dont ceux de Paris, Marseille, Lyon, Toulouse.

Chapitre VIII

LA FRANCE LIBRE ET SON EMPIRE

Charles de Gaulle, le 14 juillet 1940, n'a regroupé près de lui qu'une phalange modeste, si valeureuse soit-elle. La majeure partie de la France est occupée ; l'autre est sous la férule d'un régime qui ne tardera pas à le condamner à mort [1]. Les gros bataillons, pour gonfler ses rangs, le chef de la France libre ne peut espérer les trouver que dans l'Empire.

Là, les hommes ne manquent pas, on le sait. Plus de 65 millions d'habitants vivent sur 12 millions de kilomètres carrés. Afrique blanche, Afrique noire, Madagascar, Extrême-Orient, sans parler des possessions du Proche-Orient ou de celles disséminées dans le Pacifique, dans l'océan Indien ou en Amérique, offrent, à la fois, réservoirs humains et positions stratégiques. De Gaulle, bien que davantage porté par tempérament et par formation vers les marches de l'Est que vers l'outre-mer, ne l'ignore pas. L'Empire, susceptible de lui procurer des soldats, sera l'un de ses soucis premiers.

1. Charles de Gaulle est condamné à mort par contumace, par le tribunal militaire de Clermont-Ferrand, le 2 août 1940.

*
* *

De Gaulle a d'autant plus besoin de bras que sa position politique s'affermit. Le 7 août, il signe avec Churchill un accord pour la constitution des Forces françaises libres :

> « 1. Le général de Gaulle procède à la constitution d'une force française constituée de volontaires. Cette force qui comprend des unités navales, terrestres et aériennes et des éléments techniques et scientifiques, sera organisée et utilisée contre les ennemis communs.
> 2. Cette force ne pourra jamais porter les armes contre la France. »

Sur cette dernière clause, de Gaulle s'expliquera par la suite :

> « Cela ne signifiait nullement qu'ils ne devaient jamais combattre des Français. Il fallait bien, hélas ! prévoir le contraire, Vichy étant ce qu'il était et non, point du tout, la France. » [1]

Ceci étant, voici donc de Gaulle très officiellement reconnu par l'Angleterre. Il est le chef attitré d'une résistance. Il peut recevoir aides et subsides de son allié britannique dans le cadre de la lutte commune contre l'Allemagne. Sous réserve, évidemment, de démontrer qu'il présente une force digne d'intérêt et que la mise sur son nom se justifie. D'où son impératif d'aligner des rangs bien remplis.

*
* *

Plus ou moins enserrée entre des colonies anglaises et belges, l'Afrique Equatoriale Française est plus sensible aux pressions extérieures que le bloc compact de l'Afrique Occidentale Française, ceinturée par les sables et la forêt tropi-

1. *Mémoires de guerre*, *op. cit.*, I, p. 80-81.

cale, ou que l'Afrique du Nord, proche de la métropole. Les contacts sont réguliers entre Cameroun anglais et français. Ils représentent même un impératif économique. A Brazzaville, on suit attentivement ce qui se passe sur l'autre rive du Stanley-pool [1]. En Oubangui-Chari, les planteurs, hommes de caractère, élèvent la voix contre la défaite. Un peu partout, une agitation s'amplifie. Certains militaires ou colons franchissent la frontière d'une colonie britannique pour aller poursuivre la lutte. Sur cette voie, l'exemple vient de haut. A Fort-Lamy, capitale du Tchad, le gouverneur général Eboué, dès la mi-juillet, a noué ses premiers contacts en vue d'autres lendemains que ceux de la soumission.

Cette agitation n'échappe pas à Vichy. Dépêché par Darlan, l'amiral Platon se rend à Konakry, Abidjan, Cotonou, Lomé, Douala, Yaoundé, Libreville, Port-Gentil, Pointe-Noire, Brazzaville. Partout il prêche la fidélité au gouvernement du Maréchal. A Brazzaville même, le général Husson, promu gouverneur général de l'AEF aux lieu et place de Pierre Boisson nommé à Dakar, fait du zèle. Grisé par cette promotion inespérée, il entend imposer la loi de ceux qui l'ont intronisé.

De Gaulle, informé de la situation, voit aussitôt le péril. Ses partisans risquent d'être neutralisés ou de devoir se réfugier en territoire britannique. Il ne pourrait plus, alors, intervenir de l'intérieur et perdrait une place précieuse par son étendue et son réservoir d'hommes [2].

Ses moyens sont limités mais il dispose maintenant de quelques officiers encore plus riches de courage et d'ardeur que de galons : le capitaine de Hauteclocque, évadé de France

---

1. Le Congo belge n'a pas encore opté et penche pour un neutralisme favorable à l'Angleterre. Le ralliement du Congo français favorisera son propre ralliement au futur gouvernement belge en exil.

2. L'Afrique Equatoriale Française compte quatre colonies : Tchad : capitale, Fort-Lamy (actuelle N'Djaména) ; Oubangui-Chari : capitale, Bangui ; Moyen-Congo : capitale, Brazzaville ; Gabon : capitale, Libreville. Et un territoire sous mandat de la SDN : le Cameroun : capitale, Yaoundé.

Les quatre colonies couvrent 2 370 000 km^2, avec une population de 3 200 000 habitants ; le Cameroun, 418 000 km^2 avec 2 230 000 habitants.

et devenu le commandant Leclerc, le lieutenant de réserve de Boislambert rallié de la première heure, le commandant Parant, personnalité énergique et combattant valeureux. A ce trio viendront s'adjoindre le colonel de Larminat, dépêché à Léopoldville, et le commandant Colonna d'Ornano, l'un de ces coloniaux passés du côté anglais. Le civil de l'équipe est l'économiste René Pleven, ancien membre de la mission Monnet à Londres. Les uns et les autres pourront s'appuyer sur le Guyanais Félix Eboué, personnage de haute carrure au physique comme au moral, et auquel son rang comme son âge confèrent une grande autorité.

Tout se trame au départ de Freetown, Lagos et Léopoldville, non parfois sans certaines réticences de responsables britanniques, et se dénouera en trois actes bien menés.

Le 26 août, Pleven et d'Ornano, un peu anxieux, se posent sur le terrain d'aviation de Fort-Lamy. A l'inquiétude succède vite l'allégresse. Eboué accueille avec les honneurs militaires les émissaires du général de Gaulle. Le ralliement du Tchad à la France libre est proclamé. Le Tchad est la première parcelle de l'Empire [1] à faire sécession et prêter allégeance à l'homme du 18 juin.

Le Cameroun l'imite sans attendre. Dans la nuit du 27 au 28 août, sous une pluie diluvienne, Leclerc et de Boislambert, accompagnés de deux douzaines de volontaires, traversent en pirogue l'estuaire du fleuve Bouri, et, aidés de complicités locales, prennent possession de Douala. Le lendemain, de Boislambert, utilisant la desserte ferroviaire, arrive à Yaoundé en micheline et y fait reconnaître l'autorité de Leclerc qui s'est investi du grade de colonel et du titre de haut-commissaire pour la circonstance.

---

1. Si l'on excepte les Nouvelles-Hébrides ; celles-ci, sous l'impulsion du commissaire résident Sautot, se sont ralliées le 22 juillet ; mais les Nouvelles-Hébrides sont un condominium franco-britannique. Cette option s'inscrivait, par la cohabitation, dans la logique des choses.

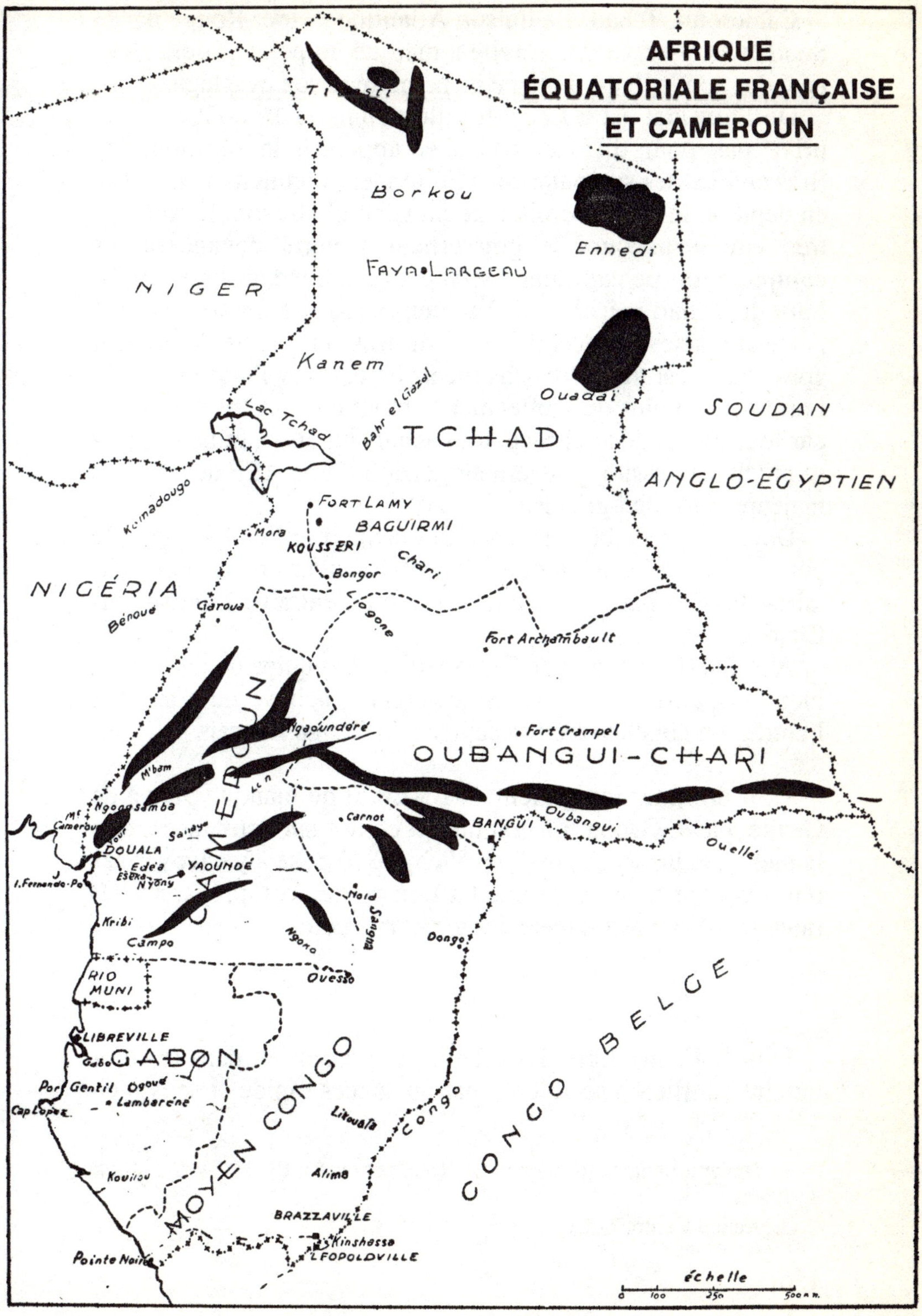

AFRIQUE
ÉQUATORIALE FRANÇAISE
ET CAMEROUN
Borkou
Ennedi
FAYA•LARGEAU
NIGER
Kanem
Ouadaï
SOUDAN
ANGLO-ÉGYPTIEN
TCHAD
Lac Tchad
Bahr el Gazal
FORT LAMY
BAGUIRMI
KOUSSERI
Chari
Bongor
Mora
NIGÉRIA
Bénoué
Garoua
Logone
Fort Archambault
Ngaoundéré
Fort Crampel
OUBANGUI-CHARI
CAMEROUN
M'bam
Ngongsamba
Carnot
BANGUI
Oubangui
Ouellé
DOUALA
Edéa
YAOUNDÉ
Eséka
Nyong
I. Fernando-Po
Kribi
Campo
Sangha
Dongo
Ouesso
RIO MUNI
CONGO BELGE
LIBREVILLE
GABON
Gabon
Port Gentil
Ogoué
Lambaréné
Cap Lopez
MOYEN CONGO
Likouala
Congo
Alima
Kouilou
BRAZZAVILLE
Kinshassa
LEOPOLDVILLE
Pointe Noire
échelle
0
100
250
500

Cameroun, Tchad. La liaison Atlantique - mer Rouge par le Soudan est assurée. De Gaulle a marqué un point et déjà récupéré du monde. Il est à même de poursuivre son avantage.

De Larminat est à Léopoldville depuis le 16 août et ne se prive pas pour diffuser tracts et appels à la sédition. De Brazzaville, des sympathisants lui rendent régulièrement visite, en dépit de la hargne croissante du général Husson. Il faut agir très vite, sans quoi le gouverneur général devancera les comploteurs. Le capitaine Delange, commandant le bataillon Sara du Tchad méridional, l'a bien perçu. Le 28 au matin, il passe aux actes et encercle le PC de Husson. Ligoté, le général gouverneur est transféré sans ménagements sur l'autre rive. De Larminat n'a plus qu'à effectuer le trajet en sens inverse. Reçu par le médecin général Sicé, tout acquis lui aussi, et Delange, il se proclame aussitôt gouverneur général d'une AEF devenue en majeure partie fief gaulliste.

De Brazzaville la dissidence fait tache d'huile. A Bangui, le gouverneur de Saint-Mart, en dépit de quelques réticences militaires, brisées par le capitaine de Roux [1], entraîne l'Oubangui-Chari [2].

A Pointe-Noire, port de Brazzaville, une équipe de dissidents, bientôt épaulés par un croiseur anglais, achève de conforter l'entreprise conduite dans la capitale du Congo français.

Pour dominer intégralement l'AEF, il ne manque plus à de Gaulle que le Gabon. La colonie est cernée sur deux faces mais la mer reste un accès possible. Vichy se dispose à y envoyer des renforts pour tenir cet ultime bastion et, qui sait, préparer ultérieurement une reconquête des territoires perdus.

*
* *

Pour la France libre, les « Trois Glorieuses » – dans le vocabulaire gaullien – se soldent par un succès rapide et sans inci-

---

1. Devenu lieutenant-colonel, de Roux sera tué à Bir Hakeim à la tête du BM/2.

2. Actuel Centrafrique.

dent sanglant. Pour Vichy, il en est tout autrement. Le voici dans une position délicate vis-à-vis de l'Allemagne. Les bras croisés, le régime a laissé quatre colonies basculer dans le camp britannique. Alors ? Réagir militairement ? La saison des pluies rend une intervention terrestre quasiment impossible dans l'immédiat et le Nigeria fait écran avec une large frange de l'AEF. Un raid de représailles est envisagé sur Fort-Lamy mais l'idée répugne. On en restera donc là dans l'immédiat, hormis de prévoir des renforts pour le Gabon. Il faudrait bien, pourtant, apporter une contrepartie à Hitler. La résistance future de Dakar, et celle du Gabon, trouvent là une première explication. Et, sans empire, que pèserait Vichy ?

*
* *

De Gaulle, dans l'immédiat, pourrait se satisfaire de son acquis en AEF. Des renseignements prometteurs, son propre tempérament l'incitent à d'autres visées, beaucoup plus importantes.

Aborder l'Afrique du Nord relève de l'impossible. L'Allemagne, par l'Espagne, l'Italie, aux portes de la Tunisie en Tripolitaine, interviendraient immédiatement. L'audience du maréchal Pétain, l'écho de Mers el-Kébir écartent l'espoir d'une adhésion massive de l'armée d'Afrique [1].

A 3 000 km plus au sud, couverte par le glacis saharien, l'AOF offre d'autres perspectives, et surtout un objectif de choix : Dakar. La rade de Freetown, en Sierra Leone, colonie anglaise, est belle mais le port peu équipé. Dakar, à la pointe du cap Vert, avec sa baie en eau profonde, ses quais, ses docks, se présente comme l'escale par excellence de l'Atlantique au-delà de Casablanca. Dakar, qui vit passer Mermoz, Guillaumet, Saint-Exupéry, dispose d'un terrain d'aviation (Ouakam) qui ne

---

1. Par armée d'Afrique s'entendent, traditionnellement, les troupes spécifiques à l'Afrique du Nord : tirailleurs, zouaves, chasseurs d'Afrique, spahis, Légion étrangère, etc.

demande qu'à prendre ampleur. Dakar, porte et capitale de l'AOF, commande l'Afrique sahélienne et son ensemble de territoires français.

Les initiés – peu nombreux, mais de Gaulle en est, de par ses précédentes fonctions – savent aussi que l'AOF détient un trésor. Une partie [1] des réserves d'or de la Banque de France, l'or polonais et belge, au terme d'un périple aventureux, se sont retrouvés, en juin 1940, sur des navires français en direction de Dakar. De là, ils ont été placés en sécurité à Thiès, à une centaine de kilomètres dans l'intérieur. S'approprier ce pactole d'une valeur de 60 à 70 millions de l'époque ne serait pas inutile pour la cause alliée. Les exilés polonais ou belges, tout comme de Gaulle, seraient heureux de récupérer, pour conforter leur cause, ce nerf de la guerre. L'or de Thiès, une raison de plus, et de taille, d'aller à Dakar !

De Gaulle songe donc à Dakar. Il trouve l'accord intéressé de Churchill, sensible à la valeur stratégique du site [2]. Dakar est, certes, une belle proie, mais Dakar est un gros morceau. Trois régiments de tirailleurs sénégalais, un régiment d'artillerie coloniale stationnent aux approches de la ville. Les batteries côtières du cap Manuel, de Bel Air, de Rufisque, du cap Vert, de Yof, des Mamelles ou de l'île de Gorée alignent des pièces de 240, 155, 138 et 95. Deux escadrilles de chasse, équipées de Curtiss, sont basées à Ouakam, et un groupe de bombardement, sur Glenn-Martin, à Thiès.

Il faut surtout compter avec la marine. Le *Richelieu* est à quai avec ses pièces de 380, et il n'est pas seul. Près de lui : 1 torpilleur, 3 patrouilleurs, 6 avisos, 3 sous-marins (*Ajax*, *Persée*, *Béveziers*). De plus, une force dite « Y », dépêchée de Toulon pour intervenir en AEF, et en particulier au Gabon menacé par la mainmise gaulliste sur ses voisins, s'est amarrée à Dakar le 14 septembre à midi. Elle compte 3 croiseurs (*Gloire*, *Montcalm*, *Georges-Leygues*) et sera bientôt rejointe par la 10e division de contre-torpilleurs (*Fantasque*, *Audacieux*,

1. 1 800 tonnes. Le reste a été évacué sur les Antilles.
2. Ainsi qu'à l'or de Thiès.

Malin). Cette force « Y » a passé Gibraltar sans encombre. Sa présence bouleverse les données d'une intervention [1].

Churchill et le gouvernement anglais apprennent son arrivée avec stupeur alors que l'opération « Menace » (nom de code de l'opération) est déjà lancée. De Gaulle est arrivé à Freetown avec son propre détachement et l'escadre anglaise de soutien.

Le 16 septembre, le cabinet de guerre anglais, sous l'impulsion de Churchill, se montre formel. La présence des bâtiments de la force « Y » rend le succès de l'opération « Menace » aléatoire. Il est préférable de renoncer.

Renoncer ! Un terme qui appartient rarement au vocabulaire gaullien ! De Gaulle, appuyé il est vrai par les deux responsables britanniques, l'amiral John Cunningham [2] et le général Irwin, revient à la charge et se fait fort d'enlever la décision. Il possède des partisans dans la place. Des connivences locales lui fraieront le chemin. Le ralliement de l'AEF, de Tahiti, des comptoirs des Indes le remplissent d'une « source d'espérance ». Le 17, le cabinet anglais se laisse convaincre. Il donne toute latitude pour agir.

Le 23 septembre au matin, l'armada anglo-gaulliste se présente devant Dakar. Une brume épaisse limite la visibilité. Il n'est plus possible d'impressionner la population aussi bien européenne qu'indigène par le spectacle des bâtiments de guerre se profilant au large.

Et pourtant, ces bâtiments représentent une force redoutable. De Gaulle y est le parent pauvre. Il n'a guère que trois avisos (*Savorgnan de Brazza*, *Commandant Duboc*, *Commandant Dominé* [3]) et 2 400 hommes, pour l'essentiel légionnaires de la 13e DBLE du colonel Magrin-Vernerey. Cunningham est autre-

---

1. En fait, cette force « Y » ne sera pas au complet à Dakar, lors du déclenchement de l'attaque. Suivant les instructions reçues, après avoir touché Dakar, elle repart pour Douala et Pointe-Noire. L'intervention anglaise la contraint à faire demi-tour sur Dakar. La *Gloire*, en avarie de machines, regagne Casablanca.

2. Frère du commandant de l'escadre anglaise d'Alexandrie.

3. Glorieux défenseur de Tuyên Quang, au Tonkin, en 1885.

ment plus riche. Sa force « M » comporte 2 cuirassés (*Barham* et *Resolution*), 3 croiseurs lourds, 1 croiseur léger, 10 patrouilleurs, 1 porte-avions (l'*Ark Royal*), avec 32 avions embarqués. Quant à Irwin, il a sous ses ordres 4 000 fantassins parés à débarquer. Si la bataille doit s'engager, l'ampleur des moyens de chaque camp la rendra forcément sanglante. Les risques courus sont considérables. Dakar, avec ses défenses terrestres, ses possibilités de manœuvre pour les bâtiments de la Royale, son appui aérien, n'est pas le piège de Mers el-Kébir.

*
* *

De Gaulle a prévu trois actions, à peu près simultanées. Une petite équipe atterrira à Ouakam pour rallier le personnel de la base. Une autre, plus importante, débarquera en parlementaire au port, attendue par de Boislambert et ses comparses. Enfin, des débarquements proprement dits interviendront dans l'enceinte du port ainsi qu'à Rufisque à une trentaine de kilomètres plus au sud.

De Gaulle, dans ses plans, a péché par manque d'informations. Il a surestimé l'importance des complicités et connivences locales. Il a sous-estimé l'hostilité que suscitent sa personne et les Anglais au lendemain de Mers el-Kébir. Il a sous-estimé l'audience et le poids personnel du nouveau gouverneur général de l'AOF, Pierre Boisson. Il a sous-estimé l'influence du « maréchalisme ». En septembre 1940, ce « maréchalisme » vit son apogée. Bien rare qui ose mettre en cause le vainqueur de Verdun. Il est l'incarnation de la patrie. Le servir est servir la France ! Quiconque ne le suit pas se montre un rebelle à la cause nationale. Ces sentiments, très réels, expliquent la faiblesse des ralliements à de Gaulle, l'attitude d'hommes qui deviendront par la suite d'héroïques résistants. (Le général Frère préside le tribunal militaire qui condamne à mort, par contumace, Charles de Gaulle ; devenu chef de l'ORA, l'Organisation de résistance de l'armée, il mourra en déportation. Une promotion de Saint-Cyr portera son nom [1].) Et Boisson fait partie de tous ces « marécha-

1. 1948-1950.

Encadré par le maréchal Badoglio et le secrétaire du parti fasciste, Mussolini parade casqué, le 9 mai 1940, lors du quatrième anniversaire de l'Empire italien. Un mois plus tard, le 10 juin, il déclarera la guerre à la France. (DR)

14 juin 1940 : Paris est occupé. La voiture du général von Stutnitz s'immobilise aux Champs-Élysées devant l'Arc de triomphe. (DR)

Du sommet de l'Arc de triomphe où vient d'être déployée la croix gammée, des officiers allemands prennent connaissance des points stratégiques de la capitale. (DR)

Place de la Concorde, devant le ministère de la Marine où s'est installée la « Kommandantur du Gross-Paris », scène ordinaire de la vie quotidienne des Parisiens. (DR)

A TOUS LES FRANÇAIS

La France a perdu une bataille!
Mais la France n'a pas perdu la guerre!

Des gouvernants de rencontre ont pu capituler, cédant à la panique, oubliant l'honneur, livrant le pays à la servitude. Cependant, rien n'est perdu!

Rien n'est perdu, parce que cette guerre est une guerre mondiale. Dans l'univers libre, des forces immenses n'ont pas encore donné. Un jour, ces forces écraseront l'ennemi. Il faut que la France, ce jour-la, soit présente à la victoire. Alors, elle retrouvera sa liberté et sa grandeur. Tel est mon but, mon seul but!

Voila pourquoi je convie tous les Francais, où qu'ils se trouvent, à s'unir à moi dans l'action, dans le sacrifice et dans l'espérance.

Notre patrie est en peril de mort.
Luttons tous pour la sauver!

VIVE LA FRANCE !

C. de Gaulle

GÉNÉRAL DE GAULLE

QUARTIER-GÉNÉRAL,
4, CARLTON GARDENS,
LONDON, S.W.1.

Affiche placardée sur les murs de Londres au cours de l'été 40, reproduisant l'essentiel du fameux appel du 18 Juin du général de Gaulle exhortant les Français à ne pas désespérer et à le rejoindre en vue de la victoire finale. (DR)

Les premières unités de volontaires ralliés à la France Libre défilent dans une rue de la capitale anglaise sous l'œil approbateur de la population. (DR)

21-22 juin 1940. A Rethondes en forêt de Compiègne, Hitler, flanqué de Goering, a tenu à venir en personne. Dans le wagon même où a été signée en 1918 la reddition de l'Allemagne, c'est la France cette fois qui doit s'incliner. (DR)

Hitler suivi de Goering monte dans le wagon où Keitel va lire les conditions de l'Armistice. Du côté français Huntziger et Léon Noël sur le point de les rejoindre pour parapher le document officiel. (DR)

Darlan en juin 1940 à bord du *Surcouf*, le plus grand sous-marin du monde, qui disparaîtra corps et biens mystérieusement au large de Panama en février 1942. (DR)

Le 3 juillet 1940 à Mers el-Kébir, la flotte anglaise attaque l'escadre française qui a refusé de se soumettre à l'ultimatum. La plupart des navires au mouillage seront gravement endommagés. 1 300 marins français trouveront la mort dans cette tragédie. (DR)

Pour galvaniser les énergies face aux menaces d'invasion, Churchill est omniprésent. Ici, en visite d'inspection, dans un poste de défense aérienne. (DR)

Un bombardier allemand Dornier 215 vole vers l'Angleterre, prêt à larguer de ses soutes plus d'une tonne de bombes. (DR)

Au sol, sur un terrain d'aviation anglais, l'alerte vient d'être donnée. Des pilotes de la RAF bondissent vers leurs appareils, les fameux Spitfires. (DR)

A Londres, le métro reste le meilleur abri contre les bombardements. Dans sa grande majorité, la population accepte l'épreuve avec flegme et discipline. (DR)

Dans le ciel britannique se déroule presque continuellement un gigantesque duel aérien. Les raids de la Luftwaffe provoquent la riposte acharnée de la chasse anglaise qui, en dépit de ses pertes, inflige des coups terribles à l'adversaire. Goering perdra en totalité, pendant toute la période du *Blitz*, quelque 2 700 chasseurs et bombardiers. (DR)

La croix de Lorraine flotte sur les premières unités de la marine ralliées à la France Libre. A bord du *Westerland*, le 23 septembre 1940, le général de Gaulle observe l'évolution des combats dans la rade de Dakar. (DR)

Le redoutable cuirassé *Richelieu* qui a été endommagé par les forces aéronavales britanniques en juillet, va s'opposer du feu de toutes ses pièces aux Français libres et aux Anglais. Il contribuera, dans une large mesure, à l'échec de leur débarquement. (DR)

23 octobre : en apparence très cordiale poignée de main Hitler-Franco. Mais, derrière les sourires de circonstance, se cache l'attentisme prudent du Caudillo, préférant, à l'évidence, aux engagements précis, les démonstrations protocolaires de bonne entente sans conséquence irréversible. (DR)

"Vous devez à présent croire ce que je vous ai dit des Anglais. Ils n'ont aucun sentiment généreux. Comme le répétait Paoli, ce ne sont que des mercantis."

DE QUI EST-CE ?

VOIR PAGE 3

Le Petit Parisien

50 cent. ÉDITION DE PARIS 50 cent.

65e ANNÉE — N° 23.243

SAMEDI 26 OCTOBRE 1940

Saint EVARISTE

24 OCTOBRE 1940

Une date dans l'histoire de la France et de l'Europe

QUATRE MOIS APRÈS L'ARMISTICE

LE MARÉCHAL PÉTAIN ET LE FÜHRER DU REICH ont eu, en zone occupée, un entretien décisif pour l'avenir de notre pays

M. VON RIBBENTROP ET M. PIERRE LAVAL ASSISTAIENT A CETTE RENCONTRE

Jeudi, le Führer a reçu le maréchal Pétain, chef de l'État français et président du Conseil des ministres. Le ministre des Affaires étrangères du Reich, M. von Ribbentrop, et le vice-président du Conseil, M. Pierre Laval, ont assisté à cet entretien.

ADOLF HITLER

LE MARÉCHAL PÉTAIN

Le lendemain de son entretien avec Franco, Hitler rencontre Pétain à Montoire. Ce jour-là s'amorce véritablement la trop célèbre « collaboration », terme qu'emploiera, pour la première fois, non sans ambiguïté, le Maréchal dans un discours le 30 octobre. (DR)

Les usines allemandes et celles des pays occupés, notamment en Tchécoslovaquie et en France, parviendront à produire quelque 4 000 chars pour la seule année 1941. (DR)

Les Balkans s'enflamment. Encerclée par des pays alliés aux forces de l'Axe, le 6 avril 1941 à l'aube, la Yougoslavie subit l'offensive simultanée de 56 divisions allemandes, italiennes, hongroises et bulgares. (DR)

Submergée à son tour, la Grèce doit capituler le 23 avril 1941. Sur l'Acropole, devant le Parthénon, un détachement de la Wehrmacht hisse ses couleurs. (DR)

Dans la campagne anglaise un officier britannique examine les débris du Messerschmitt 110 de Rudolf Hess. Le 10 mai 1941, ce dernier qui voulait secrètement rencontrer, au plus haut niveau, une personnalité anglaise qualifiée, a abandonné les commandes de son appareil et sauté en parachute au-dessus de l'Ecosse. (DR)

Troupes d'élite allemandes prêtes à s'envoler à destination de la Crète dans le cadre de l'opération « Mercure ». Menée à bien, la conquête de l'île sera néanmoins coûteuse pour l'Allemagne : 6 000 morts et 2 500 blessés. Les opérations dans les Balkans retarderont, avec des conséquences majeures, l'attaque de l'URSS prévue initialement au printemps. (DR)

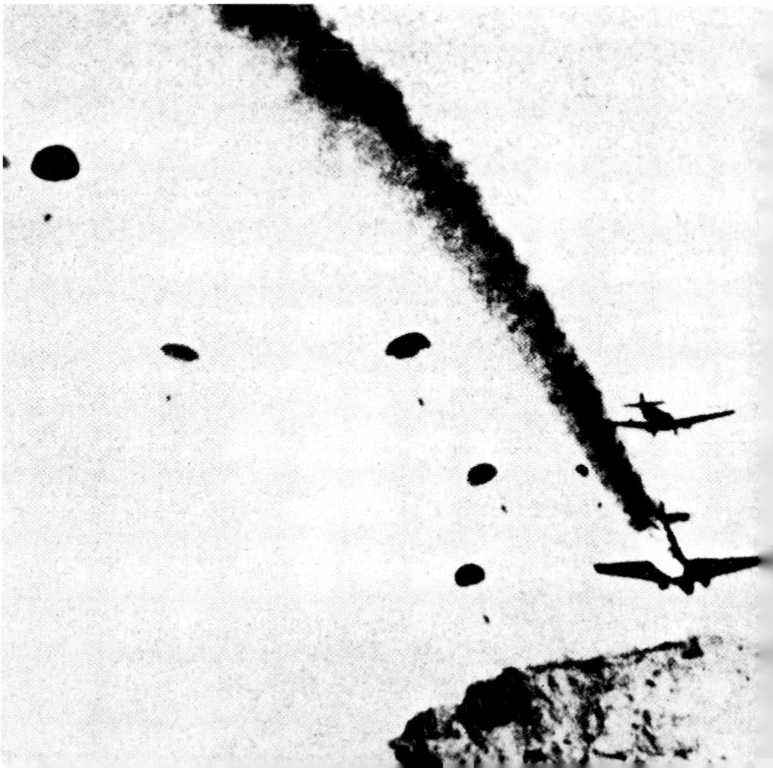

Pendant l'invasion aéroportée commencée le 20 mai, un Junker-52 de la Luftwaffe atteint en plein vol va s'écraser en flammes. Près de 200 appareils seront perdus du côté allemand. (DR)

24 mai 1941 : à raison d'une salve d'obus toutes les 22 secondes, le cuirassé géant *Bismarck*, orgueil de la Kriegsmarine, tire sur le *Hood* qui va bientôt couler (1 416 morts, 3 survivants). (DR)

Touché à son tour le colosse allemand sombrera trois jours plus tard sous un déluge de bombes et de torpilles, près de la moitié de la flotte anglaise ayant été lancée à sa poursuite (2 190 morts, 110 survivants). (DR)

Tobrouk (printemps 1941). Pilonnés par les forces de l'Axe, Anglais et soldats des dominions, assiégés, fixent d'importants contingents ennemis. (DR)

Dans une guerre faite de flux et reflux se déroulant sur des milliers de kilomètres de désert, les Anglais résistent à la pression des forces adverses que Rommel, pour l'instant, commande avec succès. (DR)

Ici, en Cyrénaïque, des troupes blindées allemandes, à l'abri d'un écran de fumée, rispostent à une contre-offensive britannique. (DR)

Dans la nuit du 8 au 9 juin 1941 débute la tragique affaire de Syrie qui oppose Gaullistes et Anglais aux troupes françaises sous les ordres de Vichy. Non loin de Beyrouth, une plage balayée par le tir des forces adverses. (DR).

Un blindé léger de la France Libre portant le nom de *Narvik* fait son entrée dans une ville syrienne, apparemment favorablement accueilli par les autochtones. (DR)

3 heures du matin, 22 juin 1941. Des membres de l'État-Major de Guderian, chef du 2e Panzergruppe, attendent l'heure H. Dans quelques minutes l'opération « Barbarossa » (l'invasion de l'URSS) sera déclenchée. (DR)

listes ». Ancien combattant de 14-18, patriote ardent, il est farouchement fidèle au maréchal Philippe Pétain. Conformément aux ordres, il défendra Dakar. Contre l'Allemand. Contre l'Anglais. Contre quiconque osera se manifester. Boisson estime surtout de son devoir d'interdire Dakar à de Gaulle et aux Anglais pour ne pas donner prétexte à Hitler de rompre l'armistice et d'envahir l'AFN. Sur ce point précis, Churchill, trois ans plus tard, lui aurait donné personnellement raison [1].

Au lever du jour de ce 23 septembre 1940, des tracts sont largués sur la ville par des Swordfish de l'*Ark Royal*. Peu après, de Gaulle lance son premier appel à la radio :

> « Le général de Gaulle arrive avec ses troupes pour renforcer la défense de Dakar et pour ravitailler la ville. Une puissante escadre anglaise et de nombreuses troupes britanniques sont là pour l'appuyer. Le général de Gaulle vient d'envoyer des officiers de son état-major auprès des autorités de Dakar : gouverneur général, amiral commandant la marine, général commandant supérieur. »

Effectivement, alors que quelques aviateurs tentent un coup de main vite avorté [2] sur Ouakam, deux vedettes avec des parlementaires se présentent au môle II.

Le chef de ce petit détachement, le capitaine de corvette Thierry d'Argenlieu, demande aussitôt à remettre les messages du général de Gaulle au gouverneur général, au général commandant supérieur, et au commandant de la marine. La réaction de ce dernier, l'amiral Landriau, est très vive : « Arrêtez les parlementaires ! »

---

1. Si l'on en croit une confidence de l'intéressé. Churchill, pour sa part, n'y fait pas allusion dans ses *Mémoires*.

2. Les envoyés gaullistes, cinq officiers et deux sous-officiers débarqués de deux petits avions Luciole, sont fait prisonniers à la suite d'une réaction armée du personnel de la base aérienne.

D'Argenlieu et ses compagnons, parmi lesquels le capitaine Bécourt-Foch, petit-fils du maréchal Foch, n'ont que le temps de se dégager et de s'esquiver. Ils écopent de rafales de mitrailleuses à la sortie du port et au passage devant l'île de Gorée. D'Argenlieu et l'un de ses adjoints, le capitaine Perrin, sont blessés.

L'affaire commence mal et se poursuit tout aussi mal. De Boislambert [1] et ses complicités prévues dans la ville ne sont pas au rendez-vous. L'alerte générale est déclenchée. Les personnalités suspectées de gaullisme sont interpellées. Le *Richelieu* commence à tirer des coups de semonce pour écarter les visiteurs.

A 8 h 7, nouvel appel de De Gaulle, sans effet. A 10 h 7, ordre est donné aux bâtiments de la Royale de se disperser en grand-rade pour couvrir le port. Les croiseurs évoluent en rade de Tiaroye. Les sous-marins se portent au large de la Petite Côte et devant Yof.

A 10 h 20, de Gaulle hausse le ton et se fait menaçant. Il demande aux Anglais d'intervenir alors que les batteries côtières ouvrent le feu. A 11 h 5, les salves de la Navy commencent à tomber dans la darse. Le paquebot *Porthos* est atteint. Huit tués à bord. A 11 h 39, le sous-marin *Persée*, grenadé, doit être évacué et coule. Le croiseur *Cumberland* est lui-même touché, vraisemblablement par la batterie du cap Manuel.

12 h 30. Nouvelles exhortations de De Gaulle sans effet sur la canonnade. A 16 h 30, l'*Audacieux* est sérieusement touché, 80 marins tués. Le contre-torpilleur finira par s'échouer en rade de Rufisque.

Rufisque où, à 17 h, les Français libres tentent un débarquement. Le *Commandant Dominé*, le *Commandant Duboc* s'approchent au plus près du débarcadère. La batterie de 75 du port, une section de mitrailleuses du 4e RTS les contraignent à se replier avec trois morts.

Manifestement, Dakar refuse de recevoir de Gaulle. A la tombée du jour, ce dernier décide de regagner le large. Pour

1. De Boislambert sera arrêté quelques jours plus tard, en essayant de gagner la Gambie britannique.

prendre Dakar, il faudrait livrer une sévère bataille. Il n'en a ni le cœur ni la possibilité.

A Londres, Churchill en décide autrement. A 22 h 14, il mande à Cunningham et Irwin :

> « Puisque nous avons commencé, il faut aller jusqu'au bout. Ne vous laissez arrêter par rien. »

Le 24, à 1 heure, l'ultimatum anglais donne jusqu'à 6 h à Dakar pour se soumettre. A 4 h 24, Boisson fait connaître sa réponse :

> « La France m'a confié Dakar. Je défendrai Dakar jusqu'au bout. »

Ce sera donc l'affrontement. Cette fois directement contre les Anglais. Côté français, l'ennemi n'a plus de pavillon. Quel qu'il soit, il doit être repoussé. Soldats, marins, aviateurs sont unanimes. Il n'est aucun fléchissement dans les rangs. On verra le capitaine de corvette L'Herminier réussir une brillante manœuvre sur le *Montcalm*. Ce même L'Herminier, devenu pacha du sous-marin *Casabianca* [1], s'illustrera à Toulon et au cours de missions glorieuses pour la libération de la Corse et de la métropole. Exemple notoire des situations tragiques où se débattent des hommes de qualité.

La journée du 24 est sanglante mais n'apporte pas de décision. A 7 heures, le sous-marin *Ajax*, grenadé à son tour, est coulé. A 7 h 13 et 9 h, l'aéronavale anglaise pique sur le *Richelieu*. Trois appareils sont abattus. Nouvelle attaque aérienne à 14 heures. Le pilonnage se poursuit. Dans Dakar même, les victimes civiles sont nombreuses.

Après une nuit de veille, la bataille reprend le 25. Le beau temps est revenu. L'horizon est dégagé. L'adversaire se distingue bien.

A 9 h 2, le sous-marin *Béveziers* met une torpille au but sur le cuirassé *Resolution*, à huit miles au sud-est du cap Manuel.

---

1. Le sous-marin *Casabianca* du commandant L'Herminier s'échappera de Toulon sous le feu allemand et parviendra à gagner l'AFN.

A 9 h 25, le cuirassé *Barham* encaisse un coup du *Richelieu*. Cette fois, c'en est trop. Deux bâtiments de prestige frappés. Cunningham décide de rompre le combat. Son armada se replie sur Freetown. L'attaque sur Dakar est terminée.

Elle a coûté 166 tués, civils et militaires, des marins surtout, et quelque 300 blessés aux Français. Leurs assaillants comptent sensiblement le même nombre de victimes (les Anglais se montreront très discrets sur ce point). Les pertes en bâtiments sont également sévères. Deux sous-marins, un contre-torpilleur perdus, le *Richelieu* touché, plusieurs navires de commerce endommagés, contre plusieurs avions abattus et trois gros bâtiments sérieusement avariés.

* * *

De Gaulle, à Dakar, avait placé la barre trop haut. Faiblesse des moyens engagés, fermeté de la résistance, volonté manifeste des FFL d'éviter de faire couler par trop le sang français ont très vite brisé son élan. Pour l'emporter, il eût fallu débarquer, et enlever Dakar au prix d'une bataille susceptible de se prolonger.

Les Anglais, en dépit de l'intérêt du site, avaient à l'époque des soucis plus urgents.

Le chef de la France libre sort grand perdant de l'équipée. Sa position personnelle devient encore plus difficile. Britanniques et Américains ne cachent pas leur hostilité à son endroit. Fort heureusement pour lui, Churchill lui réitère sa confiance et lui permet de passer un orage où il connaît des moments pénibles. Il l'avouera en ses *Mémoires* : « Les jours qui suivirent me furent cruels. » [1] On lui prête même d'avoir eu velléité de se suicider. L'accueil de l'AEF lui remettra du baume au cœur. Avec les troupes prévues pour Dakar, il pourra, à défaut, s'assurer le Gabon.

* * *

1. *Mémoires de guerre*, *op. cit.*, I.

Peu étendu, 260 000 kilomètres carrés, peu peuplé, 600 000 habitants environ, le Gabon n'est pas toutefois sans intérêt. Il offre deux ports assez bien équipés à hauteur de l'équateur : Libreville et Port-Gentil. Hostile, il serait une canine dangereusement plantée entre Cameroun et Moyen-Congo. En disposer s'impose comme une nécessité pour gaullistes et Anglais.

Le 29 août, à l'annonce des événements de Brazzaville, le gouverneur général Masson a fait connaître de Libreville son ralliement au mouvement. Masson, honnête certainement, n'est pas le chef des grandes certitudes. Des pressions, celles de Mgr Tardy, vicaire apostolique au Gabon, de marins de passage, des informations complémentaires sur le transfert d'autorité à Brazzaville l'ébranlent. Il revient sur sa décision et se range derrière Dakar. Rien n'est donc réglé.

En vue de l'inévitable chacun fourbit ses armes. Le Gabon, où est arrivé le général Tétu, désigné comme gouverneur général de l'AEF aux lieu et place de Husson dépossédé de son poste, dispose de quelques troupes : huit compagnies dites indigènes, une centaine d'Européens, 200 tirailleurs sénégalais, ainsi que des officiers et des administrateurs expulsés du Moyen-Congo pour refus d'adhésion.

La Marine a réussi à y expédier le contre-torpilleur *Bougainville*, le sous-marin *Poncelet* (capitaine de corvette de Saussine) et un chalutier armé, le *Cap des Palmes* (arrivé à Libreville le 10 septembre). L'aviation se réduit à quelques appareils.

De Gaulle, sur la lancée des « Trois Glorieuses », souhaiterait achever l'ouvrage en AEF. Mais il n'a guère les moyens de mettre deux fers au feu. Dakar l'accapare.

Au Gabon, septembre est donc condamné à n'être qu'un mois creux. Le 6, de Larminat lance, sans grands résultats, une proclamation incendiaire. Le 15, Parant, débouchant du Moyen-Congo, occupe Mayumba, petite localité à l'extrémité méridionale de la colonie. Dio, parti du Cameroun, atteint Mitzic dans la partie nord du bassin de l'Ogooué mais doit faire demi-tour. Manifestement, chacun a voulu éviter l'irréparable. A l'occasion, on a brûlé des cartouches, mais sans dommages de part et d'autre.

L'échec sur Dakar relance la question du Gabon. Le potentiel des FFL est disponible. Début octobre, 1 500 légionnaires de

Magrin-Vernerey arrivent à Douala. La flottille de D'Argenlieu, *Savorgnan de Brazza, Commandant Dominé, Commandant Duboc,* vogue vers les eaux gabonaises.

En revanche, de Gaulle ne peut plus guère compter sur les Anglais. Tout juste sont-ils d'accord pour organiser un blocus. Sans plus ! Dakar leur a laissé un trop mauvais souvenir. Des discussions avec des émissaires de Pétain se poursuivent à Londres et Madrid. Pas question pour Churchill de participer de manière trop voyante à un conflit armé contre Vichy.

Dans un pays comme le Gabon où la nature oppose l'écran de la forêt tropicale, les axes de communication sont essentiellement les voies d'eau. Un demi-siècle plus tôt, Brazza a remonté l'Ogooué pour devancer Stanley sur le bas Congo. Les gaullistes, pour pénétrer au Gabon, sont donc condamnés à utiliser ces voies d'eau ou à venir par mer, ce qui implique supériorité aérienne et navale. Quant à la manœuvre, elle s'impose d'elle-même. Pour dominer le Gabon, il faut occuper les deux poumons du pays : Libreville et Port-Gentil. Pour y accéder deux possibilités : par l'intérieur ou par la mer. La première est tout d'abord retenue.

Le temps des fleurets mouchetés ne pouvait s'éterniser. Le 17 octobre, un accrochage sur l'Ogooué à N'Goumo fait cinq blessés. Le 31, nouveau combat devant Lambaréné, nouveaux blessés. Entre-temps, Dio a réoccupé Mitzic. On se bat aussi dans le ciel. Glenn-Martin de Libreville contre Potez 25 de Douala. Quoi qu'il en soit, on piétine.

Leclerc, qui commande l'ensemble des forces gaullistes, presse de Gaulle d'en finir et de donner l'ordre formel d'attaquer Libreville. Des bruits courent sur l'arrivée de sous-marins en provenance de Dakar...

Le 3 novembre, le Chef de la France libre tranche :

> « Sous réserve qu'une action aérienne puissante venant de Douala ait lieu sur Lambaréné, le 3 ou le 4, comme je l'ai ordonné, je vous prescris d'exécuter dans les plus brefs délais possibles l'opération navale, aérienne et terrestre prévue sur Libreville. »

Le sort en est jeté. Ni d'un côté ni de l'autre personne n'a voulu céder. A Cotonou, le 2 novembre, Weygand a décidé de défendre le Gabon pour préserver l'avenir, tant vis-à-vis de l'Allemagne que de l'Angleterre...

Les 5 et 6, Lambaréné est bombardé et occupé. Le 7, les légionnaires débarquent dans la baie de Mondah, au nord de Libreville. Le 8, le sous-marin *Poncelet*, grenadé puis bombardé par un destroyer et un avion britanniques, est contraint de faire surface. Son commandant, le capitaine de corvette de Saussine, fait évacuer l'équipage et coule, seul à bord, dans la fière tradition de la Royale. Le 9, le *Savorgnan de Brazza* et le *Bougainville* entament un duel en rade de Libreville, le second ouvrant le feu sur le premier pour couvrir la passe d'entrée au port. A 15 h 12, le *Bougainville* en feu doit être abandonné. Le même jour, Leclerc et Koenig lancent l'attaque. A 21 h 45, Libreville signe sa reddition.

A Port-Gentil, l'ordre est toujours de défendre la place. Le commandant d'armes a bien l'intention de l'exécuter mais, le 14 novembre, trop de monde se masse devant la ville. La reddition intervient en fin d'après-midi. Dans la nuit, le gouverneur Masson, prisonnier sur le *Savorgnan de Brazza*, et s'estimant responsable, se donne la mort.

Il est l'une des dernières victimes de combats ayant fait de vingt à cent morts selon les estimations. Vingt à cent morts entre Français !...

*
* *

Alors que l'attention se fixe principalement sur les manœuvres gaullistes en Afrique, les possessions impériales lointaines, dans le Pacifique, en Océanie, sont, elles aussi, l'objet de convoitises.

L'isolement de ces territoires, la proximité de fiefs britanniques y excluent de longues résistances des partisans de Vichy.

On a vu les Nouvelles-Hébrides donner l'exemple, entraînées par le commissaire résident Sautot. Le 9 septembre, les comptoirs de l'Inde [1] derrière le gouverneur Boivin à Pondichéry leur emboîtent le pas. Le 10 septembre, les habitants des établissements français d'Océanie sont appelés à se prononcer :

> « Devons-nous accepter la capitulation ordonnée par le maréchal Pétain, ou devons-nous continuer la lutte comme nous y invite le général de Gaulle ? »

5 564 « oui » balaient 18 « non ».

Le 20 septembre, en Nouvelle-Calédonie, un courant populaire dirigé par les broussards impose au colonel Denis, gouverneur vichyste, le ralliement du territoire. Le capitaine Broche, qui, à Papeete, a répondu présent à l'appel du général de Gaulle, constitue le bataillon du Pacifique. Ses soldats se montreront parmi les meilleurs sur la longue route de la libération de la lointaine mère patrie. (Le lieutenant-colonel Broche sera tué à leur tête à Bir Hakeim, le 9 juin 1942 [2].)

***

Etonnante conclusion ! Au lendemain des « Trois Glorieuses », de l'attaque sur Dakar, de la conquête du Gabon, tout semble s'équilibrer sur le théâtre d'opérations des colonies françaises d'Afrique. Un « pat » clôt l'engagement. Les parties en présence donnent l'impression de se trouver satisfaites. Pour bouleverser l'ordre établi, il faudra attendre le débarquement anglo-américain en Afrique du Nord le 8 novembre 1942. Oui, étrange face à face d'adversaires campant maintenant sur leurs positions !

L'Allemagne a constaté que les Français, Dakar l'a prouvé, se battaient et se battaient bien pour conserver leurs possessions d'outre-mer. Autant leur en laisser le soin. Hitler a tant à s'occuper.

1. Constitués, on le sait, de Pondichéry, Yanaon, Chandernagor, Mahé, Karikal, plus douze loges. Soit 325 000 habitants sur 510 km^2.
2. Fait compagnon de la Libération à titre posthume.

Pour l'Angleterre, la route du Caire devient plus sûre et plus courte. Mieux vaut les Français à Dakar que les Allemands. Fort-Lamy devient la plaque tournante d'une liaison aérienne menant de Takoradi en Côte-de-l'Or (actuel Ghana) à Khartoum au Soudan et, de là, vers l'Ethiopie et l'Egypte. Certains jours, près de deux cents appareils y transiteront.

Vichy qui a démontré ne pas céder aux Anglais à condition de posséder des armes en tire profit en Afrique. Quelques possibilités supplémentaires lui sont accordées. A Dakar, une brigade de la Légion étrangère est même envoyée en renfort. Weygand, nommé le 6 septembre délégué du gouvernement et commandant en chef en Afrique, peut s'employer à réorganiser ses forces et les préparer à une revanche qu'il commence à voir possible.

Et puis, il y a de Gaulle et la France libre ! L'homme du 18 juin dispose, désormais, d'un pied-à-terre bien à lui. S'il reste quémandeur en matière financière et matérielle, il règne sur un territoire français, contrôlé par des Français, en dehors de toute ingérence étrangère. Brazzaville devient la capitale de la France libre, avec un embryon d'administration, et sera bientôt dotée d'un émetteur à grande puissance. C'est à Brazzaville que, le 27 octobre, de Gaulle instituera un Conseil de défense de l'Empire chargé de « la conduite générale de la guerre en vue de la libération de la patrie ». C'est à Brazzaville que, ce même 27 octobre, il nommera les premiers membres de ce Conseil : Catroux, Muselier, de Larminat, Eboué, Sautot, Sicé, Cassin, d'Argenlieu, Leclerc.

C'est là également que, le 16 novembre, il créera l'ordre de la Libération, destiné à honorer ses authentiques compagnons pour la libération de la France.

Les colonies ralliées lui fournissent des cadres et des troupes. Des officiers[1] en séjour colonial, alors que nombre de leurs

1. Pas tous. 396, par fidélité au Maréchal, refuseront de se rallier à ce qu'ils regardent comme une sédition. Ils resteront détenus pendant trois ans dans des conditions difficiles. Sept d'entre eux mourront au cours de cette détention.

camarades prenaient le chemin des oflags, sauront saisir leur chance. Ils sortiront d'un anonymat militaire auquel la majorité étaient voués. Plus d'un tombera. Plus d'un s'y fera un nom : Dio, Massu, Ingold, de Roux, de Boissoudy, Crépin, Vézinet, Garbay, Brosset. Les rescapés parviendront au sommet de la hiérarchie, et seront, vingt ans plus tard, à l'heure douloureuse de la décolonisation, les inconditionnels de leur ancien patron devenu président de la Vᵉ République [1]. Ces chefs trouveront sur place des soldats. Le BM/2, recruté en Oubangui-Chari, encadré par des colons locaux, se battra à Bir Hakeim sous Koenig. Le régiment de tirailleurs du Tchad constituera l'ossature du futur régiment de marche du Tchad, infanterie portée de la 2ᵉ DB de Leclerc. Grâce à eux, la France combattante, à la fin de 1940, comptera près de 35 000 hommes.

Bien peu le relèvent sur le moment ou en prennent conscience. Trois Glorieuses, Dakar, Gabon portent en germe un avenir difficile : celui des clivages entre Français, celui de la décolonisation.

« Dissidents ! » lancent les uns. « Vichystes ! » grommellent les autres. Entre eux, le sang a coulé. Des rancœurs, des animosités, des haines se lèvent. Les Français libres, fiers des risques acceptés, sont convaincus de représenter seuls l'honneur national. Soldats purs et durs, ils toisent de très haut leurs anciens camarades dans un mépris qui côtoie l'agressivité. Les fidèles de Vichy, eux, clament l'intérêt national, le sens de la discipline, la défense du patrimoine d'outre-mer. Ils brandissent l'effigie d'un maréchal de France auquel nul ne saurait donner de leçons de patriotisme.

Les excès réciproques précipitent la rupture. De Boislambert et ses camarades aviateurs, arrêtés à Ouakam, sont jetés dans d'infects trous à rats, puis expédiés en France pour y être lourdement condamnés. Des sanctions frappent les sympathisants à la cause gaulliste. Par la suite, des indigènes seront exécutés

1. A quelques exceptions près. Le colonel Ceccaldi, l'artilleur de Koufra, sera un putschiste du 22 avril 1961 à Alger. Le colonel Savelli, ancien d'Erythrée, pour soutien trop voyant à l'Algérie française, connaîtra durant de longs mois les cellules de la prison de Toul.

pour aide à rébellion. De l'autre côté, ce n'est pas mieux. Husson est traité comme un vulgaire paquet. Ceux qui refusent de se rallier sont, on l'a vu, internés dans des conditions précaires. Plusieurs mourront.

Pourtant, tous ces frères ennemis affirment servir la France. Pour preuve, ils acceptent de mourir pour elle.

*
* *

Ces Français qui se déchirent et parfois s'entre-tuent donnent à leurs administrés indigènes une bien piètre image de leur puissance. Ils remettent brutalement en cause des pouvoirs reconnus et établis.

L'homme blanc, en Afrique, régnait presque sans partage depuis la conquête coloniale. Il était le toubab, le chef. La scission entre Européens le précipite à bas de son piédestal. Elle bouleverse et renverse les hiérarchies. Le prestige de la France ne peut sortir qu'amoindri de ces querelles étalées devant le colonisé. Celui-ci y puisera des motifs supplémentaires pour rompre les liens coloniaux.

Chapitre IX

THERMOPYLES ANGLAIS

Churchill n'a pas lâché. Il a repoussé d'un revers de main les appels hitlériens à la paix. Il se battra. Il défendra la Grande-Bretagne. Il sera le porte-drapeau des démocraties pour restaurer la liberté en Europe et éliminer le totalitarisme nazi.

Hitler, peu à peu, prend conscience de cette intransigeance qu'il n'avait pas envisagée. Le voici réduit à triompher par les armes de cette indomptable Angleterre. L'isoler en son île, l'épuiser par un blocus s'avère difficilement possible. La Navy tient la mer sans que la Kriegsmarine ait les moyens de la lui disputer. Le dictateur allemand ne dispose, militairement, que d'une seule ressource pour forcer les Britanniques à la reddition : débarquer sur leur sol et s'en emparer.

Hitler et ses généraux découvrent cet impératif. Alors qu'ils n'avaient rien prévu de tel. Aucun plan n'avait été établi pour un débarquement et une invasion de l'Angleterre. Tout doit être improvisé.

Les états-majors allemands sont des organismes bien rodés. Ils ont tôt fait, dès avant la fin juillet, d'élaborer cette intrusion dans les îles Britanniques que leur réclame leur Führer. Ne disposent-ils pas d'ailleurs d'atouts exceptionnels ? Une armée qui a les mains libres depuis son plein succès en France, un relatif encerclement du territoire britannique, une proximité d'action. Des fjords norvégiens au Finistère breton, tout le littoral européen est sous domination allemande. Du cap Gris-Nez, les falaises du Kent se profilent dans les lointains à une trentaine de kilomètres. Le schéma allemand peut s'appuyer sur ces éléments positifs.

Rassemblé de l'embouchure de la Seine à celle de l'Escaut, le groupe d'armées de von Rundstedt supportera l'effort initial. Dix divisions débarqueront en quatre jours au sud-est de l'Angleterre entre Folkestone et Brighton. Dans le même temps une division aéroportée occupera les arrières du secteur Douvres-Folkestone.

En soutien, à un échelon plus modeste, le GAB, depuis Cherbourg, lancera trois divisions sur la baie de Lynie entre Plymouth et Portland.

L'infanterie réalisera le travail initial, appuyée par quelque 650 chars. Les têtes de pont une fois établies, une seconde phase verra l'arrivée de six PD et de trois divisions motorisées, chargées d'effectuer la percée et d'exploiter en direction de Londres et de la Severn.

Reproduire, à neuf siècles de distance, l'opération réussie jadis par Guillaume le Conquérant [1] nécessite 155 gros transports de troupes et 3 000 bâtiments de petit tonnage [2]. C'est beaucoup. Rassembler une telle armada exige un minimum de six semaines. Traverser la Manche implique également d'écarter la Navy du chemin. Si l'Amirauté anglaise, par prudence, a éloigné ses « gros », 800 navires de tous gabarits veillent sur les côtes orientales et méridionales des îles Britanniques. 300 d'entre eux patrouillent sans relâche. Leurs raids incessants auraient tôt fait de repérer un convoi, de l'attaquer et de rameuter du renfort tant aérien que naval. La RAF existe. La bataille de France l'a plus expérimentée qu'usée.

1. On se souvient que le Normand Guillaume le Conquérant a réussi à débarquer en Angleterre en 1066 puis à occuper tout le pays.

2. 1 720 péniches, 470 remorqueurs, 1 160 vedettes, exactement.

Devant les réalités et les risques de « Seelöwe » (Otarie), Raeder, le grand maître de la Kriegsmarine, et ses adjoints se montrent réservés. Leur potentiel est insuffisant.

Hitler est contraint de le reconnaître et d'accorder des délais. « Seelöwe » ne sera pas déclenchée avant la mi-septembre. Entre-temps, Goering, dont la superbe reste sans égale, se targue d'écarter la Navy du Channel et de chasser la RAF de l'horizon avec sa Luftwaffe.

Le combat, dès lors, change de cadre. Il ne se déroule plus sur terre ou, à un degré moindre, sur mer. Il se jouera dans le ciel. La Luftwaffe devra l'emporter sur la RAF si l'Allemagne veut prendre pied sur le sol britannique.

Cette nouvelle forme de bataille, deux mois auparavant, des responsables britanniques l'ont pressentie. Au moment où l'avenir paraissait se dessiner dans les plaines de France, l'air marshal Dowding, chef du Fighter Command [1], avait perçu qu'un jour proche l'Angleterre se retrouverait seule. Ce jour-là, elle aurait besoin de tous ses avions pour se garder. D'où son refus de concours supplémentaire aux Français, n'hésitant pas, avec son franc-parler coutumier, à avertir son auditoire :

> « Si les forces de défense métropolitaines continuent à subir des ponctions pour tenter de redresser la situation en France à tout prix, l'écroulement du front allié provoquera la défaite totale, définitive et irrémédiable de notre pays. »

Churchill, convaincu, lui avait donné raison. La RAF avait conservé ses escadres de chasse pour l'heure où l'Angleterre serait seule. Et cette heure sonnait pour le peuple anglais.

*
* *

---

1. Commandement de la chasse.

Ce peuple, en dépit de ses atouts déjà évoqués – insularité, dominions, flotte –, est bien livré à lui-même en cet été 1940. Ses alliés européens ont été décimés. Les USA se taisent. L'URSS a signé un pacte de non-agression avec Hitler. L'Espagne hésite entre neutralité et belligérance. Le Japon dissimule mal son agressivité. L'Italie a lié son sort à celui de l'Allemagne. L'Angleterre se dresse vraiment comme le champion de son indépendance nationale et de la liberté du monde. Les Anglais, race fière, auront à cœur de se montrer à la hauteur de ce redoutable privilège. Stoïques, résolus, ils vivront, avec intensité et sans faiblesse, ces temps que Churchill leur annonçait le 10 mai : « *Their finest hour* (Leur plus belle heure), celle de l'effort et du sang. »

*
* *

La partie appelée à se livrer dans le ciel est-elle égale ?

Face à l'Angleterre, l'Allemagne dispose de trois « Luftflotten ». L'une d'elles, la Ve, n'interviendra qu'en une seule occasion, le 15 août, à partir du Danemark et de la Norvège, avec 123 bombardiers. Les autres, IIe sous Kesselring, et IIIe sous Sperrle, basées en France et en Belgique, mèneront seules la bataille. Elles constituent une force impressionnante : 875 bombardiers de haute altitude ; 376 bombardiers en piqué (Ju 87 B Stuka) ; 929 chasseurs (Me 109 et Me 110).

Les premiers, Dornier 17, Junker 88 [1], Heinkel 111, ont la robustesse du matériel allemand, mais leur vitesse moyenne – 410/420 km/h – ne les met pas à l'abri des chasseurs, loin de là ! Ils ont besoin d'escorte. De même, la capacité de leurs soutes – 2,5 tonnes au maximum [2] – limite leur puissance de destruction. Les Stukas, si redoutables durant la campagne de France contre les troupes au sol, ont une vitesse plafond de

1. Le Junker 88 bimoteur est le plus rapide du moment avec ses 450 km/h.

2. On est très loin des possibilités des bombardiers alliés de la fin de la guerre, Forteresses volantes et autres, avec huit ou neuf tonnes de bombes emportées.

370 km/h qui les rend excessivement vulnérables. Ils disparaîtront très vite. Les chasseurs, le plus souvent confinés, à leur corps défendant, dans des missions d'escorte, ont pour eux leur vitesse (540 km/h), leur puissance de feu (mitrailleuses et canons de 20). Ils se montreront, pour les Anglais, de redoutables adversaires [1].

La défense aérienne anglaise, de son côté, relève du Fighter Command sous le commandement de Sir Hugh Dowding et est articulée en quatre groupes. Le gros de l'ouvrage reposera sur le G/11 du vice-air marshal Keith Park, responsable de la région Sud-Est (Kent - Sussex - Essex - Hampshire) et des approches de Londres [2].

A la mi-juillet 1940, la chasse anglaise aligne 650 appareils modernes en état de vol, principalement Hurricane et Spitfire [3], deux chasseurs d'excellente qualité. En vitesse pure, ils égalent ou dépassent les Me 109, avec, en plus, une meilleure maniabilité. Leurs huit mitrailleuses Browning de 30, à 1 260 coups/minute, leur fournissent une puissance de feu instantanée impressionnante. Par la suite, ils seront, comme leurs adversaires, équipés de canons de 20 pour obtenir, à l'impact, des effets destructeurs plus importants.

La légende de la bataille d'Angleterre a retenu les Spitfire de préférence aux Hurricane. Ligne plus racée, vitesse légèrement supérieure, maniabilité leur ont valu la faveur des pilotes, même allemands. Galland, l'as parmi les as de la Luftwaffe, n'hésitera pas à lancer à un Goering lui demandant ce qu'il souhaitait : « Des Spitfire, monsieur le Reichsmarschall ! »

La RAF, au départ, accuse une infériorité numérique sensible. 929 chasseurs allemands contre 650 chasseurs anglais !

La Grande-Bretagne souffre d'une autre faiblesse : sa DCA. L'Angleterre de 1939 était une puissance désarmée. En dépit

---

1. Le Me 109 sera régulièrement amélioré par les ingénieurs allemands. Le Me 109 K 14 approchera les 720 km/h.

2. Les trois autres, G/10, G/12, G/13, sont respectivement stationnés dans le sud-ouest, le centre, le nord de l'Angleterre et l'Ecosse.

3. En gros dans la proportion 37 % de Spitfire, 63 % de Hurricane. Il existe aussi une centaine de modèles plus anciens.

des efforts ultérieurs, peu de bombardiers ennemis seront abattus par la DCA.

D'un côté comme de l'autre, les équipages sont valeureux. Les pilotes des deux camps se livreront un duel sans merci. Un « duel d'aigles », a écrit l'un d'eux [1]. Chez eux les Britanniques possèdent un avantage : le sort des pilotes abattus. Anglais, ceux-ci regagnent leurs escadrilles. Allemands, ils se retrouvent dans des camps de prisonniers. Aussi le commandement anglais prescrira d'intercepter autant que possible les appareils ennemis au-dessus de l'Angleterre. Ces directives n'empêcheront pas la majorité des combats de se dérouler au-dessus de la Manche [2] où les Allemands reprennent alors l'avantage. Mieux équipés, ils lancent 30 Heinkel 59 en mission de sauvetage en mer. Bien des leurs seront ainsi récupérés sains et saufs.

A la qualité de ses boys, l'Angleterre joindra l'efficacité de son organisation et de son commandement. Depuis 1935, elle a mis en place un dispositif radar [3] qui lui permet de déceler à longue distance (jusqu'à 170 km) les mouvements adverses. L'alerte est aussitôt donnée et relayée. Les patrons du Fighter Command peuvent décider en connaissance de cause.

Une autre différence se situe au sommet de la hiérarchie. L'air chief marshal Sir Hugh Dowding et l'air vice-marshal Keith Park relèvent d'un autre style que celui de l'obèse et prétentieux Reichsmarschall Hermann Goering. Professionnels appliqués et précis, tous deux vivent leur bataille avec intelligence et sang-froid. Ils l'ont mûrie et préparée. Leurs ordres portent. Leurs réactions tombent. Face à eux, Goering affirme ses certitudes sans mesurer la portée de ses impulsions et de ses bravades. Il aurait pu l'emporter avec plus de rigueur et de méthode. Par ses foucades, il précipitera la défaite de sa Luftwaffe.

---

1. *Un duel d'aigles* de Peter Townsend. Commandant du 85ᵉ Squadron. DSO (Distinguished Service Order). 11 victoires homologuées. (Robert Laffont, 1969.)
2. En août, les deux tiers des combats sont livrés au-dessus de la mer.
3. Œuvre de Robert Watt.

Si les militaires britanniques tiennent leur rôle, les civils ne leur sont pas inférieurs. Churchill a constitué un cabinet de guerre où, écartant les clivages politiques, il a rassemblé ceux qui, comme lui, conservateurs, travaillistes ou libéraux, veulent l'emporter. Lord Beaverbrook est de ceux-là. Sous son autorité, et en dépit des ravages causés par les bombardements, les usines anglaises battront des records de production. Déblayant les ruines, remontant les ateliers et les chaînes de montage, assemblant pièces et moteurs, se dépensant jour et nuit, les ouvriers anglais sortent 4 283 avions de chasse en 1940 [1]. Ces fabrications compenseront les pertes et au-delà. Encore faudra-t-il former des navigants et pallier l'usure des équipages. Au second semestre 1940, les centres d'entraînement fournissent chaque mois 260 pilotes. Mais ces nouveaux venus paieront, forcément, les dividendes de leur inexpérience.

*
* *

La bataille

Les historiens anglais, Churchill en tête, voient dans ce qui restera pour la postérité la bataille d'Angleterre trois phases distinctes :

– une bataille pour les ports et le Channel du 10 juillet au 13 août (les Allemands l'appellent Kanalkampf) ;

– la bataille d'Angleterre proprement dite, tentative avortée de la Luftwaffe pour détruire la chasse anglaise en s'en prenant tant aux appareils qu'aux infrastructures ;

– le Blitz, qui durera plusieurs mois, longue épreuve pour Londres et les cités industrielles anglaises soumises à peu près sans relâche à de sévères bombardements. Hitler et Goering, faute d'avoir pu annihiler la chasse anglaise, tentent de briser population et gouvernement par des raids de terreur.

Ces trois temps existent effectivement mais se chevauchent. Les témoins et acteurs britanniques en eurent-ils vraiment

1. Les Allemands, 3 000.

conscience sur le moment ? Sans doute, du début jusqu'à la fin, furent-ils persuadés qu'ils livraient la bataille qu'ils ne devaient pas perdre.

*
* *

Totalement engagée contre la France, la Luftwaffe a épargné jusqu'alors les rivages britanniques. Quels ravages n'eût-elle commis en intervenant dans le tohu-bohu des replis de Dunkerque ! Cette Seconde Guerre mondiale est remplie d'occasions manquées par le Haut Commandement allemand.

*
* *

Le Kanalkampf débute avant que ne soit pleinement au point la fameuse opération « Otarie » de Hitler. Les conditions météorologiques s'en mêlent. La seconde quinzaine de juillet est particulièrement brumeuse et donc peu propice à des entreprises d'envergure. Temps morts, interventions massives se succèdent au fil des ordres et de la météo.

L'Allemagne, en fin de compte, marque un point en dépit de ses pertes (364 bombardiers contre 203 chasseurs pour la RAF). Il devient suicidaire de faire transiter un convoi par le Channel. 70 000 tonnes ont été coulées en cinq semaines dans l'embouchure de la Tamise ou le long des rivages du Kent et du Sussex. L'Angleterre n'est pas pour autant asphyxiée. Ses ports occidentaux demeurent accessibles.

*
* *

Goering s'était juré d'éliminer les appareils à cocarde tricolore. Il a échoué. Pour arriver à ses fins, le voici contraint de frapper plus fort. Il ne craint pas l'épreuve. Début août, sûr de lui, le Reichsmarschall annonce fièrement à ses adjoints :

> « Le Führer m'a donné l'ordre d'écraser l'Angleterre avec ma Luftwaffe. »

Outre les uniformes chamarrés, Hermann Goering goûte les slogans évocateurs. La destruction définitive de la chasse anglaise, prélude à l'asservissement de l'Angleterre, devient l'opération « Adler » (Aigle). Les Heinkel, Junker, Messerschmitt de monsieur le Maréchal seront les rapaces surgissant des nuées. Malheur à qui débouchera devant leurs serres !

Libre à Goering de s'enflammer ! Ses deux vis-à-vis, Dowding et Park, en vrais professionnels, ne s'illusionnent pas. La lutte sera rude. Elle imposera de gérer au mieux moyens et effectifs. Elle réclamera d'avoir recours à tous les artifices possibles : 1 500 ballons, tenus par des filins d'acier, forment barrage près des points névralgiques. La DCA s'est renforcée. Elle compte maintenant près de 1 270 pièces de gros calibre et 620 de petit.

*
* *

« Adlertag. » Jour de l'aigle. Jour du déclenchement de la grande offensive aérienne allemande. Goering l'a fixé au 13 août. Sa Luftwaffe est au rendez-vous. En 1 485 sorties, elle pilonne les aérodromes avancés et les stations radar de la RAF.

Curieusement, alors que la mêlée que Goering voit décisive s'engage, dans chaque camp objectifs et méthodes divergent.

Pour Goering – comme pour Hitler – les bombardiers, arme offensive, sont prioritaires. A eux de porter le fer chez l'adversaire. Les chasseurs ne sont que de simples auxiliaires à mission d'escorte. Tel n'est pas l'avis de tous. La chasse voudrait « chasser », c'est-à-dire rechercher ses pairs et les contraindre au combat et non jouer un rôle de chien de garde. Goering aura tôt fait de lui imputer ses échecs. Il n'améliorera pas par là le moral de ses troupes.

Côté anglais, les divergences sont d'ordre plus tactique. (Ce qui n'exclut pas les rivalités de personnes.) Dowding et Park n'entendent pas risquer leurs chasseurs dans des joutes individuelles. Le Fighter Command doit s'en prendre à l'ennemi le plus redoutable : le bombardier, le contrer en toutes circonstances et même par éléments fractionnés. Leigh Mallory, patron du G/12 qui couvre le centre de l'Angleterre, ne partage pas ce point de vue. Certes, il donne la primauté, lui aussi, à l'action contre les bombardiers, mais stimulé par le fougueux Bader, l'un de ses plus brillants commandants d'escadre, il ne conçoit que des interventions massives par vagues d'au moins 60 appareils. Le débat dégénérera en conflit. Dowding et Park, bien mal récompensés pour leurs bons et loyaux services, y perdront leur poste. L'histoire, plus honnête, leur rendra justice – mais trop tard...

Le 15 août, la Luftwaffe renouvelle, avec plus de force encore, son attaque de l'« Adlertag ». Elle lance près de 2 000 avions, dont 800 bombardiers, à l'assaut du ciel britannique. 115 bombardiers interviennent même depuis Stavanger en Norvège et Aalborg au Danemark contre la base de Driffield dans le Yorkshire. (Les distances à parcourir, 1 800 km aller et retour, le prix à payer devant une chasse à l'affût feront renoncer à ce type d'expédition.) La journée se solde par un bilan sévère. 75 appareils abattus pour la Luftwaffe. 35 pour la RAF.

Ce n'est qu'un début dans une bataille désormais quotidienne ou presque !

Pour les équipages anglais la vie semble désormais devenir une routine meurtrière. Alerte au sol. Décollage cockpit à peine bouclé. Montée, à pleine puissance, en altitude. Tour d'horizon. Brefs échanges radio :

– *Brigands at four hours.*
– Paré à piquer ! A chacun le sien !

Plongée. Mitraillages. Virages serrés. Esquives. Fumée. Culasses des Browning claquant à vide. Voyants des réservoirs clignotant dangereusement. Atterrissage en catastrophe. Plein d'essence et de munitions. Retour en bout de piste pour une deuxième, troisième, quatrième mission...

Comment celle-ci s'achèvera-t-elle ?

Combien rentrent plans ou fuselages criblés d'impacts !

Combien percutent le sol, commandes bloquées ou moteurs en feu !

Combien ne se reposent jamais ! Explosion en plein ciel, vrille mortelle, parachute en torche ou ne s'ouvrant pas guettent même les plus habiles. Il n'est pas de soir où la liste des camarades disparus ne s'allonge.

La gloire attend ceux qui auront l'heur de survivre après avoir multiplié les prouesses : tels Douglas Bader, « le pilote sans jambes » ; « Sailor » Malan, le Sud-Africain ; Alan Deere, le Néo-Zélandais, véritable trompe-la-mort, abattu trois fois ; Stanford Tuck, grand collectionneur de victoires ; J. B. Nicolson, le seul chasseur décoré de la Victoria Cross, et d'autres encore...

Du côté allemand, il y a Adolf Galland, Werner Mölders, maîtres reconnus de la chasse.

Guerre de preux où les adversaires se retrouvent en lice dans de terribles face à face. Virtuosité, ardeur, chance parfois forcent la décision. Guerre ternie aussi par des coups bas. Des rescapés sont mitraillés, à bout portant, tandis qu'ils se balancent sous les coupoles de leurs parachutes.

Et le film habituel continue de se dérouler.

– 16 août : Temps splendide. Raids contre les aérodromes du sud de l'Angleterre. Pertes allemandes : 45 avions contre 22 au Fighter Command.

– 17 août : Calme. Pourquoi ?...

– 18 août : Un dimanche qui n'est pas un jour chômé pour les aviateurs. Pertes : 71 contre 27.

– 19-23 août : Nuages et pluie. La Luftwaffe se montre moins pressante sauf sur Manston, attaquée à deux reprises. Pertes : 32 contre 11.

– 24 août : Retour du beau temps. Les bombardiers reviennent en masse sur Douvres, Ramsgate, Southampton, Portsmouth et Manston, « la base maudite ».

A minuit, suite à une erreur de navigation du côté allemand, des bombes tombent sur Londres.

– 25 août : Représailles contre Berlin par 81 Wellington. Effet plus psychologique que destructeur. De son côté, la Luftwaffe, sur ordre exprès de Goering, « met le paquet ». Pertes : 20 contre 16.

– 26 août : Ciel de nouveau très nuageux. Raids sur le Kent, l'Essex, la périphérie de Londres.

– 27 août : Temps couvert, relative accalmie.

– 28 août : Pertes : 31 contre 28.

– 29 août : Liverpool attaqué par 130 bombardiers. Pertes : 17 contre 9.

– 30 août : Sept stations radar tombent en panne. L'alerte ne peut être donnée. Les bases anglaises sont mises à mal.

L'empoignade, commencée de fait à la mi-juillet, dure depuis plus d'un mois. Chacun supporte le poids de cette guerre d'usure. 120 aviateurs tombent chaque semaine chez les Britanniques. Plus encore chez les Allemands.

Dépense physique, tension nerveuse, les équipages sont harassés. Il faut en finir.

Goering, comme Dowding, surestime les pertes de l'adversaire. Il se croit largement vainqueur. Il s'imagine ne plus avoir qu'à porter l'estocade décisive. Il commet une erreur, une de plus, et de taille. Il change de cible alors qu'il touchait au but.

Le Fighter Command souffrait. Ses terrains, ses PC, ses stations, sans cesse pilonnés, devenaient inutilisables. Brutalement, Goering le sauve de l'asphyxie. Il délaisse les bases aériennes pour les usines d'aviation (Short à Rochester, Vickers-Armstrong à Brookland) avant de s'en prendre bientôt aux agglomérations.

Cette nouvelle stratégie est une bénédiction pour la chasse anglaise. Elle peut reprendre souffle et réparer ses dommages. Terrible rançon de ce répit salutaire : les civils !...

Malheureux civils ! Ils deviennent désormais les cibles et victimes désignées de cette troisième phase de la bataille d'Angleterre appelée à se poursuivre durant plusieurs mois. Les Anglais la dénommeront d'une syllabe : le Blitz.

Le 7 septembre, 300 bombardiers escortés par 600 chasseurs prennent la direction de l'agglomération londonienne. La voie est libre. Les contrôleurs des salles d'opérations s'attendaient aux attaques traditionnelles contre les bases. Parmi la population, on dénombrera 300 morts et 1 300 blessés. Goering entend briser les Anglais et leurs gouvernants par la terreur.

Le surlendemain, la Luftwaffe ne peut renouveler son coup du 7 septembre. Presque tout le Fighter Command est aux aguets. Harcelées de toutes parts, les vagues allemandes sont dispersées sans avoir atteint leurs objectifs.

Le Führer était resté longtemps réticent, voire hostile, au bombardement de secteurs urbains. L'échec manifeste de Goering pour éliminer la chasse anglaise, les banderilles du « Bomber Command » sur Berlin, après le bombardement accidentel de Londres, le décident. Le 14 septembre, l'OKW transmet :

> « Ordre du Führer. Raids sur habitations et défenses aériennes des grandes villes anglaises, y compris Londres. »

En fait, Goering et ses commandants d'escadrilles, en dépit des ordres, ont anticipé. Depuis plus d'une semaine, des bombes tombent sur Londres et les cités britanniques.

Le 15 septembre, Kesselring lance une offensive généralisée. Des heures durant, surgissant des nuées, Heinkel 111 et Junker 88 se ruent sur Londres.

Conscient de la gravité de l'heure, Churchill s'est rendu aux avant-postes. Du PC souterrain de Park, il suit la mêlée. Vingt-deux escadrilles ont été engagées. Tout le G/11 a pris l'air. Dowding est contraint de faire intervenir ses réserves. Venus du nord, 60 chasseurs du G/12 fondent à leur tour, en masse compacte, sur les bombardiers allemands.

Le bilan de cette terrible journée ne sera connu que bien plus tard [1]. 60 bombardiers de la Luftwaffe contre 26 appareils de la RAF. Même si Londres a souffert, les quartiers populaires de East End en particulier, la Luftwaffe ne peut se proclamer vainqueur. Plus que jamais, la RAF tient son ciel [2].

Goering n'admet pas son échec. Hitler, pour une fois réaliste, le reconnaît. La Wehrmacht, à cause de la RAF, n'est pas

---

1. Après la guerre. Les estimations de l'époque sont erronées dans le rapport de un à trois.

2. Le 15 septembre sera par la suite célébré comme le jour marquant la victoire de la bataille d'Angleterre.

en mesure de mettre les pieds sur le sol anglais. Le 17 septembre, le Führer donne ordre de remettre l'invasion à « une date ultérieure ». Ses yeux sont maintenant rivés vers l'est. Il revient avec force à son idée première, celle de *Mein Kampf*. La dispersion de la flotte de débarquement commence. 10 à 12 % de son potentiel ont déjà été coulés par les attaques anglaises par air ou par mer [1]. Le 12 octobre, Hitler reporte au printemps l'opération « Seelöwe ».

Keitel en signe l'ordre :

> « Le Führer a décidé qu'à partir de maintenant et jusqu'au printemps de 1941 les préparatifs de l'opération Seelöwe seront poursuivis mais à seule fin de maintenir une pression sur l'Angleterre. Au cas où une invasion de l'Angleterre serait envisagée à nouveau pour le printemps ou le début de 1941, des ordres préparatoires seront élaborés en temps utile. Entre-temps, l'objectif à atteindre est d'améliorer les conditions militaires d'un éventuel débarquement. »

En janvier 1941, tout sera définitivement suspendu. La Wehrmacht préparera à cette date une autre grande offensive : celle contre l'URSS.

*
* *

Dans l'histoire de la Seconde Guerre mondiale, la bataille d'Angleterre n'est pas encore le grand tournant. Celui-ci n'interviendra que deux ans plus tard, à l'automne 1942. Les Alliés débarqueront en Afrique du Nord. Les Allemands seront pris au piège à Stalingrad. La puissance nazie commencera alors à connaître son inexorable destin.

La bataille d'Angleterre n'est qu'un repère dans la trame de la guerre. Mais pas n'importe quel repère ! La RAF l'a emporté, interdisant l'invasion de la Grande-Bretagne. Celle-ci envahie,

---

1. 150 péniches ou chalands ont été coulés par les Anglais.

que se serait-il passé ? L'issue du conflit eût vu le totalitarisme nazi installé en Europe pour bien des années.

Victoire assurément, mais victoire non sans sacrifices [1]. Sur 3 080 pilotes engagés côté anglais, 481 ont été tués, portés disparus, ou faits prisonniers, 422 blessés [2]. La Grande-Bretagne peut être fière de ses fils. Elle ne saurait, cependant, oublier les 500 volontaires étrangers présents dans ses rangs. Venus de Pologne, France, Belgique, Canada, Nouvelle-Zélande, Tchécoslovaquie, Afrique du Sud, Rhodésie, Australie, Jamaïque, Palestine, voire de pays neutres, tels l'Irlande et les USA, ils ont apporté leur foi, leur expérience et pour beaucoup leur soif de revanche [3].

Tels Léonidas et sa poignée de braves barrant le défilé des Thermopyles et mourant pour que « Sparte puisse continuer à vivre sous ses lois », ces 3 000 pilotes furent le rempart d'un peuple pour barrer à l'envahisseur l'étroit fossé du Channel. Ils méritent bien l'épitaphe célèbre de Winston Churchill :

> « Jamais, dans l'arène des conflits humains, tant d'hommes n'ont dû tant de choses à si peu d'entre eux. »

Mieux, ces hommes ont démontré au monde que le conflit n'était pas terminé et que rien n'était définitivement réglé. Même si le déluge de feu qui tombe sur Londres risque de n'épargner ni Westminster Abbey ni Buckingham Palace, l'espoir est encore

1. Au total, de juillet à fin octobre 1940 : 1 733 appareils abattus pour la Luftwaffe, 915 pour la RAF.

2. 800 d'entre eux tomberont, par la suite, avant la fin du conflit.

3. Les Polonais constituent les très célèbres 302e et 303e *squadrons*.

Les Français ayant participé à la bataille d'Angleterre sont très officiellement au nombre de dix (liste établie par le service historique de l'armée de l'air). Sept d'entre eux, dont le commandant Mouchotte, héros légendaire, seront tués de 1941 à 1943. (René Mouchotte est tué le 27 août 1943.)

Les Tchécoslovaques, presque tous évadés de leur pays envahi, puis combattants de la bataille de France dans les rangs de l'armée de l'air française, appartiennent au 310e *squadron* de Duxford.

permis. L'Allemagne n'est pas toute-puissante. Elle n'a pu prendre pied sur le sol britannique. Elle n'est pas invulnérable.

Des yeux, éblouis par l'effondrement français, se dessillent. Notamment en France. Certains, Weygand le premier, se rendent compte que l'armistice, même s'ils estiment qu'il fut indispensable, n'est qu'un intermède. La revanche est envisageable. Encore faut-il la préparer.

Les Américains tirent des conclusions pratiques. Ils doivent soutenir l'Angleterre. En août, ils autorisent la vente de 50 destroyers contre l'acquisition à bail de bases à Terre-Neuve, aux Bermudes, aux Bahamas. Roosevelt, dans l'immédiat, ne peut aller plus loin. Il s'est toutefois inscrit dans la logique de l'engagement, grâce au « cash and carry ».

La Luftwaffe, dans cette mêlée acharnée de quelques semaines, perd nombre de ses meilleurs éléments. Elle se sera vidée de sa sève la plus expérimentée. Les disparus lui feront toujours défaut pour conduire les batailles futures.

*
* *

Les Anglais, même si Hitler a renoncé à les envahir, ne sont pas quittes pour autant. Loin de là !

Le 15 septembre a fourni la preuve que les attaques de jour coûtaient trop cher. Goering se rabat sur les bombardements de nuit à haute altitude.

Octobre, novembre sont des mois terribles. Birmingham, Southampton, Bristol, Plymouth, Liverpool sont visés. Le 14 novembre, Coventry est en majeure partie rasé. Le clair de lune a favorisé l'assaillant.

Londres est attaqué 57 nuits consécutives. Celle du 29 au 30 novembre connaît l'alerte la plus violente. 1 500 incendies éclatent dans la ville. La cathédrale Saint-Paul se dresse entourée de flammes.

Hommes et femmes du Home Service assurent le guet pour signaler les points d'impact des bombes incendiaires. Les spécialistes du déminage risquent leur vie pour désamorcer les projectiles à retardement ou non explosés. Les Londoniens se réfugient dans les abris, dans les caves, dans les souterrains du *Tub* (métro). Avec flegme, ils finissent par y prendre leurs habitudes. Rageurs mais non désespérés, ils acclament Winston Churchill et lui crient :

« Rendez-leur la pareille ! A leur tour maintenant ! »

Une fois encore, Goering et Hitler échoueront. Ils n'abattront pas le moral des Britanniques et de leurs gouvernants.

Mais le bilan global reste lourd : 100 000 bombes explosives, un million de bombes incendiaires, lancées sur Londres ; 23 000 Anglais victimes des bombardements, dont 13 329 Londoniens.

Ces chiffres sont sévères. Ils se situent très loin de la rançon que supporteront les Allemands trois ou quatre ans plus tard [1].

---

1. Le bombardement de Dresde, par exemple, dans la nuit du 13 au 14 février 1945, fera quelque 150 000 morts.

Chapitre X

POLITIQUE

Bataille d'Angleterre. Bataille de la Méditerranée. Batailles en Egypte, en Libye, en Somalie. Bataille de l'Atlantique. Bataille devant Dakar. On se bat sur terre, sur mer, dans les airs.

Si la parole est à la poudre, elle est encore plus, en cette fin d'été et cet automne 1940, à des négociations que les deux camps mènent avec une ardeur redoublée.

L'Angleterre tient bon. Les Etats-Unis, en dépit de leur neutralité, dissimulent mal leurs sentiments. Le pacte germano-soviétique sera bientôt caduc puisque l'offensive à l'est a été décidée. Adolf Hitler, en dépit de ses succès rapides, a compris que la guerre se prolongerait, qu'il devait assurer ses arrières, se couvrir, étoffer ses alliances et l'ensemble de son dispositif. De là toute une série d'interventions dans les Balkans. De là tout un ensemble d'entretiens ou d'accords avec le Japon, l'Espagne et la France. Dans le même temps, Winston Churchill, qui lui aussi voit loin, ne demeure pas inactif. Ses diplomates tissent leur toile à Washington, à Madrid, dans les capitales des dominions, à

Moscou même. Manifestement, chacun chauffe ses feux avant un affrontement plus large, encore mal cerné mais prévisible.

*
* *

Le premier acte, pour les Allemands, se joue à Vienne. Le 30 août, la Roumanie est contrainte de se plier à la volonté de Hitler. La Hongrie recouvre la moitié de la Transylvanie perdue en 1918. En contrepartie, le chef du gouvernement hongrois, l'amiral Horthy, lie le sort de son pays à celui de l'Allemagne.

A Bucarest, cette amputation territoriale précipite la chute du roi Carol. Le 6 septembre, le monarque abdique en faveur de son fils Michel [1]. Le général Antonescu, patron de la Garde de Fer [2], devient le véritable maître du pays. Ce général, connu depuis longtemps pour ses sympathies fascistes, se proclame Conducator [3] et se range résolument derrière Hitler dont il est l'ami.

La Roumanie a basculé dans le camp nazi. Elle y représente une carte précieuse. L'Allemagne n'ayant plus la possibilité de recevoir du pétrole par la mer, les puits roumains de Ploesti sont pour elle d'une importance vitale. Hitler, par Antonescu interposé, a sauvé ses approvisionnements pétroliers et prévenu, en même temps, une intervention soviétique sur un pays depuis toujours convoité par les gouvernants russes. Le 20 septembre, des détachements de la Wehrmacht partiront prendre garnison en Roumanie.

Malheureuse Roumanie ! Elle se voit également imposer la cession de la Dobroudja méridionale à la Bulgarie dont le régime autoritaire ne cache pas ses préférences. Grâce à quoi Hitler s'assure un allié supplémentaire dans les Balkans. Maître du jeu en Hongrie, Roumanie et même Bulgarie, le

---

1. Qui n'a pas encore 19 ans.

2. Parti politique roumain, théoriquement le troisième en voix, d'orientation nettement fasciste.

3. Equivalent de Duce ou de Führer.

voici désormais tranquille sur son flanc méridional pour la manœuvre qu'il prépare contre l'URSS.

*
* *

A priori, les intérêts hégémoniques, les conceptions idéologiques de l'Allemagne, de l'Italie, du Japon concordent ou se rejoignent. Le pacte dit tripartite, signé le 27 septembre 1940 à Berlin par les ministres des Affaires étrangères, Ribbentrop, Ciano, Matsuoko, n'a rien d'étonnant :

> « ARTICLE I. Le Japon reconnaît et admet le rôle prépondérant de l'Allemagne et de l'Italie dans l'instauration d'un ordre nouveau en Europe.
>
> ART. II. L'Allemagne et l'Italie reconnaissent et respectent le rôle dirigeant du Japon dans l'instauration d'un ordre nouveau en Extrême-Orient.
>
> ART. III. Les puissances signataires s'imposent assistance mutuelle au cas où l'une des parties serait attaquée. » [1]
>
> [Sous-entendu : par les Etats-Unis.] Le nom n'est pas mentionné mais il est clairement sous-entendu dans le texte.

Le message, pour les tiers, se lit sans ambiguïté. Ordre nouveau signifie totalitarisme ; rôle dirigeant, primauté. Le tout avec répartition des rôles ; Allemagne et Italie en Europe, Japon en Extrême-Orient.

---

1. Hitler s'empressera de faire ratifier ce pacte par ses satellites. La Hongrie signera le 20 novembre, la Roumanie le 23, la Slovaquie le 24, la Bulgarie le 1er mars 1941, la Yougoslavie le 25, la Croatie le 15 juin.

On sait, à ce sujet, que la Slovaquie s'est détachée de la Tchécoslovaquie et a proclamé son indépendance le 14 mars 1939 grâce à l'appui de Hitler. Elle a participé à la campagne contre la Pologne aux côtés de l'Allemagne.

Quant à la Croatie, elle se proclamera indépendante le 10 avril 1941 après l'occupation de la Yougoslavie par les Allemands.

L'axe spécifiquement européen Rome-Berlin est dépassé. Une stratégie mondiale se profile. Elle vise à supplanter les structures politiques façonnées par le XIXe siècle et les traités de 1919 et 1920. USA, Grande-Bretagne, France perdront leur prépondérance au profit des nations montantes, Allemagne, Italie, Japon, qui imposeront leur loi et leur idéologie.

Les démocraties, notamment les Etats-Unis, doivent comprendre que se dresse contre elles un bloc de trois puissances qui font cause commune. Quant à l'URSS, bien qu'elle soit loin de représenter une « démocratie », elle doit également entendre l'avertissement qui lui est notifié. Allemagne et Japon sont solidaires.

Dans sa vision d'hégémonie quasi universelle, Adolf Hitler s'est sûrement offert un allié militaire de taille avec le Japon, mais non moins sûrement fait un ennemi politique, les USA. Combien de temps la démocratie américaine tolérera-t-elle que la liberté – et notamment la liberté des mers – soit menacée juste devant sa porte ?

*
* *

Hitler est maintenant convaincu que la guerre sera longue et que la victoire passe par l'anéantissement de l'URSS. Cet anéantissement répond à ses vues de toujours, à ses rêves de marche vers l'est énoncés dans *Mein Kampf*. Il persuadera enfin l'Angleterre de la vanité de poursuivre la lutte. Il imposera la même conclusion aux USA menacés de leur côté par la force de l'Empire nippon. Ne pouvant espérer l'emporter, les Anglo-Saxons seront contraints d'admettre la supériorité allemande et de traiter.

L'idée de manœuvre globale se dessine. Le Führer n'a plus qu'à masser ses troupes sur ses marches orientales et à régler certains détails préalables pour stabiliser ses arrières. Tels seront l'objet et le but de ses rencontres avec Franco et Pétain.

*
* *

Si Hitler ne peut compter que sur un seul homme, hormis Mussolini, il est en droit de penser que Francisco Franco Bahamonde sera celui-là.

Le régime espagnol ne cache pas ses options. Le Caudillo en est le seul maître à bord, comme le Führer et le Duce chez eux. L'anticommunisme est l'un des points d'ancrage de l'Espagne nationaliste. Aux heures incertaines de la guerre civile, Hitler a envoyé ses aviateurs [1] et Mussolini ses soldats et ses blindés. La reconnaissance de Franco devrait aller de soi. Le gouvernement de Burgos a du reste, le 31 mars 1939, peu avant la fin de la guerre civile, signé un traité d'amitié avec l'Allemagne. Les visées coloniales de l'Espagne sont bien connues : Oranie et Maroc français. Quel Espagnol, enfin, n'aspire pas à recouvrer Gibraltar saisi par les Anglais en 1704 ? Le cœur et l'intérêt devraient jeter Franco dans les bras de Hitler.

Mais le Galicien, sous des dehors affables de personnage rondelet, n'est pas seulement un chef de guerre heureux. L'ancien commandant du Tercio ne se laisse pas griser. Son pays a été ravagé. Il est exsangue. Un million de morts. Une économie à restaurer. Et, dans la très catholique Espagne, l'Eglise et les milieux qui lui sont proches n'apprécient qu'à demi le national-socialisme athée et ses doctrines racistes.

Franco en a tiré ses conclusions dès l'ouverture du conflit. Le 4 septembre 1939, il a ordonné aux siens de respecter une « stricte neutralité ». A l'automne 1940, cette étape de la « stricte neutralité » est-elle encore de mise ? Un fait paraît acquis. La défaite anglaise n'est pas inéluctable, même si l'Allemagne a affirmé sa supériorité. Face au mur, que décidera le Caudillo ?

Objectivement, l'Espagne, par-delà ses rêves, a tout intérêt à rester hors de la mêlée. Elle risquerait de déclencher un blocus de la part de l'un ou de l'autre des belligérants. Or elle a

1. La légion Condor, composée d'environ 6 000 volontaires, et responsable du bombardement de Guernica le 26 avril 1937.

besoin de recevoir pétrole, blé, coton, produits industriels d'outre-Atlantique.

A Londres, ces données économiques ne sont pas inconnues. On sait aussi que le fer de Biscaye est le bienvenu pour les aciéries du Royaume-Uni. On redoute tout autant de voir les ports ibériques tomber aux mains allemandes. La bataille de l'Atlantique s'en trouverait sérieusement aggravée. Les relations diplomatiques sont donc normales entre l'Espagne et les pays anglo-saxons. Winston Churchill a même dépêché à Madrid un ambassadeur de qualité, l'ancien ministre Samuel Hoare. Ce dernier a reçu mission de faire l'impossible pour écarter l'Espagne d'une coalition avec l'Allemagne qui mènerait pour le moins à la chute de Gibraltar et fermerait la Méditerranée.

***

23 octobre 1940

Le train spécial de Franco a du retard. Hitler, initiateur de l'entrevue, arpente avec Ribbentrop les quais de la gare d'Hendaye en s'interrogeant : « Franco rejoindra-t-il le camp de l'Axe ? » « Franco s'associera-t-il, d'une manière ou d'une autre, à une action contre Gibraltar ? »

Vers 15 h, enfin, voici Franco, « petit et gros, la peau foncée avec des yeux très vifs » [1] !

Hitler se fait tentateur au cours d'entretiens qui se prolongent : « L'Angleterre est déjà définitivement vaincue. Tout simplement elle n'est pas encore disposée à le reconnaître. Lui prendre Gibraltar précipitera sa chute. Le 10 janvier, les équipes spéciales qui se sont emparées du fort d'Eben Mael enlèveront la citadelle anglaise. Elle serait alors restituée à l'Espagne avec aussi, sans doute, d'autres compensations coloniales. »

1. Paul Schmidt, l'interprète de Hitler.

Sur ce dernier point, Hitler reste dans le flou. Il va bientôt rencontrer Pétain. Il ne tient pas à mécontenter son futur interlocuteur et risquer de faire basculer l'Afrique du Nord française dans le camp gaulliste. Mais recouvrer le rocher arraché jadis au pouvoir madrilène, sortir, outre-Méditerranée, des limites du Rif ! L'offre est alléchante. Pour la voir se concrétiser, l'Espagne n'aurait qu'à signer une alliance immédiate avec l'Allemagne et entrer en guerre en 1941.

Entrer en guerre ! Justement ce que le Caudillo ne veut pas. Habile, il se dérobe [1]. Les arguments ne lui manquent pas : pénurie alimentaire, faiblesse militaire, absence d'artillerie lourde, lointaines Canaries impossibles à défendre.

Au fil du discours, le petit général double la mise. Il revendique l'honneur d'enlever lui-même Gibraltar, exige le Maroc jusqu'au 20e degré, le littoral maghrébin avec Oran et la Catalogne française.

Pour Hitler, c'en est trop. Il n'obtiendra rien de ce « sale ingrat » [2].

Il renonce à revoir jamais cet interlocuteur d'un soir, affirmant que plutôt « que de le voir de nouveau, il préférerait se faire arracher trois ou quatre dents » [3].

Ce 23 octobre, Franco a certainement sauvé son pays d'un destin fâcheux et rendu, en même temps, un grand service à l'Angleterre. Avec la complicité espagnole, les Allemands auraient pris Gibraltar. A Nuremberg, le 15 mars 1946, Goering évoquera cette perspective manquée et le refus de

---

1. Il a l'avantage d'avoir été prévenu par Pétain. L'ambassadeur du Japon, informé des desseins de Hitler sur Gibraltar, les a rapportés au Maréchal. Celui-ci s'est empressé de faire prévenir Franco de la manœuvre envisagée.

2. Selon Ribbentrop.

3. Entre Latins et fort de ses bons rapports personnels avec le Caudillo, le 12 février 1941 à Bordighera, Mussolini tentera, à son tour, de convaincre Franco. En vain. Franco refusera de se laisser entraîner.

Churchill, dans ses *Mémoires,* reconnaîtra la valeur de sa fermeté, écartant des périls redoutables pour la Grande-Bretagne.

Hitler de s'aventurer, en adversaire, sur un sol où Napoléon s'était empêtré.

> « Gibraltar à nous, nous poussions en Afrique jusqu'à Dakar, nous fermions l'ouest de la Méditerranée, nous contrôlions les convois de l'Atlantique Sud, nous pouvions même prendre l'Amérique de flanc : l'opération de Suez n'était qu'un jeu. Mais le Führer en a décidé autrement ! »

Le maréchal Goering, en l'occurrence, avait raison. Qui pouvait, en octobre 1940, arrêter Hitler sur la route de Gibraltar, Casablanca, Dakar ? Les Espagnols, les Français, vichystes ou FFL, les Anglais ? Ni les uns ni les autres, assurément [1].

Lors de sa rencontre, sur le chemin du retour, à Montoire-sur-le-Loir, avec Philippe Pétain, chef de l'Etat français, Hitler sera-t-il plus heureux ?

*
* *

Sur cette rencontre du 24 octobre 1940 entre le vieux maréchal français et le dictateur allemand, plus de cinquante ans après l'événement, la sérénité a du mal à s'imposer. Les passions demeurent vives en ce qui concerne Vichy. Aussi les opinions divergent-elles. « Montoire, Verdun diplomatique », ont affirmé et affirment les uns ; « Montoire, main tendue aux nazis », ont répliqué et répliquent les autres.

Pour s'exprimer objectivement, il faudrait connaître la pensée profonde en cet instant de Philippe Pétain. Or, ni ses actes, ni ses paroles, ni ses écrits n'ont levé le voile. Quel crédit accorder à des déclarations officielles peut-être à l'usage de l'adversaire ? Reflètent-elles une intime conviction ? Comment ne pas relever certaines contradictions entre

---

1. L'analogie avec une poursuite éventuelle des combats en Afrique du Nord, en juin 1940, n'est plus possible. Que déciderait le gouvernement de Vichy ? Laval opte nettement pour une alliance avec l'Allemagne. La flotte française a perdu de sa puissance après Mers el-Kébir, Alexandrie et Dakar.

Montoire et des faits antérieurs ou postérieurs ? La vérité n'est pas facile à cerner.

L'enchaînement des événements, leur déroulement, les propos échangés sont globalement connus [1].

Cette entrevue de Montoire, un homme l'a voulue : Pétain. Un autre l'a souhaitée et acceptée : Hitler. Un troisième l'a agencée : Laval.

Philippe Pétain est sensible à la misère humaine. Son pessimisme, d'aucuns disent son défaitisme, est également connu.

Si Pétain fut, en 1914-1918, un bon artisan de la victoire, il ne fut jamais comme Foch le partisan des offensives qui permirent d'emporter la décision [2].

Avare hier du sang de ses hommes, Pétain se veut maintenant ménager les souffrances des Français. Près de deux millions d'entre eux sont prisonniers. Le pays est scindé en deux, voire en trois ou quatre. Les familles sont séparées par la ligne de démarcation. La germanisation s'abat sur l'Alsace-Lorraine. 150 000 Alsaciens-Lorrains seront expulsés et chassés de leurs foyers par l'occupant. Certaines régions, tel le Nord, tombent sous une férule militaire totale. Les frais d'occupation grèvent le Trésor. Les richesses nationales (mines, industries, etc.) sont mises à sac.

Fortement marqué par la défaite française et la puissance de l'ennemi, Philippe Pétain est apparemment persuadé que l'Angleterre s'inclinera et que l'Allemagne imposera sa loi. Il se sent condamné à traiter afin d'obtenir des améliorations aux conditions imposées à la France et de pouvoir se présenter en position convenable, le jour de la paix définitive. Une réflexion glissée à l'un de ses proches illustre cette conviction : « N'y a-t-il pas eu Tilsit ? » [3]

---

1. Par Pétain et Hitler eux-mêmes, par Laval et Ribbentrop, leurs ministres, par Paul Schmidt, l'interprète de Hitler.

2. Sauf une. Celle qui n'aura jamais lieu, au grand désespoir de Pétain, pour cause d'armistice décidé par Foch.

3. Propos adressé à Du Moulin de Labarthète, directeur de son cabinet civil. A Tilsit, les deux souverains français et russe s'étaient provisoirement

En d'autres termes, comme le tsar Alexandre avec l'empereur Napoléon en juillet 1807, n'est-il pas opportun de savoir s'entendre avec le vainqueur ?

Pour en arriver là, Pétain a chargé le colonel René Fonck, l'as des as de 1914-1918, de sonder son ancien adversaire devenu son ami entre les deux guerres, Hermann Goering. En fait, Laval, par Abetz interposé, futur ambassadeur d'Allemagne à Paris, en a été le principal instigateur. Il a même, à Montoire, rencontré Hitler partant pour Hendaye.

Toutes ces démarches aboutissent à ce 24 octobre 1940 dans la petite gare de Montoire-sur-le-Loir. La nuit est tombée lorsque débouche la limousine du chef de l'Etat français. Celui-ci et Hitler se saluent militairement, inquiets tous deux de ce face à face insolite, puis échangent une poignée de main. L'image, vite répandue par la presse, en restera à jamais.

L'entretien, qui a lieu dans le train blindé du Führer en présence de Laval et Ribbentrop, est relativement bref. Pétain quittera les lieux une heure trente après son arrivée.

*
* *

D'entrée, Philippe Pétain se démarque. Il n'a pas voulu la guerre. Ce plaidoyer lui permet d'évoquer les sujets qui lui tiennent à cœur : prisonniers, ligne de démarcation, Alsaciens-Lorrains. Il s'attarde sur les colonies. La France respecte ses engagements de l'armistice. Dakar l'a prouvé. L'Allemagne a donc tout intérêt à ce qu'elle soit forte dans son empire.

Cela, Hitler ne le conteste pas. Il possède aussi ses thèmes de référence : la défaite anglaise assurée, la victoire allemande proche. Ce double postulat lui permet d'énoncer ses

---

réconciliés, Napoléon obtenant les mains libres en Europe occidentale et Alexandre en Europe orientale.

Philippe Pétain envisageait-il un cas de figure identique ? En dehors d'un aménagement des clauses de l'armistice ? Rien ne le laisse vraiment supposer.

propres conclusions : le sort futur de la France dépendra de son attitude présente. Si elle se montre conciliante aujourd'hui, il lui en sera tenu compte. Pétain en convient.

Point d'orgue de la conversation entre les deux hommes, que Hitler résume sans être repris par son interlocuteur :

> « Le maréchal Pétain se déclarait prêt à prendre en considération le principe d'une coopération avec l'Allemagne, dans le sens qu'avait exposé le Führer. Les modalités de cette action seraient fixées en détail et point par point. Le maréchal Pétain souhaitait pour la France une fin plus favorable de la guerre. Le Führer exprima son accord sur ce point. »

C'est fini. Un ultime salut militaire. Des soldats allemands qui rendent les honneurs à un vieux maréchal de France en gabardine kaki. Les deux interlocuteurs se quittent apparemment satisfaits l'un de l'autre.

Hitler est en droit d'estimer s'être assuré un allié relatif ou du moins une neutralité bienveillante dans son conflit avec l'Angleterre. La France ne fera rien pour favoriser celle-ci, outre-mer notamment. Pétain espère, lui, se trouver en position plus forte pour arracher quelques avantages matériels en faveur de ses compatriotes et leur assurer un meilleur sort si l'Allemagne l'emporte.

Ce terrain d'entente, si hypocrite soit-il, les deux parties lui ont trouvé un nom : collaboration. Par ce terme, il faut comprendre coopération politique et économique à l'exclusion de tout engagement militaire.

Au fond, tout est à faire. Un principe, seul, a été défini. Aucun texte ne définira l'application de cette « collaboration », que certains Français vivront réellement.

Sur cette rencontre, Philippe Pétain, quelques jours plus tard, jugera utile de s'expliquer :

« Français,

« J'ai rencontré, jeudi dernier, le chancelier du Reich. Cette rencontre a suscité des espérances et provoqué des inquiétudes. Je vous dois à ce sujet quelques explications. [...] C'est dans l'honneur et pour maintenir l'unité française – une unité de dix siècles –, dans le cadre d'une activité constructive du nouvel ordre européen, que j'entre aujourd'hui dans la voie de la collaboration.

« Ainsi, dans un avenir prochain, pourrait être allégé le poids des souffrances dans notre pays, amélioré le sort de nos prisonniers, atténuée la charge des frais d'occupation. Ainsi pourraient être assouplie la ligne de démarcation et facilités l'administration et le ravitaillement du territoire. »

Aucune ambiguïté. Collaboration contre avantages divers. Il s'agit bien d'un troc. Le chef de l'Etat avait-il le droit de l'envisager et de l'accepter ? Les Français en débattent encore.

*
* *

Montoire ? Verdun diplomatique ou mésalliance avec le nazisme ? Dans l'immédiat des prisonniers sont libérés [1]. Quelques facilités d'échanges épistolaires entre les deux zones sont obtenues.

1. Quel que soit le jugement à porter sur le régime de Vichy, son efficience sur ce point est incontestable. Le gouvernement de Vichy réussira à obtenir la libération de 427 000 prisonniers dont 221 000 en 1941. (Il y aura aussi 64 000 évasions.)

Parmi les libérations les plus notables :

– celle du général Laure, futur chef du cabinet militaire de Philippe Pétain,

– celle du futur maréchal Juin, libéré de la forteresse de Königstein le 15 juin 1941, à la demande expresse du général Weygand.

L'évasion la plus spectaculaire sera celle du général Giraud, de Königstein, en avril 1942.

Pour les Français demeurent une image et un mot. La poignée de main jugée dégradante pour un maréchal de France. Une politique, synonyme de trahison, les offusque. Elle conduira des hommes, dont la vocation n'était pas de trahir, à se fourvoyer ; Joseph Darnand, authentique héros de 1918 et de 1940, mais qui s'était compromis dans des mouvements d'extrême droite, comptera parmi ceux-là. Lors de son procès, le RP Bruckberger, son vieux camarade de guerre, pourra s'écrier :

> « Pour un homme simple, pour un homme pour qui les idées s'incarnent totalement dans le risque, il est certain que la poignée de main de Montoire devait fatalement amener cet homme, qui est avant tout un combattant, un homme d'action, à aller chercher le risque ailleurs. Et c'est la poignée de main de Montoire qui a revêtu un jour Darnand de l'uniforme allemand. »

La véritable conclusion de Montoire se situe là. La pente savonneuse de la collaboration avec l'ennemi s'ouvre, un soir d'automne, par une brève rencontre dans une modeste gare de province. Laval, devenu grand maître du régime, y précipitera Vichy et ses partisans.

On peut, néanmoins, s'étonner que celui [1] qui pesait si bien le poids des termes n'ait pas vu que collaboration ne signifiait pas cohabitation, mais tout au contraire travail en commun.

* * *

Tout ceci reconnu, derrière la façade Philippe Pétain ne dissimule-t-il pas un autre jeu ? Tel le parachutiste, ne s'est-il pas prémuni en doublant son dorsal germanique d'un ventral

1. Philippe Pétain s'était toujours affirmé très rigoriste dans l'expression, ce qui lui avait valu le surnom de « Précis le sec ».

britannique ? Le fait n'est pas impossible. Il est même probable. Des faits troublants entourent Montoire.

Tout d'abord, aucune raison sérieuse n'autorise à penser que Pétain préfère les Allemands aux Anglais. Il s'est battu avec les seconds contre les premiers. Il a toujours été reçu par eux en ami. Il a également intérêt à s'entendre avec eux. Le 30 juillet, Churchill a décrété le blocus des côtes françaises, tant métropolitaines que coloniales. Ce blocus pénalise les Français. Il accentue les privations imposées par les prélèvements nazis. Un terrain de conciliation, pour ne pas aggraver la situation économique présente, s'inscrit dans une certaine logique en dépit des rancœurs de mai-juin, de Mers el-Kébir ou de Dakar. A condition qu'il soit discret pour ne pas susciter l'ire du Führer et remettre en cause l'armistice que Pétain et son entourage persistent à voir indispensable.

Le 30 octobre au soir, avec la plus grande discrétion, en se gardant surtout de Pierre Laval, le chef de l'Etat français reçoit l'ambassadeur du Portugal et le prie de transmettre à Churchill son engagement formel :

> « Montoire ne débouchera jamais sur une alliance militaire avec l'Allemagne. Jamais il n'autorisera, lui, Pétain, des hostilités contre la Grande-Bretagne. »

Dont acte.

Quelque temps après surviendra ce que certains dénomment l'accord Halifax-Chevalier. Lord Halifax, secrétaire d'Etat au Foreign Office, et Jacques Chevalier, ministre de l'Education nationale, entretiennent, de par leurs souvenirs communs d'étudiants, des relations amicales. Pierre Dupuy, ministre du Canada en France, assure le contact entre eux. C'est lui qui remet à Chevalier un mémoire rédigé par Halifax :

> « Que mes amis français sachent que nous sommes dans une situation extrêmement délicate.

> Nous ne pouvons nous sauter au cou. Il faut maintenir entre nous un état de *tension artificielle.* Si l'Allemagne se doutait de notre intimité, l'article X de la Convention d'armistice jouerait aussitôt. Mais, derrière cette façade de mésentente, il faut nous entendre. »

Chevalier ratifie la teneur du message. Pétain, à son tour, prend connaissance de ce modus vivendi proposé par une haute personnalité britannique. Il l'approuve en modifiant un terme ; il remplace « tension » par « froideur ». Entre France et Angleterre doit donc exister une *froideur artificielle.* Rien d'autre.

La pièce majeure du dossier serait passée par un professeur d'université, Louis Rougier. Le 24 octobre, le jour même où Pétain rencontre Hitler à Montoire, Louis Rougier pénètre dans le bureau de Winston Churchill, 10 Downing Street. S'étant proposé pour une mission de bons offices, il est arrivé à Londres l'avant-veille. Avant son départ de France – et là est l'important – il a été reçu personnellement par Pétain. L'homme peut donc se targuer de se présenter en émissaire officieux [1].

De ses entretiens avec Churchill (il y en aura deux), ainsi qu'avec lord Halifax, découle ce que Rougier qualifiera de « gentleman's agreement » prévoyant : le rétablissement futur de la France dans son intégrité ; l'atténuation du blocus anglais ; l'engagement anglais de ne plus s'en prendre aux colonies françaises et, en contrepartie, celui de Vichy de ne pas attaquer les territoires d'Empire ralliés à de Gaulle ; l'abstention de critiques sur la radio anglaise contre le maréchal Pétain ; l'engagement renouvelé du gouvernement français de saborder les unités de sa flotte plutôt que de les laisser tomber aux mains des Allemands et des Italiens.

---

1. Passé par la Suisse, avec l'aval des autorités françaises, il a gagné Londres, où il s'est vu notifier l'interdiction formelle de contacter les « gaullistes ».

Churchill a signé cet « agreement ». Pétain en prendra connaissance au retour de Rougier et l'approuvera. A défaut d'un traité formel, impossible à conclure. Dans le contexte, le document peut être regardé comme ce que les financiers appellent une lettre d'intention. Il a valeur d'engagement. Il est l'expression d'une volonté. Il sera de bon ton, après 1945, de minimiser la mission Rougier. Effectuée au vu et au su de Philippe Pétain, elle n'en demeure pas moins la manifestation d'une arrière-pensée à l'heure de Montoire. Pour Pétain, collaboration ne signifie pas collaboration militaire, mais l'homme au verbe précis, comme nous l'avons dit, s'est bien mal fait comprendre ou s'est bien mal exprimé.

*
* *

Churchill, par sa fermeté, est devenu un symbole. Il a fait de Londres le point de ralliement de tous ceux qui refusent de s'incliner. Tous les exilés en mal de liberté et de patriotisme y trouvent refuge. La capitale anglaise est devenue celle des démocraties en lutte contre le totalitarisme nazi.

Le roi Haakon VII de Norvège, son fils, le prince héritier, ses principaux ministres s'y trouvent depuis leur départ précipité lors de l'évacuation de Narvik. Les Norvégiens ont surtout apporté – et cet apport n'est pas négligeable – leur potentiel maritime. Ils commencent à organiser chez eux des réseaux de renseignements et d'action qui joueront un rôle essentiel dans la bataille de l'eau lourde en 1944.

La reine Wilhelmine de Hollande s'est également réfugiée à Londres, après le 10 mai. Comme Haakon VII pour les Norvégiens, elle représente, pour son peuple, le pouvoir légitime. En dépit des défections qui se produiront, là comme ailleurs, Norvège et Hollande sont en droit de se regarder toujours en guerre contre l'Allemagne. Aucun armistice n'a été conclu et la Hollande a jeté dans la bataille le poids d'un empire colonial de 70 millions d'habitants [1].

---

1. Essentiellement Indes néerlandaises (Indonésie, Bornéo, Nouvelle-Guinée hollandaise), Guyane et Antilles hollandaises.

La position des Belges est plus délicate. Le Premier ministre Pierlot, le ministre des Affaires étrangères Paul Henri Spaak, après un temps passé en France dont ils ne sont pas très fiers, se sont décidés. Via Madrid et Lisbonne, ils ont, le 24 octobre, gagné Londres où deux de leurs anciens collègues les avaient précédés. Un gouvernement s'y est reconstitué. A l'exemple de De Gaulle, il appelle ses compatriotes à le rejoindre pour participer à la libération de la patrie. Le roi Léopold III, ayant capitulé, a refusé de s'enfuir et s'est regardé comme prisonnier pour, dit-il, défendre son peuple.

A Londres, ses anciens ministres contestent sa décision et récusent ouvertement son choix.

Les Polonais, dans l'immédiat du moins, ne connaissent pas ces déchirements internes. Après l'invasion allemande, le général Sikorski est parvenu à gagner la France et à former un gouvernement. Il a convié ses compatriotes à continuer à se battre, ce qu'ils ont fait avec bravoure. En juin, il a lui aussi gagné Londres. Le 5 août, il a passé accord avec Churchill, affirmant sa position et celle des siens dans la lutte commune. Pour les Polonais, qu'ils soient encore en Pologne [1], en Angleterre ou ailleurs, il n'est point d'alternative : pour que leur patrie renaisse, l'Allemagne doit être abattue, préalable d'ailleurs insuffisant, Staline s'étant attribué une partie de la terre polonaise.

Ville refuge, Londres l'est également pour les Tchèques dont le malheureux pays a éclaté. Depuis mars 1939, Bohême et Moravie sont devenues allemandes. La Slovaquie s'affirme indépendante, ce qui ne trompe que celui qui le veut bien. La Ruthénie a été absorbée par la Hongrie. Le déclenchement de la Seconde Guerre mondiale a redonné quelque espoir à ceux

1. En Pologne même, des organisations de résistance, animées le plus souvent par d'anciens militaires, s'organisent : Union de la Revanche, Union de la lutte armée. Celle-ci, « Zwiarek Walki Zbrojnej » (ZWZ), fondée dès la fin de 1939, a l'ambition de regrouper les forces éparses et de devenir l'unique instrument des futures insurrections généralisées. Au 1er septembre 1942, elle deviendra l'Armée de l'intérieur, « Armia Krajowa » (AK), en liaison étroite avec le gouvernement polonais de Londres.

qui ont pu s'exiler. Beaucoup ont offert leurs poitrines à la France à l'automne 1939. Quelques poignées d'aviateurs, engagés tout d'abord dans la Légion étrangère, ont pu prendre l'air. Ils se sont illustrés auprès de leurs camarades français en mai-juin. Tous les rescapés, débarqués par des fortunes diverses sur le sol anglais, se rangent derrière Benes [1]. Revenu des Etats-Unis, l'ancien président de la République tchèque a repris son titre. En juillet 1940, il a formé un gouvernement en exil présidé par Mgr Sramek avec Jan Masaryk aux Affaires étrangères. Ce gouvernement se donne mission de soutenir le Comité central de la résistance intérieure (UVOD) qui s'est organisée sur la terre natale. Il faudra bientôt compter avec elle.

Et puis, évidemment, dans ce clan des exilés, il y a Charles de Gaulle. Il n'est ni roi ni chef d'Etat. Il n'est qu'un général de brigade à titre temporaire qui se présente en héraut de la libération de son pays et déjà considère – il n'hésite pas à le proclamer : la France, c'est lui ! Il a foudroyé ceux qui ne viennent pas se ranger derrière lui et qui lui préfèrent Vichy. Il aurait même été très loin dans sa diatribe à leur sujet :

> « Il faut que la France entre en guerre à côté de l'Allemagne afin de prouver la culpabilité des hommes de Vichy. » [2]

1. Edouard Benes, 1884-1948.

2. Déclaration au général Odic, à Londres, le 12 décembre 1941.

A priori les fidèles de Charles de Gaulle partagent ce sentiment. Selon le général Giraud, le général Leclerc lui aurait déclaré en février 1943 : « Tous ceux, civils ou militaires, qui n'ont pas rejoint le général de Gaulle en juin 1940 sont des traîtres et doivent être châtiés comme tels » (*Un seul but, la Victoire,* p. 175).

La disparition du général Leclerc en 1947 ne lui a pas permis de s'exprimer sur ces propos que lui prête le général Giraud. Des compagnons du disparu les récusent.

Chapitre XI

LA GUERRE S'ÉTEND

L'entrée en guerre de l'Italie, le 11 juin, a sans doute, dans le camp anglais, suscité plus de mépris que de crainte. Mais il n'est jamais bon de trop sous-estimer l'adversaire. Si l'armée italienne, sur le front des Alpes, fait piètre figure, elle n'en représente pas moins une menace réelle en Méditerranée, en Afrique du Nord et même en Afrique orientale.

L'Italie occupe en effet une position privilégiée dans le bassin méditerranéen. La péninsule, prolongée par la Sicile, coupe littéralement la Méditerranée en deux. Des rivages siciliens, il est aisé de surveiller un détroit d'environ 150 km jusqu'à la pointe du cap Bon. Deux millénaires plus tôt, sur le Forum, Caton l'Ancien, le tribun du fameux *Delenda est Carthago* (Carthage doit être détruite), présentait à ses concitoyens des figues fraîches cueillies devant Carthage, preuve tangible de la proximité de la rive africaine.

Outre cette situation [1], l'Italie bénéficie de son implantation coloniale en Libye depuis 1912. Le régime fasciste a

1. Rappelons que l'Italie en avril 1939 s'est emparée de l'Albanie jouxtant ainsi Yougoslavie et Grèce.

renforcé cette présence. Une importante colonie italienne de 90 000 âmes vit et travaille en Cyrénaïque et Tripolitaine. Une bonne route côtière relie Tripoli à la frontière égyptienne. Les ports de Tripoli, Benghazi et Tobrouk ont été améliorés et permettent de surveiller l'accès à la Méditerranée orientale.

Le danger italien, en Méditerranée, par-delà le jugement à porter sur la valeur guerrière des soldats du Duce, existe donc réellement. Il pèse sur l'Egypte. Il pèse en premier lieu sur les axes de communication anglais de la route des Indes. Certes, l'Union Jack flotte sur Gibraltar, Malte et Alexandrie. Est-ce suffisant pour tenir cette fameuse route des Indes qui draine, en particulier, le pétrole du Moyen-Orient ? Gibraltar est vulnérable si Franco fait cause commune avec Hitler. Malte est mal protégée, quasiment dépourvue de troupes. Un seul bataillon pour garder 20 km de côtes ! Seule la base d'Alexandrie, grâce à son éloignement et à la présence de la flotte de l'amiral Cunningham, est mieux lotie. Enfin, comment oublier qu'en Méditerranée occidentale l'AFN est devenue neutre, voire hostile, depuis Mers el-Kébir ?

Devant de telles données, la tâche britannique, en juillet 1940, en Méditerranée comme ailleurs, apparaît énorme eu égard également à la puissance apparente de la marine italienne. Celle-ci a été considérablement renforcée et modernisée par le régime. Elle comprend 2 navires de ligne neufs de 35 000 tonnes, le *Vittorio Veneto* et le *Littorio,* 4 cuirassés type *Cavour,* 8 grands croiseurs armés de pièces de 203, plus 24 autres munis pour moitié de pièces de 155, pour moitié de pièces de 135. S'y adjoignent 100 torpilleurs et contre-torpilleurs ainsi que 63 sous-marins de grand modèle et 53 plus petits. Une puissance non négligeable. Supermarina, l'amirauté italienne, ne dispose pas toutefois de porte-avions. Mais la position de l'Italie la fait regarder, non sans raison, comme un véritable porte-avions fixe. L'aviation italienne, qui n'est pas, elle non plus, à dédaigner, se trouve partout à relativement courte distance d'objectifs éventuels.

Dès le 11 juin, la Navy se donne mission de prendre l'avantage sur son adversaire. Couvrir la route de Suez le lui impose. Cette couverture implique, entre autres, de renforcer Malte, sentinelle avancée à la pointe de la botte italienne.

Le même jour, le *Liverpool* et le *Gloucester*, sans opposition marquante, tirent des salves sur Tobrouk, premier arsenal italien en Cyrénaïque. Quelques jours plus tard, une autre action a raison du contre-torpilleur *Espero* et de trois sous-marins.

Le 7 juillet, l'amiral Cunningham, qui vient de régler avec distinction le sort momentané de l'escadre française de l'amiral Godfroy, appareille d'Alexandrie, bien décidé à imposer sa présence. Il a sous ses ordres trois groupes distincts : le cuirassé *Warspite* sur lequel il a hissé sa marque, accompagné de 5 destroyers ; les cuirassés *Royal Sovereign* et *Malaya*, le porte-avions *Eagle* ; 5 croiseurs.

Le 9 à midi, des avions de reconnaissance localisent une importante flotte faisant mouvement de Benghazi vers Tarente. Celle-ci, composée de 2 cuirassés, 5 croiseurs, 7 destroyers, est en bonne position, non loin de ses bases aériennes. Sa puissance de feu a de quoi impressionner. Elle n'empêche pas Cunningham d'opter pour l'affrontement. Très vite, de 23 000 mètres, le *Malaya* met un coup au but sur le cuirassé *Cesara*. Celui-ci n'insiste pas. Il se dérobe, imité par ses destroyers d'escorte.

L'engagement dit de Punta Stilo, au large de la Calabre, est terminé. Son bilan matériel est mince, son résultat psychologique considérable. Les marins italiens n'ont pas montré grand mordant. Leurs collègues aviateurs n'ont pas été plus brillants. Leurs bombes ont piqueté la mer à bonne distance des objectifs. Manque d'agressivité, manque de métier. Les Britanniques ont pris la mesure de leurs adversaires. Les Italiens, de leur côté, se sentent en position d'infériorité. Ils n'oseront plus hasarder une bataille de rencontre.

*
* *

La suite des événements le confirme.

Le 19 juillet, quatre destroyers de la Navy, ayant contourné la Crète par le nord, débouchent devant le *Bande Nere* et le *Bartolomeo Colleoni,* bâtiments de 5 000 tonnes armés chacun de huit pièces de 152. A 7 h, résolument, les quatre Anglais, bien moins puissamment armés, se lancent à l'attaque. A 7 h 30, le croiseur australien *Sydney* surgit à la rescousse. Le combat s'équilibre. A 9 h, le *Bartolomeo Colleoni* accuse une avarie de machines. Les destroyers l'achèvent à la torpille, tandis que le *Bande Nere* s'enfuit vers le nord, protégé par un écran de fumée. La supériorité anglaise s'affirme. Cunningham se sent plus à l'aise pour lancer des convois en Méditerranée.

Le 30 août, un premier convoi rallie Malte et Alexandrie. Sans que les attaques des aviateurs italiens l'aient beaucoup gêné. Un mois plus tard, un autre convoi touche encore La Valette, venant cette fois d'Alexandrie. Avions, canons, troupes sont plus que bienvenus. Ils ne seront pas inutiles.

Troisième convoi de Malte à Alexandrie, le 11 octobre, protégé par le croiseur *Ajax*. Quatre contre-torpilleurs, trois torpilleurs tentent de l'intercepter de nuit. Bien commandé et bien manœuvré, l'*Ajax* met en flammes le contre-torpilleur *Artigliere* et les deux torpilleurs *Airone* et *Ariel* [1].

Si ces victoires n'ont rien de décisif, elles attestent l'infériorité italienne sur mer. La bataille sur terre sera bientôt à cette même image.

*
* *

Sur terre les chiffres parlent. La supériorité numérique italienne s'avère écrasante. Plus d'un demi-million de soldats italiens ou indigènes contre à peine 50 000 Britanniques ou

1. L'*Artigliere* sera achevé le lendemain par le croiseur *York*.

alliés. En Libye, le maréchal Graziani [1] a sous ses ordres 250 000 hommes face aux 37 000 Anglais, Néo-Zélandais et Indiens chargés de défendre l'Egypte. En Erythrée et en Abyssinie, le duc d'Aoste, vice-roi d'Ethiopie, dispose d'effectifs équivalents (90 000 Européens et 200 000 autochtones) contre 9 000 Britanniques au Soudan, 9 000 au Kenya et quelques bataillons en Somalie britannique.

Pour le général Archibald Wavell, commandant en chef au Moyen-Orient, la tâche – sauvegarder Suez et l'Egypte – semble insurmontable. Ce distingué gentleman ne perd pas pour autant son flegme. Il sait pouvoir compter sur les siens, si peu nombreux soient-ils, et en particulier sur les cavaliers de la 7e DB. Sur ce point, il ne se trompera pas. Les exploits des tankistes de la 7e DB leur vaudront bientôt le qualificatif de « rats du désert ». Ils s'infiltreront partout, rongeant sans trêve les positions adverses. Le Long Range Desert Group (LRDG) [2] du commandant Bagnold poussera des pointes à plusieurs centaines de kilomètres de ses bases à travers le désert. Posant des mines, harcelant les convois, attaquant les postes isolés, il sèmera au Fezzan et en Tripolitaine inquiétude et désordre sur les arrières de l'ennemi. Il lui appartiendra, le 11 janvier 1941, de détruire le terrain d'aviation de Mourzouk après une avancée de 2 000 kilomètres depuis Le Caire. Là tombera le colonel d'Ornano venu en voisin, du Tchad, « donner la main » le fusil au poing.

*
* *

Le 14 juin, Wavell paie d'audace. Une attaque surprise enlève Fort Capuzzo, importante place frontière. Le général anglais n'entend pas cependant s'enterrer. La mobilité est sa première arme. En trois mois, ses banderilles contre les

1. Successeur du maréchal Balbo, tué suite à une méprise de la DCA italienne de Tobrouk.

2 Littéralement : Groupe du désert à grand rayon d'action. Traduction française la plus courante : Patrouilles du désert.

colonnes italiennes coûtent 3 500 tués ou blessés à Graziani. Il ne perd lui-même que 150 hommes.

Graziani se doit de réagir grâce à l'avantage du nombre, d'autant que le Duce s'impatiente. Progressant le long du rivage méditerranéen, il avance sur deux pistes parallèles, freiné par les Coldstreal Guards qui mènent un habile combat retardateur. Le 17 septembre, il atteint et occupe Sidi Barani, à une centaine de kilomètres au-delà de la frontière égypto-libyenne.

Va-t-il poursuivre ? Par la route du littoral, Alexandrie n'est qu'à 400 km, protégée uniquement par la garnison anglaise de Mersa Matruh. Tenir Alexandrie, le grand port égyptien, serait asphyxier le pays et s'approcher dangereusement du Caire et du canal de Suez. La sécurité de ce dernier ne serait plus assurée.

L'audace en cet automne 1940 n'est pas vertu italienne. Graziani s'immobilise en multipliant les erreurs. Ses camps retranchés ne sont que des navires ancrés au hasard dans le désert. Ils sont aussi trop éloignés les uns des autres pour s'épauler efficacement.

Des miles en arrière, Wavell peut s'organiser. Churchill commence à lui envoyer de l'aide. Fin septembre, une brigade blindée termine son périple par Le Cap et la mer Rouge. D'autres suivront.

En envoyant des renforts au Moyen-Orient puis en Afrique orientale, Churchill en effet ne prend que des risques mesurés. Il est parfaitement renseigné. Depuis avril 1940, une mystérieuse machine dénommée « Ultra » * décrypte le code « Enigma » des Allemands. Ces derniers l'ignorent et continueront de l'ignorer. Tout sera fait pour qu'ils ne percent pas ce secret, même au prix des plus lourds sacrifices. Le bombardement de Coventry, dans la nuit du 14 au 15 novembre, en sera le tribut le plus coûteux. Le gouvernement britannique, grâce à Ultra, connaissait l'imminence de l'action de la

---

* Voir chez le même éditeur, dans la même collection, de Anthony Cave Brown, *La Guerre secrète*.

Luftwaffe sur la ville. Il ne tentera rien pour l'entraver afin de ne pas permettre aux Allemands de déceler qu'il perçait le secret de leurs communications. Ainsi Churchill, le 17 septembre, a-t-il appris l'autorisation donnée par Hitler de démanteler les installations nécessaires à l'embarquement des troupes aéroportées. Le Führer avait donc renoncé à envahir l'Angleterre. Churchill, en connaissance de cause, peut donc mieux se garder ailleurs.

Ces renforts acheminés vers l'Egypte et l'Afrique orientale permettront de préparer les ripostes. Celles-ci ne tarderont pas. Le 10 décembre, Wavell fera vaciller les Italiens en Libye. Six mois plus tard, un magistral knock-out les éliminera définitivement de l'Ethiopie et de la corne de l'Afrique.

*
* *

Plus au sud, le duc d'Aoste est, on l'a vu, également en force. La citadelle éthiopienne lui fournit une excellente plateforme d'où frapper au Soudan anglo-égyptien, au Kenya ou en Somalie britannique. Le duc doute-t-il de la valeur des siens ? Ses premières entreprises se révèlent fort timorées. En juillet, il se contente d'occuper quelques localités au sud du Soudan, Kassala, Gallabat, Kurmuk. Il n'avait guère en face de lui qu'une compagnie de trois cents hommes...

Début août, pour parer à l'éventuelle intervention anglaise par la Somalie française, il décide de s'en prendre à la Somalie britannique [1]. Là encore, le dispositif anglais est plus que ténu. A peine quatre bataillons africains ou hindous et un bataillon blanc. La résistance ne peut consister qu'en combats retardateurs pour permettre l'évacuation de Berbera sur Aden. La Somalie britannique est provisoirement perdue, mais ce succès ne fait pas illusion. Mal commandés, inexpérimentés, les Italiens ont perdu 2 000 hommes, les Britanniques seule-

1. Face au golfe d'Aden, la Somalie britannique est enclavée entre les Somalies italienne, française et l'Ethiopie.

ment 250. L'ardeur et le métier sont d'un seul côté [2]. La revanche est possible.

*
* *

Les périls de l'océan

1 026 navires marchands coulés ou capturés ! Près de quatre millions de tonnes perdues ! Soit, en moyenne, deux à trois bâtiments disparus chaque jour. Tel est, au 30 octobre 1940, le terrible bilan de quatorze mois de guerre pour les adversaires de l'Allemagne.

Corsaires, avions, sous-marins à croix gammée sont à l'origine de cette hécatombe qui conduira Churchill à reconnaître : « La seule chose qui m'effraya vraiment pendant la guerre fut le péril sous-marin. »

Faute, il est vrai, de liaisons maritimes, la Grande-Bretagne risque l'asphyxie. Elle est largement tributaire des approvisionnements extérieurs pour poursuivre son effort de guerre. Celui-ci requiert chaque semaine de 800 000 à un million de tonnes d'approvisionnements, ce sans compter le pétrole...

Hitler et Raeder connaissent cette dépendance. Dès l'ouverture des hostilités, l'Allemagne a déclenché la bataille contre les flottes marchandes. Le 15 août 1940, elle a théâtralement proclamé le blocus de la Grande-Bretagne et demandé officiellement aux neutres de ne plus y envoyer leurs navires. Les Etats-Unis, premiers visés, obtempèrent prudemment. Les Anglais sont désormais forcés de pourvoir eux-mêmes au transport de leurs importations. A leurs risques et périls.

A l'automne 1939, des corsaires ont réussi, en longeant les côtes septentrionales de la Russie et de la Sibérie, à gagner le détroit de Behring. Deux d'entre eux opèrent dans l'Atlan-

1. Sous réserve de cas particuliers, comme toujours en pareilles circonstances.

tique, deux dans l'océan Indien, un dans le Pacifique. Ils ont mission de jeter le trouble et de s'en prendre aux isolés. A la fin de septembre 1940, leur action a contribué à la perte de trente bâtiments.

La Luftwaffe intervient également sur mer. Ses bombardiers Focke-Wulf [1] peuvent patrouiller plusieurs heures durant et s'aventurer très loin au large. Mais le danger le plus redoutable provient des U-Boote, les sous-marins germaniques. Commandés par des officiers ardents et formés par des mois de guerre sous-marine – les Prien, Kretschmer, Schepke et autres [2] –, ils hantent l'Atlantique Nord, leur terrain de chasse privilégié. L'occupation du littoral français apporte à ces maraudeurs des possibilités de raids accrues. Ils n'ont plus à transiter par la mer du Nord, longue et dangereuse. Lorient, Saint-Nazaire, La Pallice, Bordeaux deviennent leurs bases de départ. Bientôt, pour contrer les bombardements anglais, de vastes abris bétonnés y seront construits.

Les possibilités de défense anglaise contre de telles menaces sont à l'image de son armée de terre. Elles demeurent encore modestes. Le Coastal Command [3] manque d'avions. L'Irlande, qui entend rester strictement neutre [4], lui interdit d'utiliser son sol. Progressivement le Coastal Command s'étoffe. Il reçoit des Whitley [5], bombardiers à rayon d'action lui permettant de mieux surveiller les convois et d'intervenir au grand large contre les sous-marins. En août, des bases aériennes sont instal-

---

1. FW 200 Condor.

2. Presque tous arborent la décoration convoitée, réservée à ceux ayant à leur actif plus de 100 000 tonnes détruites.

3. Composante de la RAF pour la défense des côtes, il est rattaché à l'Amirauté.

4. Neutralité souvent bienveillante pour l'Allemagne. L'Irlandais d'origine Joseph Kennedy, père du futur président des Etats-Unis et ambassadeur des USA à Londres à l'époque, dissimule mal sa sympathie pour elle.

5. Ce bimoteur a un rayon d'action de près de 3 000 km. Equipé de moteurs Rolls-Royce Merlin de 1 030 CV, il plafonne à 400 km/h et pèse plus de 11 tonnes en charge.

lées en Islande. Parallèlement, un gros effort technique est entrepris. Les destroyers s'équipent d'appareils de détection par le son (asdic) [1], les Whitley de radars.

Pour sa part, la Navy hérite des 50 destroyers acquis aux Etats-Unis. Au fur et à mesure de leur arrivée, ils seront affectés à la protection des convois qui s'organisent entre les ports britanniques et les côtes américaines.

Car la parade, l'Amirauté britannique s'efforce de la trouver par la formule des convois. Les navires marchands voguent de conserve, en principe protégés par destroyers, croiseurs auxiliaires et couverture aérienne. Volontairement, aussi, ils allongent leurs routes. De Glasgow, de Liverpool, ports relativement à l'abri des incursions de la Luftwaffe, ils empruntent le canal du Nord et, de là, gagnent la haute mer à la limite des eaux de l'Arctique. Ils espèrent ainsi se placer le plus possible hors de portée. Ils espèrent ! Car quelle cible magnifique s'aligne dans le périscope du sous-marin découvrant sur l'horizon les fumées de vingt ou trente cheminées ! Le carnage devient inexorable à moins que les anges gardiens ne parviennent à avoir raison les premiers de l'importun.

Les mauvais coups tombent et se succèdent.

Le 27 juillet, le paquebot français *Meknès,* rapatriant d'Angleterre des marins français, est touché par une torpille. Il coule en quatre minutes au large de Southampton. 900 rescapés, mais 430 morts.

Le 15 septembre, le paquebot *City of Benares* transportant des enfants est également torpillé alors qu'il faisait route vers le Canada.

Le 9 octobre, le grand liner *Empress of Britain* est incendié, à cinquante miles au nord-ouest de l'Irlande, cette fois par suite d'une attaque de Focke-Wulf. Les pertes de septembre et octobre 1940 sont sévères : 27 navires coulés en

1. Asdic : *Anti Submarine Detection Investigation Committee.*

septembre, 20 autres (sur un convoi de 31) en octobre. Ce que l'on dénommera la bataille de l'Atlantique débute. Tout aussi vitale pour la survie de l'Angleterre, elle ne sera pas moins acharnée que les autres.

Chapitre XII

BALKANS : REVERS ITALIENS, SUCCÈS ALLEMANDS

Plus que jamais, Mussolini rêve de gloire et de conquête. La Libye, l'Ethiopie, l'Albanie ne lui suffisent pas. Ayant échoué contre la France, il songe à la Grèce. Tels les empereurs de la Rome antique, il s'imagine imposant sa loi aux Athéniens.

Il trouve un prétexte. La péninsule hellénique, à l'entendre, sert de refuge aux avions et aux navires anglais. Fallacieux subterfuge. Ni la Navy ni la RAF n'utilisent les ports ou les aérodromes du royaume de Grèce. Seuls quelques conseillers militaires résident dans la péninsule.

Il est notoire, cependant, que Londres et Athènes entretiennent de bons rapports. L'Angleterre, en avril 1939, s'est portée garante de l'indépendance de la Grèce. Cette alliance s'inscrit dans une large perspective de couverture de l'Europe balkanique. Elle n'exclut pourtant pas les divergences. La monarchie constitutionnelle grecque restaurée en 1935 n'est guère comparable à la britannique. Le général Metaxas a établi un régime populaire mais fascisant. La Grèce n'est pas une démocratie au vrai sens du terme.

Quoi qu'il en soit, Mussolini est résolu à l'occuper. Cette décision est sienne. Ses trois chefs d'état-major y sont hostiles. Les renseignements sont mauvais. L'armée italienne n'est pas prête. L'hiver approche. Le relief montagneux grec autorise une solide défense. Qu'importe ! Le Duce présente de bons arguments :

> « J'insiste néanmoins sur le fait que, sur le plan politique, les circonstances sont particulièrement favorables. La Turquie ne bougera pas, la Yougoslavie non plus. »

Le 28 octobre 1940, jour anniversaire de la marche sur Rome, à 3 h 15, Grazi, l'ambassadeur italien, réveille le général Metaxas. Mal à l'aise, il annonce les exigences de son maître : accepter l'occupation de l'Epire, de Corfou, de la Crète, des Cyclades, de Salonique, du Pirée. A défaut, ce serait la guerre.

La réponse de Metaxas est sans équivoque :

> « Très bien. Alors, c'est la guerre. »

La guerre. Une guerre dont le Duce n'a même pas prévenu son allié.

> « Hitler me met toujours devant le fait accompli. Cette fois, je vais lui rendre la monnaie de sa pièce. » [1]

Effectivement. Le Führer apprend l'événement dans la matinée, deux heures avant une rencontre programmée de longue date, à Florence, avec Mussolini [2]. Celui-ci exulte : « Führer, nous avons attaqué ! »

---

1. Carnets de Ciano, 12 octobre 1940.
2. A l'issue de sa rencontre avec Franco et de son entretien avec Pétain à Montoire.

La foule italienne n'exulte pas moins. Elle acclame les deux dictateurs apparaissant aux balcons du palais Pitti.

« Heil Hitler ! Duce ! Duce ! »

Hitler n'apprécie qu'à demi.

> « Ce fut un accueil tel que les Romains en faisaient à leurs césars, mais cela ne m'a pas trompé. Ils essaient de m'apaiser maintenant, alors qu'ils savent bien qu'ils ont gâché mes plans. »

Hitler ne croyait pas si bien dire. Les Italiens l'entraîneront dans leur équipée. Ils lui feront perdre deux mois pour déclencher son offensive contre l'URSS. Grâce à quoi, l'hiver russe le précédera au rendez-vous de Moscou.

*
* *

Attaqué, le gouvernement grec s'empresse de faire appel aux Britanniques, conformément aux accords signés avec Chamberlain le 13 avril 1939. La réponse leur met du baume au cœur.

Le roi George VI, suivant l'avis du cabinet de guerre, mande à son homologue Georges II :

> « Votre cause est la nôtre. Nous lutterons contre l'ennemi commun. »

Churchill tient le même langage.

N'est-ce pas trop s'engager ? Les moyens anglais demeurent limités. Le danger n'est pas totalement écarté sur la Manche. L'Egypte est menacée. La bataille de l'Atlantique débute. La flotte italienne, en Méditerranée, surclasse quantitativement la Navy. La Regia Aeronautica dispose de bases rapprochées en Sicile et en Calabre. L'îlot de Pantellaria peut lui servir de relais. La Crète, terre grecque, n'est pas aménagée en base aéronavale. Malte, forteresse britannique, est à préserver. Churchill, en juillet 40, a juré de défendre ce « porte-avions » immobile barrant le détroit de Sicile.

Les Anglais, sur le théâtre méditerranéen, se voient devant bien des fers au feu. Se battre en Libye. Organiser la Crète. Garder Malte. Protéger leurs convois. Veiller sur le tumultueux Proche-Orient. Et maintenant soutenir les Hellènes...

*
* *

Face à un pays de 7 millions d'habitants, le Duce s'attend à une simple promenade militaire. Il sous-estime la détermination des Grecs, leurs 16 divisions, leur connaissance du terrain, les insuffisances des siens, les rigueurs de la saison.

Le 28 octobre à 5 h du matin, 24 divisions se mettent en mouvement sur les 200 km de la frontière albanaise. Au nord, la Yougoslavie est neutre. Pour quelques mois encore. Comme la Bulgarie. L'Albanie est bien la seule base de départ possible.

Il pleut à seaux. Sur les hauts des monts Grammos, il neige. L'aviation est aveugle. Partout, la boue entrave les pistes et les routes.

Le général Prasca et son état-major ont prévu deux axes d'effort : le long de la côte de l'Adriatique et au centre du dispositif en direction de Janina et Mezzovo. La prise de ces deux carrefours stratégiques ouvrirait l'accès de la péninsule.

Tapis sur les crêtes, retranchés derrière des barrières rocheuses, les avant-postes grecs connaissent leur première mission : gagner du temps.

Quelques jours durant, les Italiens se croient vainqueurs. L'adversaire se replie. L'avance se poursuit, en dépit des cataractes et des harcèlements. Au sud, en Epire, le fleuve Kalamas est franchi. Le 6 novembre, Igoumenitsa, en face de

Corfou, tombe. Au centre, dans le massif du Pinde, la percée paraît acquise. Il n'en est rien. Un piège se met en place. Le commandement grec laisse la division alpine Julia s'enfoncer dans les défilés entre les monts Grammos et Smolika. Les généraux italiens ne voient pas que, sur les hauts, les renforts grecs accourent pour fermer la nasse.

Le 14 novembre, la contre-offensive se déclenche. Poussant leur séculaire cri de guerre « Aéra ! », les troupes grecques se lancent à l'assaut. Le front italien craque de partout. Dans le Pinde, la division Julia, quasiment encerclée, ne sauve qu'un millier d'hommes. En quelques jours, les Italiens sont reconduits à la frontière, laissant derrière eux un butin impressionnant. Les Grecs, sans marquer d'arrêt, pénètrent en Albanie. Au nord, l'importante cité de Koritsa est prise le 22 novembre.

Mussolini, accablé, en est réduit à constater sa déconfiture :

> « C'est absurde et grotesque, mais c'est ainsi. Il faut demander un armistice par l'intermédiaire de Hitler ! »

Dans l'immédiat, il n'en aura pas besoin. Sur les hauts plateaux albanais, à 1 200 m d'altitude, la température tombe à – 20°. Fin décembre, les antagonistes sont contraints de s'immobiliser. Mais les Grecs n'en sont pas moins les vainqueurs. cinq divisions italiennes sont décimées. De rage, Mussolini maudit, une fois de plus, ses compatriotes. Il parle de ne mobiliser que les habitants de la vallée du Pô et de l'Italie centrale. Les autres fabriqueront des armes pour « l'aristocratie guerrière ».

Envers et contre tout, il veut pourtant croire à une possible revanche. Alors que le froid stoppe les mouvements, il prescrit d'organiser une nouvelle offensive.

Le général Prasca a payé pour la défaite. Il a été rétrogradé. Cavallero, son successeur, se trouve à la tête de 260 000 hommes. Le 25 janvier 1941, devant le besoin urgent de victoire pour lui comme pour son chef, il repart à l'attaque, profitant d'un répit climatique, mais les Grecs rejettent l'assaillant au-delà de sa base de départ. Cavallero, comme d'autres, a échoué. La neige, le froid reviennent en force. Il n'y aura plus d'activité sur le front pendant six semaines. Le 10 mars, Mussolini ordonne une nouvelle offensive. Le 16, Cavallero doit l'arrêter. Dominant le froid, la boue, la mitraille, les combattants hellènes ont une nouvelle fois repoussé ses divisions.

*
* *

Les Anglais, de leur côté, ne restent pas inactifs. Dans la nuit du 11 novembre 1940, l'amiral Cunningham lance un raid audacieux. L'aviation embarquée à bord du porte-avions *Illustrious* s'en prend à la base navale de Tarente. trois cuirassés, deux croiseurs italiens y sont mis hors service. Deux mois plus tard, les Stukas vengent leur allié. L'*Illustrious* est gravement touché, le croiseur *Southampton* coulé. Mais Cunningham ne tarde pas à prendre sa revanche. Au large du cap Matapan, dans la nuit du 28 au 29 mars 1941, il envoie par le fond trois croiseurs italiens et deux torpilleurs. La veille, il avait gravement endommagé le cuirassé *Vittorio Veneto*. Le gros de la flotte italienne a disparu. Si les Grecs n'en sont guère soulagés, les Anglais y gagnent un répit. Les convois sur Malte et Alexandrie, pour quelques semaines, circulent plus sûrement. Le ravitaillement des troupes italiennes en Libye devient plus difficile.

*
* *

Infortuné Mussolini ! Son aventure hellène tourne à l'humiliation.

Hitler supporte mal les revers de son associé. Le prestige de l'Axe est affecté. L'opération que lui-même prépare contre l'Union soviétique implique que le calme règne dans les Balkans. Mussolini, par son entreprise inconsidérée, y a allumé un brûlot. Le Führer, surtout, craint pour les puits de pétrole roumains dont il a un besoin absolu. Depuis les aéroports grecs, les Blenheim anglais n'en sont qu'à 300 km. La Roumanie, certes, n'est pas en guerre, mais nul n'ignore qu'elle est inféodée à l'Allemagne. Le pétrole de Ploesti s'écoule au seul profit du IIIe Reich.

Le 13 décembre 1940, dans sa directive n° 20, Hitler prévoit l'invasion de la Grèce (nom de code « Marita »), « afin de faire avorter les efforts anglais pour créer, sous le couvert d'un front balkanique, une dangereuse base aérienne [...] qui menacerait gravement d'abord l'Italie puis les gisements pétrolifères roumains ».

*
* *

Pour intervenir contre la Grèce, la Wehrmacht peut agir depuis la Roumanie, la Bulgarie, et surtout la Yougoslavie.

La Roumanie du général Antonescu s'est placée dans l'orbite allemande. Utiliser son sol comme base de départ ne suscite donc pas de difficultés. Quant à ses voisines, elles devraient se montrer « compréhensives ».

La Bulgarie a compté parmi les perdants de 14-18. Sa collusion avec les empires centraux lui a coûté son accès à la mer Egée. Elle aspire à le récupérer. Cette arrière-pensée guide sa politique étrangère. Au plan intérieur, les rivalités politiques ne l'ont pas épargnée. Le roi Boris III a finalement instauré un régime dictatorial et s'est rapproché de l'Allemagne dont les émissaires se trouvent ainsi en terrain favorable. En février 1941, la Bulgarie accepte d'adhérer au pacte tripartite. Le 1er mars, la Wehrmacht entre librement dans le pays. Elle est à pied d'œuvre pour attaquer en Thrace et en Macédoine.

La Yougoslavie est un Etat mal affermi, né lui aussi de la Première Guerre mondiale [1]. La belle résistance des Serbes et de leur roi, Pierre Ier, leur a valu le rattachement d'anciennes

1. La dénomination de Yougoslavie a remplacé en 1929 celle de « Royaume des Serbes, des Croates et des Slovènes ».

La Yougoslavie de 1940 regroupe environ 18 millions d'habitants sur 250 000 km^{2} dans une grande diversité ethnique : Serbes, 40 % ; Croates,

terres autrichiennes ou turques [1]. Mais cette unification est artificielle. L'antagonisme persiste entre Serbes, Slovènes et Croates. Ces derniers supportent mal la prééminence des premiers. A Marseille, en 1934, un attentat fomenté par l'un d'eux a coûté la vie au roi Alexandre.

Depuis, le prince Paul, cousin du défunt, assure la régence jusqu'à la majorité du prince héritier Pierre. Il subit les pressions allemandes. Le 25 mars 1941, il accepte d'adhérer au pacte tripartite. Cette décision provoque la révolte dans un pays qui n'a pas oublié le conflit précédent. Dans la nuit du 26 au 27 mars, le régent et son équipe sont renversés par un groupe d'officiers nationalistes. L'événement déclenche la liesse populaire. Le jeune Pierre II monte sur le trône et confie au général Simovitch le soin de former un gouvernement hostile au IIIe Reich.

* * *

La réaction allemande est brutale. Hitler lui a donné un indicatif significatif : Punition ! Il entend châtier les Yougoslaves. « La Yougoslavie doit être traitée en ennemie et écrasée aussi rapidement que possible. »

Le 6 avril à l'aube, la 4e flotte aérienne commence à pilonner Belgrade. Durant trois jours, elle déversera ses bombes sur le cœur de la ville. On relèvera 17 000 victimes civiles. Simultanément, la Wehrmacht débouche de Roumanie et Hongrie, alignant 21 divisions dont 6 PD. Les Italiens, de leur côté, lancent 8 divisions depuis l'Albanie et l'Istrie.

L'armée yougoslave compte, en théorie, 18 divisions d'infanterie et 3 divisions de cavalerie. Mais la surprise entrave sa mobilisation. Son armement est insuffisant, son aviation inexistante. Elle pourrait, comme le lui recommande Churchill, se porter vers le sud et frapper alors un coup

---

22 % ; Slovènes, 8 % ; musulmans, 8 % ; Albanais, 6 % ; Macédoniens, 5 %, et de nombreuses minorités (Monténégrins, Hongrois, Turcs, Roumains, Italiens, etc.).

1. Et même hongroises dans le nord.

redoutable sur les arrières des Italiens. Elle ne le fait pas. Elle préfère tenter de couvrir sa frontière septentrionale et Belgrade au risque d'être prise à revers. Ce qui se produira.

Les percées puis les enveloppements germano-italiens sont rapides. Zagreb tombe le 11 avril, Belgrade le 13, Raguse (Dubrovnik) le 17. Au sud, la 12e armée de von List, surgissant de Bulgarie, a attendu deux jours pour déclencher son offensive ; elle finit de prendre le dispositif adverse de flanc. L'un de ses corps d'armée, remontant vers le nord, accentue la pression sur la capitale. Un autre s'engouffre vers la vallée du Vardar qui mène à Salonique.

Moins de quinze jours suffisent pour annihiler l'armée yougoslave. Pierre II réussit à gagner les bouches de Kotor sur la côte dalmate d'où un hydravion Sunderland l'embarque. Le souverain ne renonce pas. A l'exemple du roi de Norvège et de la reine de Hollande, il rejoint Londres afin de poursuivre la lutte.

Sur le terrain, ses généraux sont contraints de capituler. Le 18 avril tout est terminé. Les vainqueurs se partagent les trophées. L'Italie s'empare de la Slovénie, la Bulgarie de la Macédoine, la Hongrie du Banat. La Croatie devient indépendante sous l'égide d'Ante Pavelitch. Le reste de la Yougoslavie est occupé par Allemands et Italiens. Les plus courageux commencent à se réfugier dans la montagne où ils organiseront des maquis qui mèneront la vie dure aux occupants.

*
* *

L'effondrement yougoslave aggrave la situation des Grecs.

Churchill cependant a tenu parole. Depuis le 5 mars, un contingent venu d'Egypte débarque sur le continent. L'effort est méritoire. Rommel et son Afrikakorps déboulent en Cyrénaïque. Aussi les Britanniques, en dépit de leur bonne volonté, ne parviennent-ils à envoyer que deux divisions et une brigade blindée [1]. Pour les appuyer, le général Wilson,

1. 2e division néo-zélandaise, 6e australienne et 1re brigade blindée anglaise.

leur patron, ne dispose que de 80 avions. La Luftwaffe en a dix fois plus. Le seul avantage des Anglais se situe sur la mer. Mais la bataille de Grèce est d'abord une bataille terrestre.

Après les campagnes de Pologne et de France, la Wehrmacht constitue un outil bien rodé. Elle vient d'éliminer la Yougoslavie. Elle se précipite maintenant avec toute sa puissance contre la Grèce. Par Monastir, par le Vardar, elle pénètre dans la péninsule.

Le corps de bataille grec est scindé en deux. L'un fait face à la frontière d'Albanie ; l'autre tient la ligne Metaxas, devant la Bulgarie. Les Britanniques, accourus à la rescousse, se trouvent dans une situation difficile, pratiquement seuls au centre et coupés de leurs alliés.

Salonique tombe le 9 avril. La mer Egée est atteinte. La ligne Metaxas, solide fortification destinée à couvrir la Macédoine, est tournée comme l'a été naguère la Ligne Maginot.

Le général Wilson se doute que la partie est perdue et qu'il devra se rembarquer. Il s'efforce de verrouiller les routes du sud et s'accroche au massif du mont Olympe. Attaques allemandes, contre-attaques britanniques se succèdent du 10 au 13 avril. La bataille fait rage pour Larissa, enfin abandonnée le 19. L'ensemble de la position du mont Olympe est finalement tourné par l'ouest. L'histoire se répète. Le célèbre défilé des Thermopyles s'avère l'ultime rempart d'Athènes. Trois jours et trois nuits durant, les Néo-Zélandais revivent l'épopée de Léonidas et de ses compagnons. Leur résistance permet les regroupements en vue d'évacuation par les ports de l'Attique et du Péloponnèse. Le 20 avril, les Thermopyles doivent être abandonnés. A la même date, les divisions grecques du front d'Albanie capitulent. Plus au sud-ouest, la colonne de la division SS Adolf-Hitler, après avoir pris Yanina, traverse le golfe de Corinthe et occupe Patras. Le 26, des parachutistes s'emparent du pont sur le canal de Corinthe. Le Péloponnèse est investi de toutes parts. Le 25, le svastika flotte sur l'Acropole.

Cunningham et Wilson, en dépit de la Luftwaffe, ont réussi à rembarquer 41 000 hommes. 18 000 ont gagné la Crète, 7 000 l'Egypte par la Crète, 16 000 l'Egypte directement. Le pire a été évité. 12 000 combattants seulement ont été perdus sur les 53 000 engagés. Ce retour, cependant, ne s'est pas effectué sans dommages. Comme à Dunkerque, la quasi-totalité du matériel lourd a été abandonnée. Les rescapés n'ont emporté que leur armement individuel. 26 navires, grecs ou britanniques, ont été coulés.

La défaite est incontestable. En trois semaines, la Wehrmacht a renouvelé sa démonstration de supériorité. La Grande-Bretagne n'a pu protéger les Grecs. Leur pays est occupé. Leur roi a dû s'enfuir en Crète. Leurs aéroports sont à la disposition de la Luftwaffe. Contrepartie non négligeable, 1 croiseur, 6 destroyers, 4 sous-marins grecs ont réussi à rallier Alexandrie. Ils combattront courageusement aux côtés des Britanniques [1].

Hitler a occupé la Yougoslavie et la Grèce en moins d'un mois. Ces quatre semaines d'avril, passées dans les Balkans, peuvent paraître brèves. Elles seront décisives à long terme. L'armée von List, enlisée sur les mauvaises routes de la péninsule hellénique, devra remonter vers le nord, panser ses plaies et réviser son matériel. Mai y sera employé. Le dispositif allemand pour frapper en URSS ne sera prêt qu'à la mi-juin. Deux mois précieux de bonne saison auront été perdus à cause de Mussolini et de l'avancée jusqu'aux rives de la mer Egée.

*
* *

L'échec de l'intervention britannique en faveur de la Grèce est un coup sensible pour Winston Churchill. Même si le

1. Les pertes yougoslaves et grecques sont importantes : 335 000 soldats et 6 000 officiers yougoslaves faits prisonniers ; 218 000 Grecs faits prisonniers ; 15 000 ont été tués ou portés disparus.

En revanche, les pertes allemandes sont légères : 1 500 tués, 3 400 blessés.

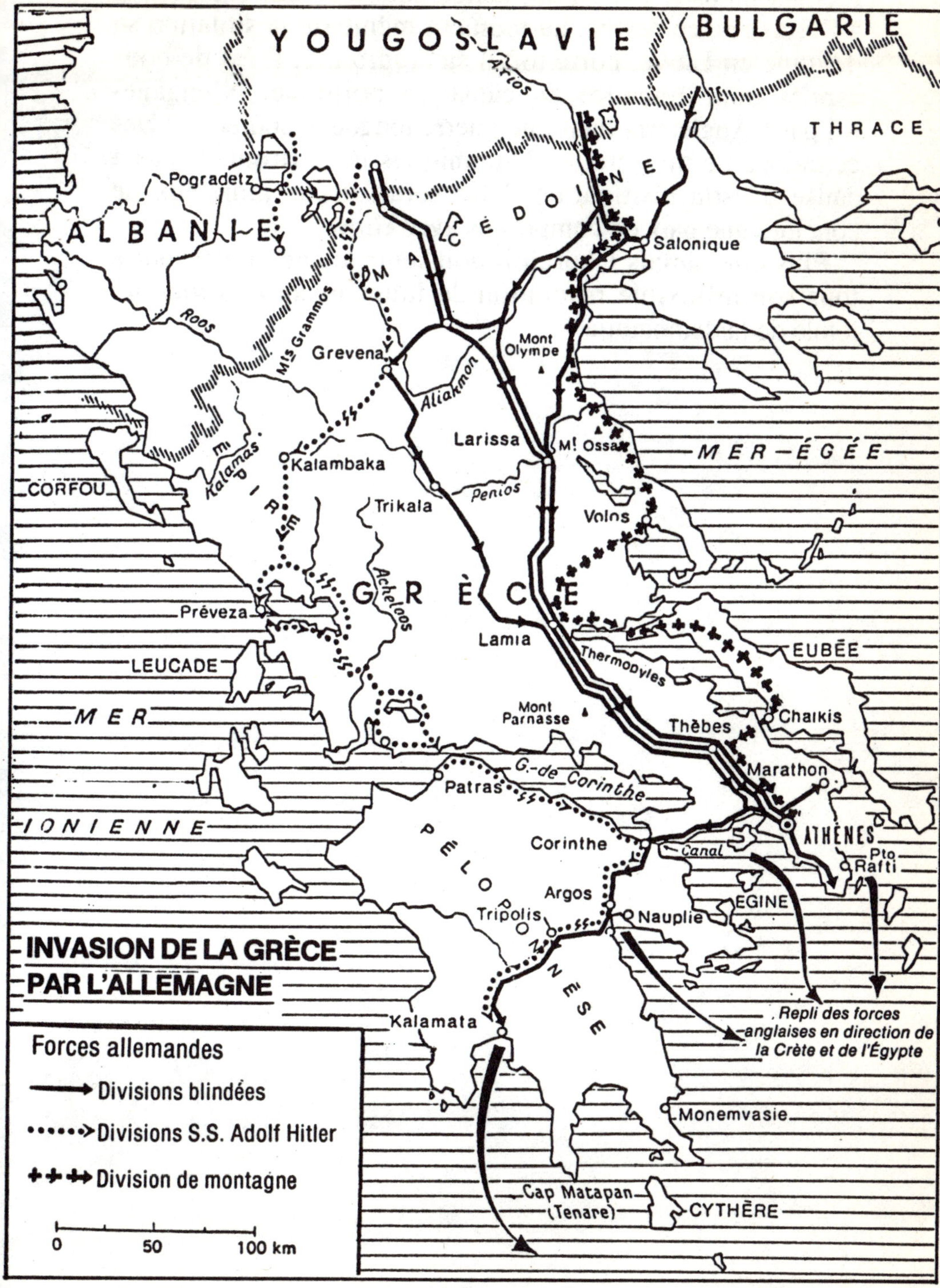

INVASION DE LA GRÈCE PAR L'ALLEMAGNE

Premier ministre jouit d'une solide notoriété dans son pays et à l'étranger, ce revers, au moment même où la situation se dégrade en Libye, porte tort à sa crédibilité. Il est de bons esprits pour remettre en cause sa politique. N'engage-t-il pas l'Angleterre dans une guerre longue et coûteuse ? Des centaines de milliers de Britanniques ne périront-ils pas à cause de son obstination ? Ne serait-il pas judicieux de conclure une paix de compromis avec Hitler ?

Plus que jamais Churchill doit tenir le cap et affirmer à tous son inflexible résolution de lutter jusqu'à la victoire totale de la démocratie.

Chapitre XIII

L'OPÉRATION « MERCURE » CONTRE LA CRÈTE

Les Allemands occupent la Grèce par conquête et Rhodes par Italiens interposés [1]. Cette présence sur le pourtour de la mer Egée offre un double avantage. Elle couvre le pétrole roumain. Elle permet d'assurer une meilleure protection des convois ralliant la Libye.

Cependant, bouchant la mer Egée au sud, contrôlant l'accès à la Méditerranée orientale, une île les gêne toujours : la Crète. Des rivages crétois à ceux de Cyrénaïque il n'y a que 300 km. La distance pour atteindre Ploesti n'est que le double.

Objectif stratégique par excellence, la Crète se présente comme une longue langue de terre de 250 km de long sur 12 à 50 km de large, au relief accusé. Une ligne de crêtes court d'ouest en est, dépassant parfois les 2 000 m. Les petites plaines côtières de la face septentrionale sont reliées

1. Sous domination ottomane depuis 1522, l'île de Rhodes a été occupée par les Italiens en 1912. (La Grèce la récupérera en 1947.)

par une voie unique. Les pénétrantes vers l'intérieur s'assimilent plus à des pistes qu'à des routes. Un seul mouillage, bien abrité, est vraiment exploité : la baie de la Sude. Les trois aéroports de Malème, Rethimno et Héraklion ne disposent pas de grands équipements. Bref, cette île d'aspect typiquement méditerranéen, où les dénivelées sont fréquentes, se prête plus aux combats d'infanterie qu'à des manœuvres de blindés.

Dans son bras de fer avec la Grande-Bretagne, Hitler pourrait préférer Malte à la Crète. Il s'emparerait d'une citadelle à haute valeur de symbole. Malte comme Gibraltar et Suez jalonne la route impériale des Indes en Méditerranée. Quel coup porté à l'orgueil d'Albion que de remplacer à La Valette l'Union Jack par le svastika ! De plus, la Méditerranée orientale serait encore mieux verrouillée, mais ce faisant, le Führer n'écarterait pas la menace sur Ploesti [1]. Il opte donc pour la Crète. Sa directive n° 28 du 25 avril 1941 ordonne de préparer l'opération « Mercure » visant à « occuper l'île de Crète afin de l'utiliser comme base aérienne contre l'Angleterre en Méditerranée occidentale ».

La Crète – mais les Allemands ne le savent pas – est mal protégée. Le général néo-zélandais Freyberg ne dispose que de 27 500 combattants britanniques (ou originaires des dominions). Plus de 20 000 sont des rescapés de Grèce. Ils ont débarqué épuisés, désorganisés et pratiquement les mains nues. Les Grecs sont environ 14 000, mais pas mieux armés. La DCA manque. Seuls deux escadrons de chars ont été acheminés en renfort. La RAF est quasiment inexistante. La côte égyptienne est trop loin. La Luftwaffe pilonne les aérodromes. Le seul soutien ne peut venir que de la Navy, encore qu'Alexandrie soit à 460 miles.

Les Britanniques bénéficient cependant d'un atout considérable. Grâce à Ultra, ils savent où, quand et comment les

1. Il est d'ailleurs beaucoup plus difficile d'attaquer Ploesti à partir de Malte : distances plus importantes, barrage immédiat de la Sicile, bombardement ininterrompu de la Luftwaffe.

Allemands frapperont. L'assaillant surgira du ciel. La présence de la Navy exclut une attaque d'envergure par mer.

Pour mener à bien l'opération Mercure, le général Student [1] s'est vu confier de gros moyens : une division parachutiste, une division de montagne, un régiment d'assaut [2], 500 avions de transport Ju 52, 180 planeurs DFS 230, 150 Stukas, 160 bombardiers, 180 chasseurs.

Avec ses parachutistes Student dispose d'une troupe d'élite d'une qualité exceptionnelle. Sélectionnée. Ardente. Expérimentée.

> « Tes yeux bien ouverts, agile comme un lévrier, résistant comme du cuir, dur comme l'acier Krupp, tu seras l'incarnation du guerrier allemand. »

Ainsi se termine le code d'honneur des paras hitlériens. L'entraînement est leur quotidien. La grandeur du IIIe Reich, leur orgueil. Beaucoup ont sauté en Hollande. Tous, prêts au sacrifice, vivent dans l'attente d'être engagés, résolus à vaincre ou à mourir.

Student a du métier. Il a dirigé avec succès l'opération aéroportée contre la Hollande. Cette fois l'affaire présente une envergure encore supérieure. Elle ne l'effraie pas. Il prévoit d'agir en deux temps. Une première vague investira Malème et La Canée à l'ouest. Une seconde, huit heures après, interviendra sur Héraklion et Rethimno à l'est.

Athènes est tombée le 25 avril. Regrouper les parachutistes stationnés en Allemagne et leur matériel implique des délais. Les voies ferrées et routes balkaniques ne permettent pas des concentrations rapides sur les aérodromes du Pélo-

---

1. Le général Löhr, chef de la 4e flotte aérienne, est le commandant en titre de l'opération. Student, patron des forces terrestres, est le premier responsable de la conduite de l'opération aéroportée.

2. 7e division parachutiste (12 000 hommes) ; 5e division de montagne (9 750 hommes) ; régiment d'assaut parachutiste (3 000 hommes) ; soit quelque 25 000 hommes.

ponnèse. Trois semaines s'écoulent à réaliser ces divers mouvements. L'opération Mercure n'est susceptible de débuter que le 20 mai.

*
* *

20 mai. 7 h 15. Deux compagnies du Fallschirm-Sturmregiment se posent en planeurs aux abords de l'aérodrome de Malème. Peu après, le régiment tout entier saute de part et d'autre de la ville.

Les Ju 52 ont largué leurs sticks à 120-150 mètres d'altitude. Une vingtaine de secondes suffisent pour arriver au sol. Mais le vent est fort. Des zones de saut sont tenues. Les Néo-Zélandais étaient sur leurs gardes. Des paras tombent dans la mer. D'autres sont pris à partie dès leur sortie des avions. Certains sont tués en l'air, nombre d'autres à terre avant d'avoir eu le temps de se dégrafer. Les Bren [1] et les Lewis [2] fauchent les assaillants. Les 303 [3] les ajustent impitoyablement. Obusiers et mortiers interviennent. Leurs salves écrasent les angles morts. Les pertes sont très lourdes. Le 3e bataillon cesse d'exister en tant qu'unité constituée. Les rescapés de ces tirs meurtriers se retranchent de leur mieux, réduits à la défensive. Impossible de s'emparer du terrain d'aviation.

Sur La Canée, la situation n'est pas meilleure pour les Allemands. Le Fallschirmjäger-Regiment rencontre les mêmes difficultés et subit les mêmes pertes. Le général Susmann, commandant la division, a lui-même été tué avant d'arriver sur l'objectif. Son planeur s'est écrasé sur l'île d'Egine, au large du Pirée.

L'alerte cependant a été chaude pour le roi Georges II réfugié à Perivolio, au sud de La Canée. Il n'a eu que le temps de s'esquiver et de gagner la montagne avec son escorte.

---

1. Fusil mitrailleur anglais, équivalent du FM/24-29 français.
2. Mitrailleuse légère anglaise.
3. Fusil Enfield à répétition, dénommé 303 à cause du calibre de sa munition.

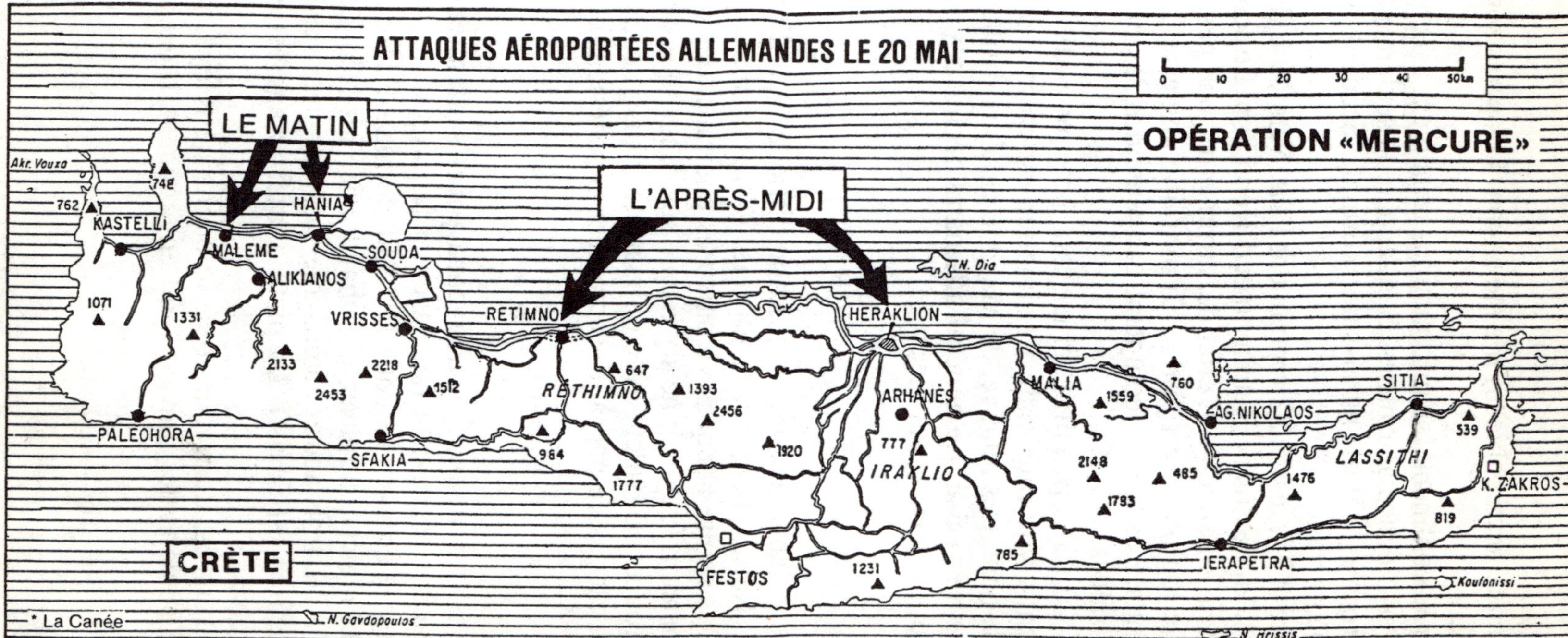

ATTAQUES AÉROPORTÉES ALLEMANDES LE 20 MAI
0 10 20 30 40 50 km
OPÉRATION «MERCURE»
LE MATIN
L'APRÈS-MIDI
Akr. Vouxa
762
748
KASTELLI
MALEME
HANIA
SOUDA
ALIKIANOS
1071
1331
2133
2453
2218
VRISSES
1512
RETIMNO
RETHIMNO
647
1393
2456
1920
964
1777
PALEOHORA
SFAKIA
N. Dia
HERAKLION
ARHANES
777
IRAKLIO
FESTOS
1231
785
MALIA
1559
760
2148
485
1793
AG. NIKOLAOS
SITIA
539
LASSITHI
1476
K. ZAKROS
819
IERAPETRA
Koufonissi
CRÈTE
* La Canée
N. Gavdopoulos
N. Hrissis

A midi, aucun objectif n'a été atteint. Les paras sont cloués au sol.

Sur le continent, les informations remontent avec parcimonie. Pas d'échos alarmistes. Sept appareils seulement ne sont pas rentrés. Tout paraissant normal, Student lance la deuxième vague.

A 13 h 30, les Ju 52 reprennent l'air. Vers 15 h ils se présentent au-dessus de Rethimno et d'Héraklion. Le scénario du matin se renouvelle. L'effet de surprise ne joue pas. Le vent souffle toujours avec force. La mitraille anglaise fauche les arrivants. Les tués se comptent par centaines, les prisonniers par dizaines.

Le 20 au soir, enfin, grâce aux liaisons radio établies, Student y voit plus clair. La situation est critique à l'est. La tête de pont, très relative, de Malème paraît la meilleure ou la moins mauvaise. Le général allemand décide d'y jouer son va-tout par terre et par mer.

*
* *

Les Allemands sont en position difficile. Peu d'armement lourd. Retranchements de fortune. Vivres et munitions limités. Des contre-attaques vigoureuses pourraient les déloger et les anéantir. Freyberg ne s'y risque pas. Il manque de blindés. Ses troupes se battent avec opiniâtreté, mais la campagne de Grèce est passée par là. Encadrement et cohésion font défaut.

*
* *

Le 21 au matin, 500 nouveaux paras sautent encore sur Malème. Cet appoint fait basculer le rapport des forces. Il permet d'enlever la cote 107 qui domine l'aérodrome et qu'ont malencontreusement abandonnée les Néo-Zélandais. A 14 h 30, trois autres compagnies sont larguées sur Malème. Ce renfort est décisif. La piste d'atterrissage est en partie contrôlée.

Peu après, un risque-tout, le capitaine Kleye, pose son Ju 52 en dépit des impacts qui l'environnent. Il décharge des munitions et embarque des blessés. Ce coup d'audace galvanise les combattants prêts à tous les sacrifices. Il donne le signal d'une noria d'avions de transport.

A partir de 16 h, en dépit du tir britannique, les Ju 52 se présentent en approche d'atterrissage. Certains s'écrasent aux abords du terrain. D'autres, atteints par le feu adverse, s'immobilisent et sont poussés à la hâte hors de la piste. Cependant, sans souci des pertes, les pilotes allemands posent leurs appareils. 650 chasseurs de montagne sont ainsi amenés à pied d'œuvre. Cette troupe fraîche permettra de l'emporter.

La nuit en mer est tragique. Un convoi de 25 petits bâtiments [1] a quitté Le Pirée le 21 vers 9 heures pour la Crète. Il emporte vers Malème des chasseurs de montagne de la 5e division. Vers 23 h, il se heurte à l'escadre de l'amiral Glennie. Les trois croiseurs et les quatre destroyers britanniques font des ravages. En partie détruit, le convoi doit faire demi-tour vers Le Pirée.

Plus de 500 hommes périssent noyés. Le 22, vers 9 h 30, un second convoi parti de Milos connaît le même destin. Les renforts allemands ne parviendront pas en Crète par voie maritime. Pour l'instant du moins.

La Navy sillonne la mer, mais la Luftwaffe occupe le ciel. Il est risqué de se hasarder sur les flots de la mer Egée de jour. Le 22, la Luftwaffe s'en prend aux vainqueurs de la nuit. Décollant des aérodromes proches, elle ne cesse de renouveler ses attaques. Les cuirassés *Warspite* et *Valiant* sont endommagés, les croiseurs *Fidji* et *Gloucester* coulés. Chacun des belligérants a bien délimité son domaine. La Navy ne s'aventurera plus au nord de la Crète.

*
* *

Sur terre, la lutte se poursuit, farouche, opiniâtre. Le sol durci par les premières chaleurs se prête mal aux travaux de

1. Flottille assez hétéroclite à base de bâtiments de pêche grecs.

retranchement. Les murettes de pierres sèches deviennent des parapets, les maisonnettes des fortins. Les grenades fusent sous les oliviers séculaires. Les impacts des armes automatiques s'acharnent sur les blocs rocheux derrière lesquels des ombres ont paru se dissimuler. Bombes et obus explosent dans des gerbes de rocaille et de poussière. Aux abords de Malème, des dizaines d'avions, blessés à mort, se consument en dégageant une épaisse fumée. Les civils crétois se joignent à la lutte. De petits groupes de volontaires pourchassent et dépouillent les paras isolés. Les représailles sont impitoyables. Dix Crétois sont exécutés pour un Allemand « assassiné ».

Sur la piste de Malème, les rotations se poursuivent sans relâche et sans souci des pertes. Au rythme de vingt par heure, les appareils déposent des chasseurs de montagne. Ces arrivées massives permettent au général Ringel, patron des troupes au sol, d'envisager de progresser vers l'est, sur Héraklion et Rethimno. Les 1er et 2e régiments y attendent de l'aide. Il n'a été possible jusqu'alors que de leur parachuter des munitions.

Le 23, la défense britannique commence à faiblir. Insuffisance de moyens lourds, absence de DCA, supériorité totale de la Luftwaffe. Les quelques Hurricane basés en Crète ont été détruits dès le début de l'offensive.

Le 24, deux compagnies parachutistes, rassemblées à la hâte sur le terrain de Malème, sautent sur Héraklion pour soulager leurs camarades encerclés. La nuit suivante, le contact est assuré avec une colonne progressant par les hauts.

Date tragique pour le Royaume-Uni que ce 24 mai 1941 !

En plein Atlantique, entre Islande et Groenland, d'un seul obus ayant atteint la soute à munitions, le *Bismarck* détruit le *Hood*, orgueil de la flotte britannique. 1 500 officiers et marins disparaissent avec le bâtiment.

A Londres, l'*Evening Standard,* sentant poindre la défaite en Crète, publie :

« Cette journée est la plus grave qu'ait connue notre pays depuis Trafalgar. »

Mais la rencontre de Trafalgar s'était terminée sur une victoire, alors que la Crète est une défaite.

Le 26, les Allemands atteignent la baie de la Sude. Le lendemain, ils entrent à La Canée.

Churchill a pressé Wavell qui commande au Caire de jeter tout ce qui lui est possible au profit de la Crète. Mais Wavell a tant donné. En Grèce, en Afrique orientale, en Crète, en Libye surtout. Rommel, le 25 mai, est aux frontières de l'Egypte...

Freyberg a rendu compte des difficultés et de l'épuisement de ses troupes. Tenir n'est plus possible. Le ravitaillement n'arrive pas. Vivres et munitions font défaut. Le 26, autorisation est donnée d'évacuer.

Dans la nuit du 28 au 29, la Navy réalise l'évacuation d'Héraklion. 4 000 hommes peuvent être embarqués. Le 29, les Allemands trouveront la ville vide. A Rethimno, tous les défenseurs n'auront pas cette opportunité. La cité tombera le 30.

Le retour sur Alexandrie sera périlleux. Les aéroports de la Luftwaffe ne sont qu'à une demi-heure de vol des eaux crétoises. Le destroyer *Imperial* est coulé. L'*Orion* rejoindra Alexandrie avec 250 tués et 280 blessés à son bord (marins et soldats).

Le rembarquement le plus difficile se déroule au sud, dans le petit port de Skafia. Une mauvaise piste y conduit à travers les montagnes Blanches. Encore ne gagne-t-elle pas directement Skafia. Elle s'arrête au sommet de la falaise dominant le petit port. Un sentier la prolonge jusqu'à la mer. Et pour atteindre cette rive méridionale, les unités exténuées doivent franchir les cols surveillés et mitraillés par Stukas et Heinkel.

Cette retraite est aussi fatigante que dangereuse. Les deux commandos du colonel Laycock (750 hommes), récemment débarqués, en assurent l'arrière-garde. L'arrivée sur les hauts de Skafia ne signifie pas le salut. Les rescapés doivent attendre l'obscurité. Quatre nuits de suite, les bâtiments de la Navy se présentent au rendez-vous. Près de 12 000 hommes peuvent ainsi être embarqués (un destroyer a ramené le roi, un hydravion le général Freyberg), mais ils abandonnent véhicules et matériel.

Le 1er juin, à 16 h, le feu s'arrête devant Skafia. Les dernières troupes britanniques ont dû se rendre. La campagne de Crète est terminée.

*
* *

Le bilan final est très lourd pour les deux camps. Les Britanniques ont eu 1 700 tués, autant de blessés et laissent 11 800 prisonniers. 15 000 hommes ont été évacués en Egypte par la Navy qui accuse des pertes sensibles : 2 000 marins tués ; 3 croiseurs, 6 destroyers coulés ; 1 porte-avions, 3 cuirassés, 6 croiseurs, 9 destroyers endommagés. Plusieurs bâtiments, très sérieusement atteints, seront immobilisés de longs mois.

Les pertes allemandes sont aussi sévères. Sur 22 000 hommes engagés, 6 000 ont été tués, en grande majorité des parachutistes. 271 avions de transport, 180 chasseurs-bombardiers ont été détruits.

*
* *

Si Hitler a gagné la partie, sa victoire est à la Pyrrhus. Il a perdu les meilleurs de ses soldats. « La Crète, tombeau des paras allemands », a-t-on écrit. Avec de tels combattants, le maître du Reich aurait pu enlever Malte, Chypre et frapper au Moyen-Orient. Il aurait pu tenter un coup de force sur la Grande-Bretagne. Effrayé par le coût de l'opération, il renoncera désormais aux interventions aéroportées. Les paras se battront en fantassins.

Le Führer tiendra, cependant, à honorer la vaillance des combattants. Des croix de fer seront largement distribuées.

Quarante croix de chevalier seront décernées [1]. Un badge portant la mention « Kreta » sera attribué à tous ceux ayant rejoint l'île par aérotransport avant le 27 mai [2].

Cet acquis, si chèrement payé, ne sera pas exploité. Les préoccupations hitlériennes sont ailleurs. En URSS ! De 1941 à 1944 quelques milliers d'hommes occuperont la Crète. Sans plus. La résistance grecque les harcèlera. Ils se vengeront par représailles et exactions. Mais l'île de Minos ne jouera pas le grand rôle stratégique qui aurait pu être le sien. La grande île de la Méditerranée sera Malte.

---

1. Créée en 1813 par Frédéric-Guillaume III, la croix de fer, décoration militaire, ne comprenait initialement que deux classes. Durant la Seconde Guerre mondiale, elle fut organisée en huit classes, de 2e classe jusqu'à grand-croix (un seul titulaire, Hermann Goering).

2. 10 000 ont sauté en parachute ; 750 sont arrivés en planeur ; 5 000 par avion ; 6 000 par mer.

Chapitre XIV

« NOTRE AMI ROMMEL » *

Sur des centaines et des centaines de kilomètres, de Tripoli à Alexandrie, l'approche aérienne offre le même spectacle. Le bleu foncé de la Méditerranée s'éclaircit progressivement. Aux abords du rivage il cède la place à la transparence des hauts-fonds. La grève surgit, rectiligne et sableuse, à peine frangée d'un ourlet blanchâtre. Rares sont les promontoires ou les avancées rocheuses. Du sable. Toujours du sable ou, à défaut, une steppe dénudée.

Un peu en retrait de la côte, un ruban noir s'étire. La Via Balbia. Les Italiens, maîtres de la Libye, ont réalisé cet axe impérial qui mène à l'Egypte. L'Egypte. Plus de Via Balbia, une route sans prétention se double d'un autre repère simple, une ligne rectiligne, moins nette vue du ciel. La voie ferrée Solloum-Alexandrie [1]. Elle est œuvre anglaise sur cette terre où l'autorité du Royaume-Uni ne veut pas fléchir [2].

---

* Général Auchinleck.

1. Solloum est pratiquement sur la frontière égypto-libyenne.

2. Protectorat britannique en 1914, l'Egypte a obtenu son indépendance en 1936. Une indépendance très relative. Le Royaume-Uni s'est réservé la

Une mer remplace une autre mer. Teinte rouille ou jaunâtre suivant les heures du jour. Horizons sans fin de l'immensité désertique s'enfonçant jusqu'au cœur de l'Afrique. De-ci delà, les dépressions des chotts accusent un blanc de sel. Parfois, l'enfilade d'un escarpement biseaute d'un trait sombre la rupture de la plaine.

La vie se cherche et se découvre mal. Les tentes des nomades se fondent avec l'arrière-plan. Les pavés des maisonnettes des bourgades italiennes de colonisation se noient dans la monotonie de la zone côtière. Les vraies villes sont rares. Seules Tripoli et Benghazi peuvent prétendre à ce titre.

« L'Afrique – l'Afrique du Nord s'entend – pays froid où le soleil est chaud », a dit Lyautey. La Libye, l'Egypte septentrionale n'échappent pas à cette règle. De mars à novembre, le soleil règne en maître. Il écrase les hommes et les bêtes. Il rend les aciers brûlants. Il tarit les points d'eau. L'eau, richesse première ! Les puits sont rares et éloignés. Les pluies hivernales, quelques semaines, ranimeront le sol en bordure de la Méditerranée. Les nuits, alors, sont glaciales. Le froid, après la chaleur, devient l'ennemi. A moins que ce ne soit la tempête de sable. Une poussière très fine s'infiltre partout, dans les moteurs, dans les véhicules, sous les tentes, dans les voies respiratoires. La visibilité se réduit à quelques mètres. Les silhouettes deviennent des ombres ; s'orienter n'est alors plus possible. S'arrêter est la meilleure ressource pour ne pas s'égarer.

Tel est le cadre brutal dans lequel des hommes sont appelés à se battre. Marins autant que soldats, ils naviguent des jours durant dans les étendues désolées. Puis, brutalement, ils s'abordent pour un affrontement meurtrier. L'audace, l'imagination, la résistance sont les vertus cardinales pour l'emporter dans ces joutes du désert.

---

surveillance du canal de Suez (avec une importante base à Ismaïlia) ainsi que le port d'Alexandrie. Les services de Sa Majesté sont très présents et contrôlent de près le gouvernement de l'inconsistant roi Farouk.

* * *

Satisfait d'être entré en Egypte, Graziani a mis l'arme au pied [1]. Il a regroupé les 80 000 hommes de sa X^e armée en une dizaine de camps échelonnés à l'est de la frontière. Derrière, en Cyrénaïque et Tripolitaine, s'éparpille le reliquat (170 000 hommes) de son corps expéditionnaire. Avec de l'audace, Graziani aurait pu avancer jusqu'à Alexandrie. Mais le commandant en chef italien n'a pas l'humeur belliqueuse. Il préfère soigner l'ordinaire. Ses cantonnements bénéficient d'un confort que les Anglais apprécieront.

En face, Wavell a reçu quelques renforts. Ce qui ne signifie pas qu'il soit très riche. Pourtant, conscient de l'inertie de son adversaire, il aspire à l'éloigner du delta du Nil. Il confie ce soin au général O'Connor, un petit Irlandais, silencieux et timide, mais à l'imagination vive et à la décision ferme.

O'Connor ne dispose que de 36 000 hommes. La qualité supplée. La 7e DB, la 4e division indienne, le 7e Royal Tank avec 57 chars I sont des unités éprouvées [2]. Elles sont de nature à remplir la mission qu'O'Connor leur confie. S'infiltrer dans le désert. Se rabattre plein nord. Frapper les positions italiennes sur leurs arrières.

O'Connor regroupe les siens durant les nuits des 7 et 8 décembre 1940. La journée du 8 décembre paraît interminable. Des reconnaissances aériennes ne repéreront-elles pas la manœuvre qui s'amorce à une cinquantaine de kilomètres au sud de la côte ? Tout le dispositif doit rester immobile et camouflé. La veille est tout aussi pénible. Les nuits de décembre sont froides dans le désert égyptien.

L'attaque débute à l'aube du 9. Une légère brume voile l'horizon. La surprise est totale. L'irruption dans les lignes ita-

---

1. Cf. chapitre XI.
2. Elles forment officiellement le XIIIe corps d'armée. S'y joint également une troupe de la valeur d'une brigade dite Force Selby du nom de son général.

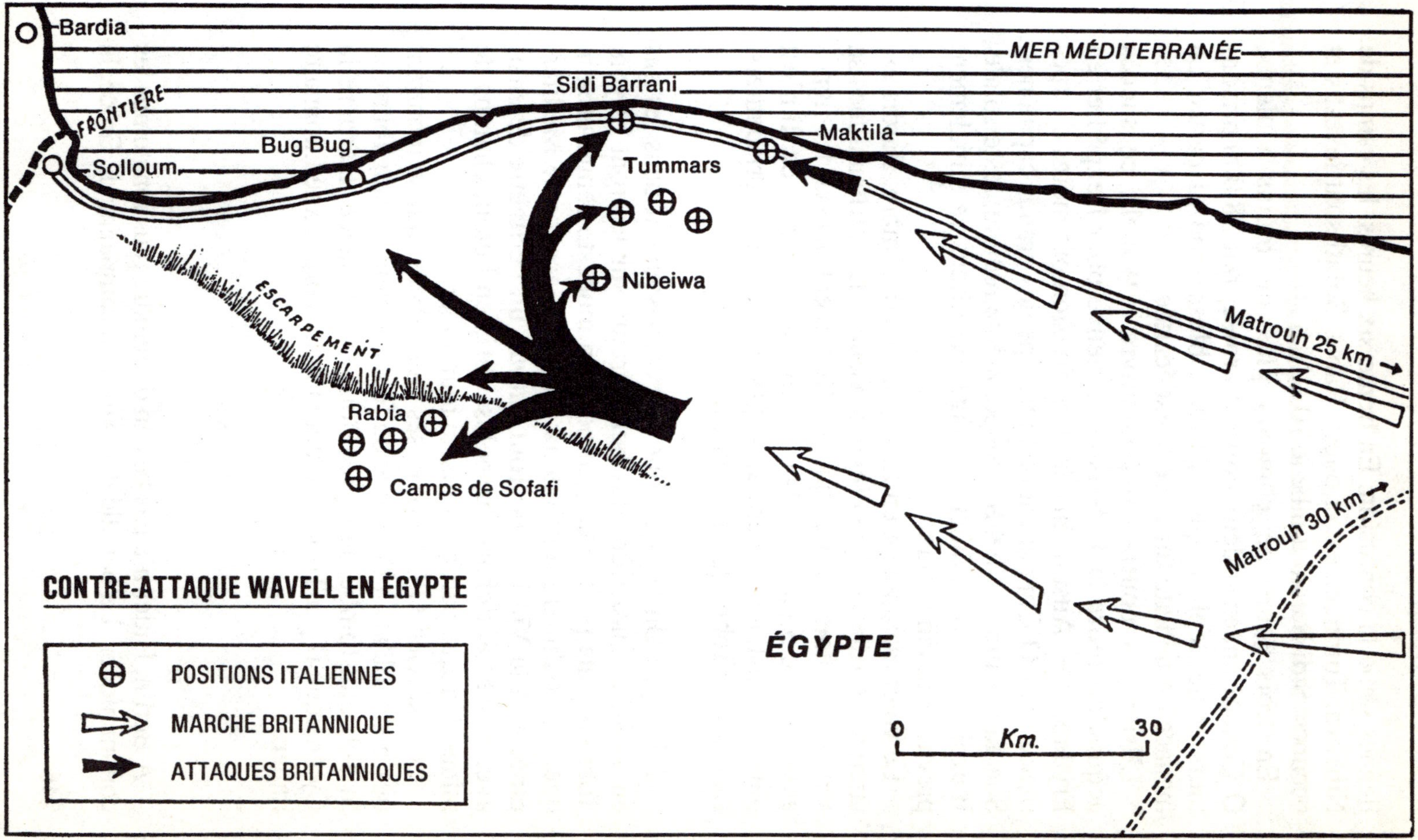
Bardia
MER MÉDITERRANÉE
Sidi Barrani
FRONTIERE
Bug Bug
Solloum
Maktila
Tummars
Nibeiwa
ESCARPEMENT
Rabia
Camps de Sofafi
Matrouh 25 km
Matrouh 30 km
CONTRE-ATTAQUE WAVELL EN ÉGYPTE
ÉGYPTE
POSITIONS ITALIENNES
MARCHE BRITANNIQUE
ATTAQUES BRITANNIQUES
0
Km.
30

liennes sème la confusion. En trente-six heures, les camps de Nibeiwa, Tummars est et ouest, Rabia, Sofati sont investis et occupés. Sidi Barani tombe le 10 à 16 h 30.

En trois jours de combats plus ou moins violents, O'Connor anéantit deux corps d'armée, fait 38 000 prisonniers et ne déplore que 624 tués, blessés ou disparus. La menace immédiate sur le delta est écartée.

L'Irlandais pourra-t-il poursuivre ? Wavell, ce succès acquis, lui retire la 4e division indienne pour l'expédier en Erythrée. Les Australiens de la 6e division ont moins d'expérience mais O'Connor est de la trempe des grands capitaines. Son adversaire vacille. Sa troupe, même réduite, reste solide. Il exploite la situation et prolonge une offensive initialement prévue pour cinq jours.

Le voici maintenant en Libye. Le 16 décembre, Bardia est atteinte, Bardia avec 45 000 défenseurs ! Les Britanniques se sentent des âmes de vainqueurs. Ils forcent partout les lignes adverses. Le 5 janvier 1941, la bataille est terminée. Il n'est plus de résistance à Bardia. 40 000 Italiens sont prisonniers. La route de Tobrouk est ouverte.

Tobrouk ! Un nom destiné à revenir souvent dans les pas en avant et en arrière des belligérants sur le front libyen. Tobrouk, une petite rade, un port, un modeste centre urbain, quelques palmiers souffreteux. Surtout l'accès à la Méditerranée et à la Via Balbia. Tout autour, un périmètre défensif avec fossés antichars, barbelés, abris en béton, champs de mines. Chaque partie l'utilisera tour à tour.

Le 7 janvier, O'Connor et ses Australiens, qui se montrent très bons soldats à l'épreuve du feu, campent devant Tobrouk. Si Tobrouk tombe, la Cyrénaïque est menacée. Derrière la Cyrénaïque il y a Tripoli, le poumon du corps expéditionnaire italien.

*
* *

A Berlin, Hitler n'a pas besoin d'attendre plus longtemps les communiqués. La bataille des Alpes, la campagne de Grèce, la

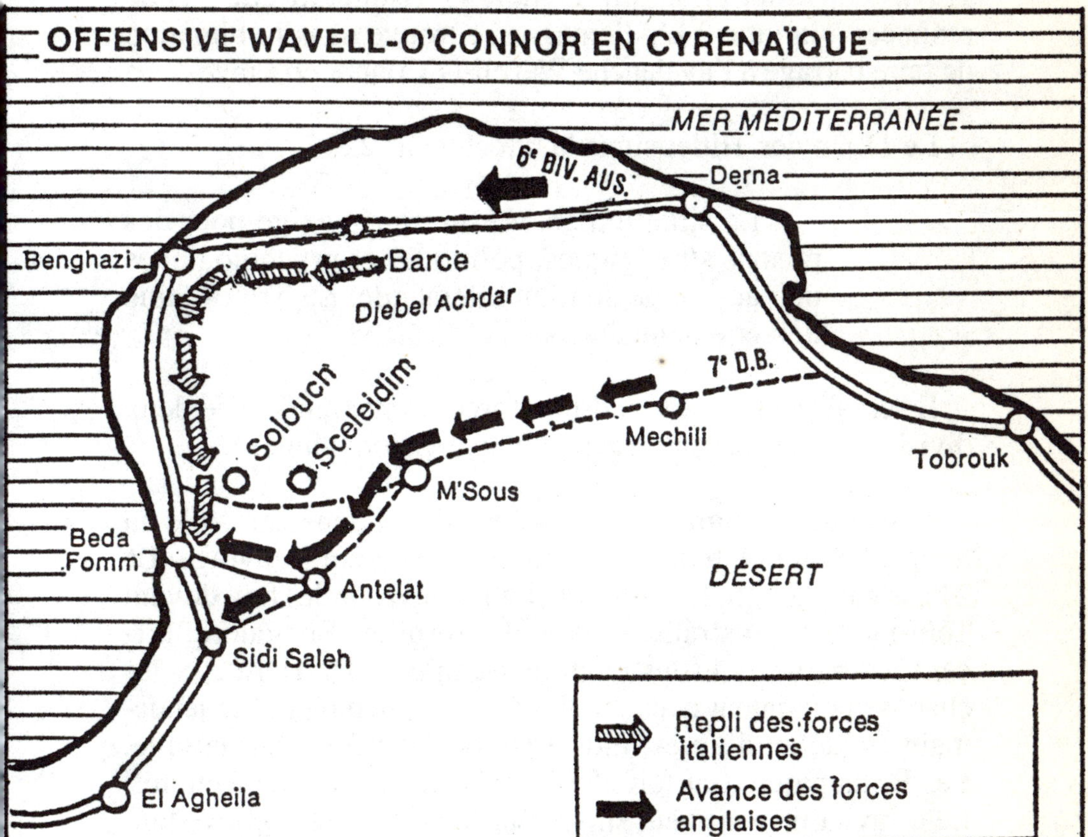
OFFENSIVE WAVELL-O'CONNOR EN CYRÉNAÏQUE
MER MÉDITERRANÉE
6e DIV. AUS.
Derna
Benghazi
Barce
Djebel Achdar
7e D.B.
Solouch
Sceleidim
Mechili
Tobrouk
M'Sous
Beda Fomm
Antelat
DÉSERT
Sidi Saleh
Repli des forces italiennes
Avance des forces anglaises
El Agheila
vers Tripoli
0
km
150

débandade de Graziani l'ont assez éclairé. Ses alliés italiens sont loin d'être glorieux [1].

Le Führer est persuadé de l'emporter dans la campagne qu'il compte engager prochainement en URSS. Le front méditerranéen n'est pas pour lui essentiel. Une déroute totale de son acolyte en Afrique du Nord aurait cependant des répercussions graves dans tout le bassin. L'Italie ne risquerait-elle pas de renoncer à la lutte ? L'Allemagne se trouve dans l'obligation de faire barrage à l'avalanche Wavell-O'Connor en Libye.

Le 11 janvier, Hitler signe la directive n° 22 :

> « La situation en Méditerranée exige pour des raisons stratégiques, politiques et psychologiques une action de soutien allemande. La Tripolitaine doit être défendue. »

Il sera donc mis sur pied une force d'intervention de deux divisions : une division légère et une division blindée [2].

Débarquer hommes et matériel en Tripolitaine demande du temps. Durant ce temps, O'Connor demeure à l'ouvrage. Le 21 janvier, à 5 h 40, ses artilleurs ouvrent le feu devant Tobrouk. Ses Australiens, avec des torpilles Bengalore, forcent les barbelés et les champs de mines. Derrière eux les chars se précipitent dans les brèches et se déploient. Le lendemain, en début d'après-midi, l'Union Jack flotte sur la ville. Les Britanniques ont fait 25 000 prisonniers supplémentaires. Leur ravitaillement peut suivre par le port. Leur approvisionnement en eau est assuré.

Tobrouk saisi, la Cyrénaïque s'offre à O'Connor. Pour parvenir à Benghazi, la métropole, la route côtière, la Via Balbia, y conduit. Le général y lance ses Australiens tout en optant pour une autre route plus risquée mais plus directe. La 7e DB

1. A leur décharge, la médiocrité de leur matériel et notamment la vulnérabilité de leurs blindés (blindage insuffisant).

2. 5e division légère et 15e PD.

pique au plus court, coupant le demi-cercle de la Cyrénaïque au sud du Djebel Achdar. Amoncellements pierreux, sables mous font obstacle. Cahotant sur ce sol ingrat, les véhicules de la DB progressent néanmoins. Ils passent Mechili, atteignent M'Sous, puis Antelat. Le golfe des Syrtes est à 80 km. Dans l'après-midi du 5 février, la Via Balbia est atteinte à Beda Foum. La retraite des Italiens est coupée. Ils se retrouvent pris au piège. Sous la pluie d'hiver, leurs colonnes tentent de forcer le passage. En vain. O'Connor a rameuté les siens. Le 7, à 9 h, il peut câbler à Wavell :

« Renard tué à ciel ouvert. »

Il n'y a plus de X^e^ armée italienne. Camions abandonnés ou endommagés, chars détruits, canons et armes individuelles dispersés jonchent la plaine. Benghazi, orgueil de la colonisation italienne, avec ses oliveraies et ses espaces céréaliers, voit défiler les Australiens.

O'Connor n'est plus qu'à 700 km de Tripoli. Avec des voitures blindées, un soutien d'artillerie et d'infanterie, il pourrait aisément l'atteindre. Devant lui, les Italiens ne présentent plus que des unités démoralisées. Les Allemands n'ont pas encore débarqué.

Sûr de son fait, O'Connor programme son avance. Le 12 février, il entrera à Syrte. Après quoi la Navy l'appuiera et débarquera des éléments légers à Bouerat et Misouraten. Avant la fin février, il atteindra Tripoli. C'en sera terminé de la présence italienne en Afrique du Nord.

Le Premier ministre anglais en décide autrement. Après Mers el-Kébir, voici sa seconde erreur stratégique. De tout temps, Churchill a eu un faible pour les Balkans. Les Dardanelles lui ont coûté son ministère en mai 1915. Il persévère, imposant de défendre la Grèce.

Il mande à Wavell qui insiste pour aller à Tripoli :

> « ... Cela confirme même notre précédente instruction, à savoir que votre effort doit désormais

> porter sur l'aide à fournir à la Grèce et à la Turquie. Toute action sérieuse contre Tripoli s'en trouve exclue [...] En conséquence, vous devez vous établir de façon sûre à Benghazi et concentrer dans le delta toutes vos forces disponibles en vue d'un transfert en Europe. »

Churchill est le maître à bord. Wavell et O'Connor sont des soldats disciplinés. Ils exécutent les ordres de Londres. La 6e division australienne embarque pour la Grèce. La 7e DB repart pour le delta. Elles ont fait 130 000 prisonniers, parcouru 800 km. A l'ultime minute, elles se retrouvent frustrées de la victoire totale. Des unités moins expérimentées les relèvent et se retranchent dans les dunes d'El Agheila. O'Connor rentre au Caire. Le général Neame le remplace.

*
* *

La prise de Koufra. 1er mars 1941

L'événement, dans le contexte, n'a qu'un faible retentissement. Le fait d'armes, sur le plan militaire, demeure marginal. Que peut peser la prise d'un fort italien perdu dans les sables du désert libyen à côté des affrontements gigantesques de la Seconde Guerre mondiale ?

Cependant la prise de Koufra, pour la France, est une date. Le 1er mars 1941, le drapeau tricolore s'élève sur un territoire italien conquis de haute lutte. Il remplace un emblème de la coalition qui a mis le pays à bas huit mois plus tôt. Des Français ont repris les armes. Ils se battent à visage découvert. Ils jurent de continuer jusqu'à la libération complète de leur patrie.

Au lendemain du rattachement du Gabon à la France libre, de Gaulle a nommé le colonel Leclerc commandant militaire du Tchad. Celui-ci, de prime abord, est déçu. Mais de Gaulle voit plus loin. D'un geste large, sur une carte, il désigne le Fezzan et les oasis de Koufra :

> « Et puis, il y a cela et cela... »

Le champ d'action est vaste. Le Tchad, étape essentielle vers l'Egypte, peut servir de base de départ pour seconder les Anglais en Libye.

Leclerc veut se battre. Son objectif premier, de Gaulle le lui a indiqué : Koufra. Les Italiens ont occupé l'endroit en 1931 après un rude baroud avec les Senoussis locataires des lieux. Au-dessus de la cuvette de l'oasis aux milliers de dattiers et aux deux lacs salés, ils tiennent le fort d'El Tag avec 300 hommes. Une saharianna – compagnie mobile – patrouille aux abords.

Les moyens militaires du Tchad sont modestes. Aux marches de son empire colonial, la France n'entretenait que des forces de souveraineté. Le régiment de tirailleurs sénégalais du Tchad en constitue l'ossature essentielle. (Renforcé d'éléments venus des territoires ralliés, il deviendra, en mars 1943, le régiment de marche du Tchad, future glorieuse unité de la 2e DB.)

Leclerc regroupe 350 hommes dont 100 Européens et 120 méharistes. Tous ont l'expérience du désert, mais ne disposent que d'un armement rudimentaire : un canon de 75, quelques pièces de 37, de vieilles mitrailleuses Hotchkiss. Pour se battre dans le Sahara oriental, il convient de résoudre d'abord les problèmes logistiques : acheminer l'eau et le carburant sur des distances énormes. De Fort-Lamy (actuelle N'Djaména) à Koufra, il y a 1 650 km... Pour réduire ce handicap, dans un premier temps, Leclerc rassemble personnel et véhicules (99 camions) à Faya-Largeau, au sud du Tibesti. Devant lui, 900 km d'une piste douteuse. Quand elle existe...

Le 24 janvier 1941, la colonne Leclerc quitte Faya-Largeau. Après Tekro, dernier point d'eau, elle entre en Libye. La progression s'annonce mal. Un détachement britannique du LRDG qui précède les Français avec ses automitrailleuses, est repéré. Il tombe dans une embuscade de la saharianna et se fait décimer. L'effet de surprise est perdu. Les Anglais renoncent. Leclerc se retrouve seul, mais il n'est pas de nature à faire demi-tour. Au contraire. Pour éclairer sa marche, il prend les devants avec une vingtaine de camions.

Le 7 février au soir, il atteint Koufra. Une incursion de nuit sur le terrain d'aviation lui permet de détruire des hangars et un avion. Mais les Italiens sont désormais sur leurs gardes. La saharianna barre la route. La garnison du fort se prépare à recevoir l'adversaire. La parole est désormais aux armes.

Les 17 et 18, avec deux pelotons légers, Leclerc prend l'avantage sur la saharianna. Il la contraint à s'enfuir vers le nord, en dépit d'une intervention aérienne de Savoia italiens.

Le 19, le siège du fort débute. Le lieutenant Ceccaldi, artilleur de l'expédition, n'a qu'un 75 et peu de munitions : vingt obus quotidiens. Il tourne autour de la position ennemie et il déplace sans cesse ses emplacements de tir. Ses coups bien ajustés portent et déroutent l'adversaire, harcelé sans répit par les tireurs d'élite.

Dès le 28, les Italiens jugent leur sort fixé. Ils évoquent une capitulation. Le 1er mars, des parlementaires se présentent. Leclerc force le destin. Il se porte, en personne, à l'entrée du fort que, de la voix et du geste, il se fait ouvrir. La reddition est promptement menée. Les vaincus découvriront, avec stupeur, n'avoir eu devant eux que 200 hommes, hirsutes et équipés à la diable.

Le drapeau tricolore monte dans le ciel de Koufra [1]. Leclerc, en quelques mots, exhorte les siens. Ses paroles passeront à l'Histoire :

> « Jurez de ne déposer les armes que lorsque nos couleurs, nos belles couleurs, flotteront à nouveau sur la cathédrale de Strasbourg. » [2]

Ce serment sera tenu.

A Londres, les Français libres peuvent annoncer à la BBC :

> « Koufra est le premier acte offensif victorieux mené contre l'ennemi par des forces françaises,

1. Koufra sera, par la suite, confiée à une garnison britannique.

2. Cette version est celle rapportée par Leclerc lui-même à ses proches. Celle évoquant « Metz et Strasbourg » paraît plus aléatoire. Vézinet, *Le Général Leclerc*, Presses de la Cité, 1974.

partant de territoires français, aux ordres d'un commandement uniquement français. »

*
* *

O'Connor avait prévu d'atteindre Syrte, à 500 km de Tripoli, le 12 février. Il n'est pas au rendez-vous et l'événement, ce jour-là, se situe à Tripoli même. Un Heinkel 111 se pose vers midi sur l'aérodrome Castel Benito au sud de la ville. Un général encore peu connu en descend et foule pour la première fois la terre d'Afrique. Dans quelques semaines, son nom sera au centre des pensées de tous les Britanniques d'Afrique du Nord : Erwin Rommel.

Hitler a su choisir.

Le Wurtembergeois Erwin Rommel est d'abord un militaire de carrière. Il a endossé l'uniforme en 1910 et ne l'a plus quitté. Lieutenant puis capitaine en 14-18. Croix de fer. Distinction remarquée « Pour le Mérite ».

L'après-guerre le voit dans la Reichswehr. La montée du nazisme ne lui déplaît pas. Adolf Hitler et son pangermanisme reçoivent son adhésion. En septembre 1939, durant la campagne de Pologne, le colonel Rommel commande le bataillon de protection du Führer.

Nommé général, Rommel obtient le commandement de la VIIe PD. Il en fait la « division fantôme », celle qui réserve à ses adversaires les surprises les plus extraordinaires, qui va toujours plus vite et plus loin, son chef en tête.

Le 6 février 1941, Rommel a été convoqué par von Brauchitsch, puis par Hitler en personne. Son comportement, ses initiatives, ses succès de mai-juin 1940 l'ont fait remarquer. Paraissant le plus apte à s'adapter à la situation nouvelle en Libye, il est désigné pour diriger le corps expéditionnaire destiné à soutenir les Italiens. Le 18 février, ce corps prendra le nom de Deutsches Afrikakorps. Il sera bientôt connu par ces seules initiales peintes sur ses véhicules : AK.

Partant pour une Afrique dont il ignore tout, Rommel a 49 ans. Il est resté jeune d'allure. Taille dans la moyenne, carrure solide, démarche assurée. Le visage est sévère, presque brutal, en dépit d'un regard très bleu. La casquette bien plantée sur le chef souligne le port altier de l'officier général. Rommel est né pour commander. L'autorité lui est naturelle. Elle ne lui interdit pas de payer d'exemple. Toujours de l'avant pour voir, juger et décider. Il est de la race de ceux qui lancent :

« En avant, derrière moi ! »

Ses adversaires, en dépit des coups reçus, reconnaîtront sa noblesse de caractère. Il respecte et protège l'ennemi vaincu. L'Afrikakorps se battra à la loyale.

*
* *

Sitôt arrivé en Libye, le chef de l'Afrikakorps s'envole à nouveau. Il veut prendre la mesure de son nouveau théâtre d'opérations. Il découvre le désert dans sa nudité et son immensité. Il perçoit la difficulté des approvisionnements. Il apprend également par son service de renseignements que les Anglais en Cyrénaïque sont faibles. Il en conclut qu'il est inutile d'attendre.

Les Italiens découvrent avec curiosité et mécontentement ce nouveau venu qui donne des ordres. L'aviation doit bombarder en priorité les convois anglais de ravitaillement. Les débarquements de l'Afrikakorps doivent s'accélérer, quitte à travailler de nuit à la lueur des phares. Les unités débarquées doivent se préparer à attaquer. Les petites Volkswagen doivent se coiffer d'une armature leur donnant la silhouette d'un blindé et sillonner les pistes pour donner l'illusion du nombre...

Graziani n'est plus là. Ses échecs lui ont coûté son poste et le général Gariboldi lui a succédé. Il ne peut que s'incliner devant l'autorité de ce collègue allemand qui impose ses vues et ses décisions. Les Italiens sont désormais condamnés à jouer les auxiliaires et à exécuter [1].

1. Si les Allemands fournissent le fer de lance, les Italiens alignent encore cependant une DB (Ariete) avec environ 80 chars qui fera toujours bonne contenance, une division mécanisée (Trieste) et 5 divisions d'infanterie.

*
* *

Churchill et Wavell savent que des unités allemandes commencent à arriver à Tripoli, mais ne s'inquiètent pas. Ils estiment que des semaines seront nécessaires pour acheminer des troupes en quantité suffisante. Ils jugent une offensive germano-italienne improbable avant la mi-mai. C'est compter sans Rommel. Aussi, alors que les regards des Britanniques se portent essentiellement vers la Grèce, dans les dunes d'El Agheila le dispositif s'avère-t-il toujours aussi ténu.

*
* *

Le 31 mars, à 9 h 50, Rommel frappe les trois coups. Il n'a à cette date que la valeur d'une division légère. Il s'en contentera.

A 9 h 50, donc, ses automitrailleuses de découverte tirent leurs premiers obus contre Marsa el-Begra. Dans l'après-midi, le 5e Panzerregiment entre en action, bientôt appuyé par les Stukas. Le thermomètre marque 38°. Les chaleurs estivales sont déjà là. Marsa el-Begra est rapidement enlevée. Les Anglais refluent vers Benghazi.

Conformément aux instructions du Haut Commandement italien dont il dépend théoriquement, Rommel devrait stopper. Que valent les ordres des lieutenants de Mussolini pour un général allemand habitué à tout bousculer ? Il ordonne : « Plus loin ! » Aux Italiens qui le suivent vaille que vaille, il hurle : « Avanti ! »

Ironie du sort ! Ces blindés allemands et italiens reprennent, en sens inverse, la route suivie par les Britanniques deux mois plus tôt. Les uns foncent, par la Via Balbia, le long de la côte ; les autres s'enfoncent dans le désert, vers M'Sous, vers Mechili. Au tour de Rommel de couper la Cyrénaïque. Mais, cette fois, vers le nord-est.

Le Rommel de mai-juin 40 ressuscite en avril 1941. Il est partout. Il surgit d'une « Cigogne » [1] pour orienter une

1. Dénomination du Fieseler Storch, petit avion de liaison et d'observation à décollage très court.

colonne, il se dresse dans son « Mammouth » [1] pour activer une autre. Insensible à la fatigue, à la chaleur, au danger – son chauffeur est tué à ses côtés –, il presse ses gens. Et ses gens avalent le désert.

Wavell est pris de court. Faute de mieux, il expédie son seul atout, O'Connor, pour « coiffer » Neame. O'Connor, le spécialiste du désert, doit pouvoir contrer Rommel, le spécialiste des Panzers. Las ! O'Connor et Neame s'égarent entre Derna et Tmini. Leur command-car est brusquement cerné par des motards ayant forcé l'allure. O'Connor et Neame sont prisonniers. L'état-major anglais est décapité.

La suite évolue très vite.

Le 4 avril, Benghazi est atteinte. Les Britanniques, en pleine retraite, n'ont pas le temps de détruire complètement les installations portuaires.

Le 7 avril, Mechili est encerclée. 2 000 hommes y sont faits prisonniers. Derna est dépassée le 11. Le prochain objectif, qui est aussi un rude obstacle, s'appelle Tobrouk.

Wavell voudrait l'évacuer. Churchill en juge autrement. Il n'a sans doute pas tort en écrivant :

> « L'ennemi courrait un grand risque s'il laissait Tobrouk sur son flanc gauche pour continuer vers l'Egypte. »

Tobrouk sera donc défendu.

Rommel, conscient de l'intérêt du site, veut l'enlever. Un coup de main des avant-gardes échoue. La ville est trop bien protégée. 25 000 combattants s'y sont repliés, bien décidés à ne pas lâcher. Les Allemands doivent mener un siège en règle. Mais leurs effectifs sont trop faibles. Les Italiens, à leurs côtés, hésitent à s'engager. L'artillerie anglaise ne cesse d'aboyer. Presque toutes les nuits, la Navy délivre ses approvisionnements. Les convois de Rommel, eux, ont 1 500 km à

---

1. Voiture blindée de commandement.

parcourir depuis Tripoli. Tobrouk connaît une guerre de positions coûteuse en vies humaines mais ne tombe pas.

En dépit de cette verrue sur ses arrières, Rommel persiste à aller vers l'est. Bardia. Solloum. Les Britanniques refluent en Egypte. L'Afrikakorps parviendra-t-elle à Alexandrie ?

*
* *

Winston Churchill est capable de toutes les audaces lorsque nécessité commande. L'Egypte a un besoin urgent de renforts. La prudence conseille de les faire transiter par Le Cap et la mer Rouge. Deux mois de navigation. Misant quitte ou double, le Premier ministre décide d'aller au plus court. Comme il aime les formules percutantes, il baptise son coup d'audace « opération Tigre ».

Filant à vitesse maximum, près de quinze nœuds, cinq cargos pénètrent en Méditerranée le 6 mai. L'escadre de l'amiral Somerville – celui de Mers el-Kébir – leur assure une première escorte. Le 9, Cunningham, venu d'Alexandrie, prend le relais au sud de Malte. Trois jours plus tard, les bâtiments déchargent près de 300 chars sur les quais d'Alexandrie. « Tigre » a payé. Un seul cargo a pris feu après avoir heurté une mine.

Wavell s'est renforcé. Il sait que Rommel reçoit, lui aussi, des moyens nouveaux. Les premiers éléments de la 15e PD commencent à débarquer à Tripoli et Benghazi. Le temps est minuté. Wavell doit battre Rommel et dégager Tobrouk avant que l'Afrikakorps n'ait augmenté sa force.

Mais l'adaptation des hommes et du matériel aux nouvelles conditions de lutte retarde l'offensive. Ce n'est que le 15 juin que le général Beresford-Peirse est à même d'engager l'opération « Battleaxe » (« Hache d'armes »). 25 000 hommes, 350 chars s'ébranlent en direction du nord-ouest. Objectifs premiers : Solloum et Fort Capuzzo, celui-ci dans l'intérieur des terres. Objectifs lointains : Bardia et Tobrouk.

Le champ de bataille présente deux étages : une étroite plaine côtière, un plateau sans limites. Pour franchir la marche, haute d'environ deux cents mètres, qui les sépare, un point de passage obligé : la passe de Halfaya (à moins de 10 km au sud de Solloum). Qui tient Halfaya interdit à l'adversaire de manœuvrer d'une aile à une autre.

La 2e brigade indienne s'avance le long de la côte vers Solloum. La 4e brigade blindée, la 7e DB, la 22e brigade des Guards progressent sur le plateau, en direction de Fort Capuzzo.

En face, Rommel possède sensiblement les mêmes effectifs. Sa 5e division légère, sa 15e PD sont maintenant au complet. L'Allemand dispose d'un atout. Il tient solidement Halfaya occupée depuis quelques jours. Des batteries de 88 et de canons italiens récupérés à Bardia y sont implantées et bien camouflées.

La progression initiale sur le plateau se déroule plutôt bien. Fort Capuzzo est enlevé. Mais impossible d'en déboucher. La cote 208, point dominant, un peu au nord, constitue un redoutable retranchement. Elle ne peut être enlevée pour tenter un débordement.

Pire, tout se gâte devant Halfaya. Les 88 se dévoilent. Sur un terrain dégagé, ils tirent comme à l'exercice. Les fantassins, à la tombée du jour, tentent un assaut. Ils sont fauchés comme leurs camarades tankistes.

Le 15 au soir, les Britanniques sont stoppés. Ils sont même dangereusement avancés sur leur flanc gauche à hauteur de Fort Capuzzo.

Rommel le voit. Le 16 au matin, il pousse, par l'ouest, le 5e Panzerregiment. Ses blindés attaquent les Britanniques de flanc. Le patron de l'Afrikakorps veut davantage. Il expédie toutes les unités disponibles de la 5e légère et de la 15e PD plein sud. Il espère couper les Anglais de leurs arrières. Tout le jour, le combat fait rage.

Le 17, en fin de matinée, Beresford-Peirse comprend le piège.

Au soir, les deux adversaires, épuisés, se retrouvent sur leurs positions de départ et s'immobilisent pour plusieurs semaines. Les Britanniques ont perdu 87 chars et 500 hommes tués ou prisonniers. Les Allemands à peu près autant en personnel, un peu moins en matériel.

Mais Rommel a conquis la Cyrénaïque. Il a bloqué la contre-attaque de l'opération « Battleaxe ». Il est en droit de se présenter en vainqueur. Wavell, en dépit des renforts acheminés par « Tigre », a échoué. « Battleaxe » se solde par un fiasco. L'Afrikakorps campe aux portes de l'Egypte.

Grèce, Crète, Cyrénaïque. Que de terrains abandonnés en quelques semaines ! Churchill n'apprécie pas cette série d'échecs, même s'il en porte sa bonne part de responsabilités. Wavell est muté aux Indes. Le général Auchinleck, surnommé « le Faucon », le remplace, coiffé par un responsable politique. Le captain Oliver Lyttelton, ami personnel de Churchill, part pour Le Caire en qualité de ministre d'Etat, représentant du cabinet de guerre au Moyen-Orient. Le travail ne lui manquera pas. De nouveaux incendies se sont allumés. D'autres protagonistes sont entrés en lice.

Chapitre XV

LA FIN D'UN EMPIRE

Le Duce rêvait d'un empire. En 1940, ses rêves sont presque réalisés. Il occupe la Libye, l'Erythrée, sa part de Somalie, l'Ethiopie. 250 000 colons venus de la péninsule y vivent et y travaillent, y apportant – c'est incontestable – des richesses nouvelles. Profitant des déboires européens du Royaume-Uni, Mussolini a poussé son avantage et envahi la Somalie britannique. Les rivages de la mer Rouge et de l'océan Indien, du Soudan au Kenya, toute la corne orientale de l'Afrique [1], sont italiens.

Mussolini ne s'interdit pas de rêver encore. Si la Grande-Bretagne s'effondre – et pourquoi pas, en cet été 1940 ? – l'Egypte, le Soudan, l'Afrique orientale anglaise peuvent également tomber dans sa propre escarcelle. Quelle vision impériale s'ouvre soudain devant lui ! L'imagination de Ciano, son gendre, s'envole aussi. Il voit là « une occasion qui ne se présente que tous les cinq mille ans ».

---

1. A l'exception de Djibouti, territoire français convoité pour son port et son chemin de fer jusqu'à Addis-Abeba.

*
* *

Hélas pour eux, l'Angleterre tient bon. En Afrique, elle reprend force avec l'apport des dominions. A la fin de 1940, le général Alan Cunningham (frère de l'amiral) dispose au Kenya de trois divisions, soit près de 80 000 hommes. Au Soudan, le général Platt a pour sa part la 5ᵉ division indienne qui se verra bientôt renforcée par la 4ᵉ, retirée de Cyrénaïque.

Wavell et ses adjoints estiment pouvoir passer à l'offensive en mai, à l'issue de la saison des pluies. Ces délais irritent Churchill. Il tempête de voir immobilisées des troupes qui seraient si précieuses ailleurs. Il presse tant et si bien que Wavell se décide. L'offensive contre la Somalie italienne débutera en février. Elle permettra d'éloigner le danger de Mombasa, principal port d'entrée du Kenya.

En Ethiopie, la résistance intérieure se fait vive. Des officiers anglais, dont celui qui deviendra le célèbre général Wingate, encadrent des maquis qui mènent une contre-guérilla efficace. Le duc d'Aoste, vice-roi d'Ethiopie et commandant en chef, devra se battre sur plusieurs fronts dans un environnement hostile. On sait qu'il n'est pas sans moyens. Il a sous ses ordres environ 280 000 hommes, dont 80 000 Italiens.

L'avance de Cunningham, débouchant du Kenya, est rapide. Il franchit la Djouba, bouscule la garnison de Djelib, faisant 30 000 tués ou prisonniers. Il s'empare, au passage, d'un butin précieux, un important stock de carburant. Le 25 février, il entre à Mogadiscio, capitale de la Somalie italienne et, de là, il pique nord-ouest vers le cœur de l'Ethiopie.

Churchill triomphe. Les faits lui donnent raison. Il fallait bien accélérer l'action.

Celle-ci se poursuit, en dépit des distances qui ne cessent de s'allonger. Le 17 mars, Cunningham atteint Djidjiga.

Addis-Abeba n'est plus qu'à 500 km. En moins d'un mois, le général anglais a mis 50 000 Italiens hors de combat (tués ou prisonniers) et n'a perdu que 500 hommes. La veille, deux bataillons en provenance d'Aden ont repris pied à Berbera, en Somalie britannique. La ville a été reconquise en quelques heures, la garnison s'étant débandée.

Le 29 mars, Cunningham occupe Harar. Le 6 avril, il pénètre à Addis-Abeba. Un mois plus tard, l'empereur Hailé Sélassié retrouvera sa capitale dans la liesse populaire et la terreur des 20 000 colons italiens de la ville. La fermeté anglaise évitera des représailles trop sanglantes. Mais il y aura des excès.

Churchill salue l'événement et écrit à l'empereur :

> « Votre Majesté a été le premier des souverains légitimes à être chassé de son trône et de son pays par les criminels fascistes et nazis ; et vous êtes à présent le premier souverain à rentrer chez lui en vainqueur... »

Ils sont nombreux, à cette heure, à espérer connaître un jour l'heureuse fortune de Hailé Sélassié : Haakon de Norvège, la reine Wilhelmine de Hollande, Georges II de Grèce, Pierre II de Yougoslavie, la grande-duchesse du Luxembourg... sans parler des chefs d'Etats républicains.

Dans le même temps, et même un peu avant, le général Platt a, depuis le Soudan, attaqué en Erythrée. Les 4e et 5e divisions indiennes se heurtent à la position montagneuse de Kerem barrant la route d'Asmara, la capitale. Habilement commandés par le général Carnimeo, les Italiens se battent bien. Six semaines durant, ils contiennent l'assaillant, en dépit des interventions de la RAF au départ d'Aden. Enfin, le 27 mars, le 4e Royal Tank Regiment force le passage. Au terme d'une lutte sévère de 53 jours, la position de Kerem est dépassée. Le 1er avril, Asmara est occupée.

Depuis le début de l'offensive en Erythrée, des Français marchent avec les deux divisions indiennes. Alors que

Leclerc et sa poignée de braves se battent devant Koufra, les 4 000 gradés et soldats [1], non moins valeureux, de la BFLO (Brigade française libre d'Orient) tiennent à prouver que la France a bien repris la lutte [2]. Les légionnaires de la 13 sont de la rude bataille de Kerem. Crêtes à 2 000 m d'altitude, climat brutal, torride le jour, glacial la nuit, rareté des points d'eau, solide résistance des Italiens rendent les combats pénibles et sanglants. La 13 enlève les hauteurs du grand Willy mais échoue devant le mont Engiahat (2 103 m). Les pertes sont lourdes à la 2e compagnie. Les légionnaires ne tarderont pas à prendre leur revanche.

Mussolini a donné ordre à Massaouah de résister. Les forts de Montecullo, Vittorio Emmanuele, Umberto sont bien pourvus en mitrailleuses lourdes et canons de 77. La 13 veut effacer Engiahat. Elle entre la première à Massaouah. Avec la 3e compagnie (capitaine Sevey) du BIM, elle s'empare du fort de Montecullo, position clé de la défense. L'amiral commandant le port tombe entre ses mains. Massaouah est définitivement conquise le 8 avril.

L'effondrement italien est général. Le 19 mai, le duc d'Aoste capitule à Amba Aledji, 130 km au sud d'Asmara. Il n'avait plus autour de lui que 7 000 hommes. La campagne est pratiquement terminée, mais des irréductibles, non sans courage, se réfugient dans la région de Gondar (300 km au sud d'Asmara). Ils se défendront jusqu'en novembre 1941 avant d'accepter de se rendre.

---

1. Dont 1 800 Africains.

2. La BFLO comprend essentiellement : le BM/3 (bataillon de marche n° 3) du commandant Garbay, arrivé du Tchad par Abeché et Khartoum ; le BIM (bataillon d'infanterie de marine) du capitaine Lorotte, issu du 3e bataillon du 24e RIC rallié à Chypre en juillet 1940. Il comprend quelques originaires des quatre communautés du Sénégal. Il a l'honneur d'avoir été la première unité constituée engagée (citation à l'ordre de l'armée du 12 décembre 1940 pour son action devant Sidi Barrani en Egypte) ; la 13e DBLE du colonel Monclar, débarquée à Port-Soudan au terme d'un éprouvant périple par Freetown et Le Cap.

A cette date, et depuis longtemps, il n'est plus d'Afrique orientale italienne. 230 000 Italiens ont été faits prisonniers. Les rêves d'empire du Duce se sont évanouis à jamais.

Ces succès britanniques autorisent des contingents importants à remonter vers le nord. Ils permettront d'intervenir en Syrie et de contre-attaquer en Libye.

Chapitre XVI

L'ORIENT COMPLIQUÉ

« Compliqué, l'Orient » [1], écrit Charles de Gaulle dans ses *Mémoires de guerre.*

Effectivement. Dans cette portion d'Asie, hier encore sous la suzeraineté de Constantinople, tout est compliqué, car tout se mélange, tout s'imbrique. Ethnies, religions, nationalismes, ambitions internationales, rivalités personnelles s'affrontent ou se tolèrent. Les intérêts économiques, nés du pétrole et de la route des Indes par le canal de Suez, brouillent encore davantage les donnes.

« L'homme malade », l'Empire ottoman, a éclaté au traité de Sèvres en août 1920. Mustapha Kemal, par son énergie, sauve la Thrace orientale, l'Arménie, le Kurdistan. La Turquie moderne s'édifie autour de son nouveau chef et de sa nouvelle capitale, Ankara. Le reste se disloque. Les grands vainqueurs se font confier des mandats par la Société des Nations. La France sur la Syrie et le Liban ; la Grande-

1. « Vers l'Orient compliqué, je volais avec des idées simples. » Charles de Gaulle, *Mémoires de guerre*, *op. cit.*, p. 145.

Bretagne sur la Mésopotamie et la Palestine. L'Arabie devient indépendante sous ibn Séoud, émir du Nedj. La Transjordanie est remise à l'émir Abdullah. La Mésopotamie, devenue Irak, passe entre les mains d'un autre fils de Hussein ibn Ali, Fayçal Ier. Elle obtiendra son indépendance en 1932 [1]. Issu de la déclaration Balfour du 2 novembre 1917, un « foyer national juif » émerge en Palestine.

Ce vaste quadrilatère, qui englobe le Croissant fertile et la péninsule d'Arabie, est la terre du Prophète mais aussi celle du judaïsme et du christianisme.

L'islam domine très majoritairement sans que s'estompent les rivalités ancestrales entre chiites et sunnites [2]. Le christianisme n'a pas disparu. 10 % des Syriens sont chrétiens. Même proportion pour les Irakiens. Au Liban, obédiences et rites chrétiens se multiplient. Enfin, la loi de Moïse retrouve vie dans les collines de Judée.

L'arrivée des Juifs heurte les nationalistes arabes. Cette montée du sionisme, avec son rachat de terres, ses implantations de colons, déclenche des conflits. Des heurts sanglants se produisent entre Juifs et Arabes. Pour se défendre, les premiers mettent sur pied une véritable milice armée, la Haganah. Les plus extrémistes se rassemblent dans deux mouvements terroristes, le groupe Stern et l'Irgoun. Les griefs arabes se portent aussi contre les Anglais qui acceptent cette présence juive de plus en plus importante. 335 000 israélites vivent en Palestine en 1935. Tiraillés entre leurs sympathies proarabes et l'application de la déclaration Balfour, les Britanniques doivent choisir. Leurs efforts pour limiter les entrées juives [3] en Palestine déclenchent la réplique de leurs

1. Avec Fayçal Ier d'Irak et Abdullah de Transjordanie, les Anglais ont ainsi réussi à mettre sur deux trônes du Moyen-Orient deux fils du chérif de La Mecque, fidèles du colonel Lawrence. Ces deux souverains pratiqueront toujours une politique conforme aux intérêts de la Grande-Bretagne.

2. L'Iran proche est essentiellement chiite, ce qui ne facilite pas les rapports entre voisins.

3. Paradoxalement, fait peu connu, le régime nazi en ses débuts aide l'immigration juive. Il conclut avec l'Agence juive le pacte dit Haavara

protégés initiaux. L'immigration clandestine, le terrorisme s'intensifient. La Palestine, à la veille de la guerre, est un chaudron en ébullition où s'affrontent Juifs, Arabes et Britanniques.

*
* *

L'esprit de Lawrence d'Arabie n'est pas mort. Les Anglais n'ont jamais admis la présence française si près du canal de Suez. Les Français, dans l'héritage des croisades, des capitulations, de Napoléon III, s'estiment chez eux au Levant [2]. Ils se considèrent comme les légitimes défenseurs des chrétiens d'Orient. En dépit de l'amitié de convenance, une sourde rivalité oppose au Moyen-Orient la France et l'Angleterre. Londres a su marquer des points économiques importants, obtenant des places prépondérantes dans les compagnies pétrolières (Iraq Petroleum Company à Mossoul, Anglo-Iranian Company à Abadan). Mais Paris, à Tripoli [3], tient l'arrivée de l'un des deux pipelines irakiens. L'autre est à Haïfa. Sur place, les deux capitales entretiennent des contingents militaires importants et choisissent avec soin leurs représentants. Preuve de l'intérêt de Paris pour la région, Weygand, rappelé au service, a été envoyé en mission extraordinaire à Beyrouth en septembre 1939.

L'Allemagne a subi le contrecoup de son effondrement et de celui de son allié turc en 1918. Elle a été évincée de contrées où elle avait commencé à s'implanter. Elle fut à l'origine du chemin de fer de Bagdad reliant l'Anatolie au golfe Persique.

Secrètement, elle s'efforce de réapparaître, jouant sur des atouts certains. La politique anglophile de nombreux dirigeants – irakiens notamment – déplaît aux nationalistes

(« transfert », en hébreu). Véritable marché financier, ce pacte permet, moyennant de lourdes redevances, à des israélites de quitter une Allemagne où ils sont indésirables (30 000 en 1933, 42 000 en 1934, 61 000 en 1935).

2. Nom donné alors à la Syrie et au Liban sous mandat français.

3. 150 km au nord de Beyrouth.

arabes. Le poids des compagnies pétrolières étrangères est contesté. L'antisionisme musulman rejoint la politique anti-israélite du nazisme. L'Allemagne trouve aisément des complicités locales que ses agents entretiennent généreusement. Sans aller jusqu'à envisager de couper la route des Indes par une gigantesque tenaille Egypte-Balkans (ou Caucase), le Führer a intérêt à soutenir agitation et subversion. Tout est bon à prendre pour affaiblir la Grande-Bretagne au Moyen-Orient.

L'Irak lui offre cette opportunité.

*
* *

Le prince Fayçal, petit-fils du fondateur de la monarchie, n'étant encore qu'un enfant, la régence à Bagdad est assurée par son oncle, le prince Abdul Illah. Celui-ci, et son Premier ministre Nouri Saïd, poursuivent la politique traditionnelle du pays : amitié avec la Grande-Bretagne qui, soucieuse de ses intérêts politiques et pétroliers, continue de maintenir une présence militaire. Elle est à Bassorah par où transitent les renforts arrivant des Indes. Elle est à Habbanié, à l'est de Bagdad, vaste base-école d'aviation.

Si Le Caire s'est transformé en capitale de la bataille de la Méditerranée, Bagdad, dès les premiers mois de 1940, devient la métropole des complots contre les Anglais et leurs amis. La raison première en est simple. A Bagdad s'est réfugié Hadj Amine el-Husseini, mieux connu sous le nom de grand mufti de Jérusalem. Musulman rigoureux, nationaliste intransigeant, il s'est imposé comme le chef de l'émancipation arabo-islamique.

Sur cette route il a trouvé non seulement des coreligionnaires, des officiers comme les colonels du « Carré d'or », mais aussi des Allemands. L'Abwehr de Canaris, la Wilhelmstrasse le soutiennent. Ils projettent un large renversement d'alliance dans le monde arabe – Turquie incluse. Von Papen a été envoyé à Ankara à cet effet. Le grand mufti a délégué un émissaire à Berlin. Dans la grande stratégie de l'alliance Croix gammée-Croissant, le point de départ a été fixé à

Bagdad. Le mouvement compte, en cascade, entraîner à sa suite les autres pays du Moyen-Orient.

*
* *

Le 10 avril 1941, le Parlement irakien, devant les armes des comploteurs, détrône le régent Abdul Illah et le remplace par le très proallemand Chérif Charaf. Rachid Ali el-Kailani devient Premier ministre et homme fort du nouveau régime. Le docteur Grobba, le « Lawrence germanique », qui, de Berlin, a noué les fils de l'intrigue, part pour Bagdad comme ambassadeur. L'Irak, apparemment, change de camp et se place dans l'orbite du IIIe Reich.

La révolte armée éclate contre la Grande-Bretagne. Le 30 avril, des unités irakiennes ouvrent le feu contre la base britannique de Habbanié. Le grand mufti lance un appel au djihad, la guerre sainte. Les Anglais se trouvent dans une situation difficile : Crète, Egypte, à défendre ; l'Irak qui leur impose un nouveau fardeau.

Ils réagissent avec sang-froid et méthode face à des Irakiens mal organisés. John Bagot, alias Glubb Pacha, se met en marche depuis la Palestine avec une colonne motorisée de guerriers bédouins. Des renforts, venus des Indes, débarquent à Bassorah. Une autre contre-offensive s'amorce. A Habbanié, les aviateurs du général Smart, un moment sous les coups de leurs adversaires installés sur le plateau dominant leur base, font mieux que se défendre. Churchill rapporte, dans ses *Mémoires* :

> « Après quatre jours d'attaque par la RAF, l'ennemi avait son compte. »

Le 7 mai, le siège de Habbanié est levé. Le 30, les avant-gardes britanniques pénètrent dans les faubourgs de Bagdad. Le grand mufti, Rachid Ali s'enfuient en Iran d'où ils gagneront Berlin.

L'armistice est signé le 31 mai, le régent Abdul Illah rétabli. Un gouvernement probritannique est mis en place. Le grand dessein de révolte du monde arabe a tourné court.

*
* *

Durant ces semaines, les Britanniques ont trouvé des alliés. En Palestine, les Juifs ont perçu le double danger allemand et arabe. Si l'Afrikakorps arrive en Palestine, si le panarabisme l'emporte au Moyen-Orient, c'en sera fini du foyer juif. Dominant leurs rancœurs, les Juifs de Palestine se mobilisent pour combattre en faveur du Royaume-Uni. Les Britanniques, de leur côté, ouvrent les portes des prisons.

Un certain soldat Moshe Dayan perdra un œil en Syrie sous l'uniforme australien.

*
* *

Dans l'aventure irakienne, Hitler s'est tout d'abord montré réticent. Il a, lui aussi, trop à faire. Sa guerre contre l'URSS à préparer, Mussolini à aider en Libye, la Crète à conquérir. Sur ce dernier point, le Führer a fait un choix. Sautant sur Bagdad ou Bassorah, début mai, ses paras auraient renversé le rapport de force. Mais, le 20 mai, ils sautent sur Malème et Héraklion.

Cependant Hitler en convient. L'opération Mercure n'interdit pas totalement un soutien aérien aux partisans de Rachid Ali. Mais accéder au pays de Ninive et de Babylone n'est pas si simple. En dépit de von Papen, la Turquie entend conserver sa neutralité et fait écran. Pour gagner l'Irak, la seule voie d'accès possible passe par la Syrie et le Liban français.

Le 3 mai 1941, Abetz, l'ambassadeur allemand à Paris, convoque Benoist-Méchin, représentant du gouvernement français. Pour une fois, l'Allemand est demandeur :

« Je viens de recevoir un message urgent de M. von Ribbentrop, explique-t-il. Le ministre des Affaires étrangères du Reich m'a chargé de vous poser la question suivante : le gouvernement français serait-il disposé, moyennant certains avantages, à laisser atterrir en Syrie une cinquantaine d'avions à destination de l'Irak ? Etant donné le rayon d'action de ces appareils, ils ne peuvent se rendre d'un trait de Grèce à Bagdad. Il leur faut faire escale quelque part. Comme la Turquie est neutre et la Palestine aux mains des Anglais, le seul endroit où ils puissent se poser est en Syrie. »

La réponse à une telle question ne relève pas d'un simple représentant. Elle ne peut émaner que du maréchal Pétain et de son dauphin, l'amiral Darlan, vice-président du Conseil depuis le 29 février. Laval a été évincé brutalement le 13 décembre 1940 pour trop de sympathies envers l'Allemagne, ce qui ne signifie pas rupture avec celle-ci.

Pétain souhaite obtenir des aménagements aux conditions de l'armistice en faveur de ses compatriotes. Il a rencontré Hitler à Montoire, en partie dans ce but. Il n'est donc pas hostile à des concessions réciproques.

La position de Darlan, aujourd'hui encore, prête à débat. Tout semble indiquer qu'au printemps de 1941 l'amiral de la Flotte est persuadé de la victoire finale du Reich. La France doit s'en accommoder. Il est donc prêt à traiter pour obtenir le maximum : libération de prisonniers de guerre, assouplissement de la ligne de démarcation, réduction des frais d'occupation, retour à l'administration française des départements du Nord et du Pas-de-Calais. Il n'écarte pas non plus la perspective, plus ou moins lointaine, d'un traité de paix avec l'Allemagne.

Pour pousser plus avant les négociations, il part avec Benoist-Méchin rencontrer Hitler à Berchtesgaden. Le 11 mai, à 14 h 30, il se retrouve en tête à tête avec le Führer. Un

Führer qui, manifestement, a l'esprit ailleurs [1]. La discussion traîne un peu. Un marchandage s'élabore [2], entérinant ce qui a commencé à se dérouler sur le terrain.

*
* *

A Beyrouth, le général Dentz, haut-commissaire de France et commandant en chef au Levant, est un homme déchiré. Alsacien, il est trop patriote pour accepter volontiers de soutenir l'Allemagne. Soldat, il est trop discipliné pour refuser d'exécuter les ordres du gouvernement du maréchal Pétain. Comme tant d'autres, à cette date, il a une foi absolue en la personne du Maréchal, seul habilité, à ses yeux, pour décider de ce qui convient pour la France. En tant que haut responsable, il craint, à défaut de coopération, de provoquer des représailles contre la métropole.

Dentz donc obéit [3]. Il applique les instructions de Darlan. De l'armement, stocké en Syrie [4] par les commissions d'armistice, part pour l'Irak qui paie en produits alimentaires. Durant une semaine, une centaine d'avions allemands se posent à Alep, Palmyre, Rayack, Homs, Damas. Après quelques heures d'escale, ils redécollent pour Mossoul où ils se feront sérieusement contrer par la RAF.

Vichy a manifestement aidé l'effort de guerre allemand contre l'Angleterre.

*
* *

---

1. Cf. plus loin, chap. XVIII, l'envol de Rudolf Hess pour l'Angleterre.

2. Des protocoles sur Dakar et Bizerte suivront, que l'intervention de Weygand empêchera de ratifier.

3. On le lui reprochera. Comme on lui reprochera sa défense du Levant contre l'invasion du 8 juin. Condamné à mort à la Libération, gracié, le général Dentz mourra en prison en décembre 1945.

4. Environ 20 000 fusils, 200 mitrailleuses, 4 canons de 75, 8 canons de 155, 5 millions de cartouches quittent ainsi le Liban. Les partisans de Vichy affirmeront qu'une partie de cet armement avait été préalablement saboté (percuteurs des canons et fusées des obus enlevés). Ils annoncent également la libération de 83 000 prisonniers (J. Benoist-Méchin à son procès).

De Gaulle s'intéresse au Levant. Il y a séjourné de novembre 1929 à novembre 1931. Il y a perçu les sentiments indépendantistes. Il y a décelé les intrigues anglaises. Dix ans après, il redoute une double menace. Les Allemands sont susceptibles de s'en emparer pour aider les Irakiens et le grand mouvement de révolte du monde arabe. Les Anglais peuvent profiter de la faiblesse présente de la France pour enfin se débarrasser d'un rival. Vieille ambition du Colonial Office ! Par-delà ces dangers, le chef de la France libre mesure le potentiel que le ralliement de la Syrie et du Liban lui apporterait : une position stratégique au Proche-Orient ; des troupes (il en a tant besoin !), du matériel qui même dépassé serait le bienvenu.

Or, la BFLO de retour d'Erythrée est disponible. Elle s'est même légèrement étoffée. Catroux, délégué général de la France libre au Moyen-Orient, est sur place au Caire. De Gaulle l'y rejoint dans l'espoir de précipiter une intervention qu'il serait prêt, éventuellement, à assumer seul. L'irruption des appareils allemands dans le ciel de Syrie lui fournit le casus belli. Mais Wavell refuse de se laisser entraîner. Trop de soucis ailleurs sans avoir besoin de s'en créer d'autres en Syrie. Il se souvient de Dakar. Il n'a pas confiance dans les équipées des « Free French ».

La décision favorable, de Gaulle finit par l'arracher à Churchill. Le Premier ministre n'est pas insensible aux arguments de son protégé. Risque d'une pénétration allemande en Syrie plaçant Suez et les raffineries de pétrole d'Abadan à courte distance pour la Luftwaffe. Impossibilité pour le prestige anglais de perdre la Syrie après la Crète. Et la Palestine, à son tour, serait menacée.

Le danger irakien étant écarté, Wavell, convaincu à son tour par son supérieur politique, donne enfin son accord. Des Britanniques participeront à l'opération « Exporter » aux côtés des Français libres.

*
* *

L'opération débute le 8 juin à l'aube. La situation en Irak ne la justifie plus. L'armistice a été signé le 31 mai. Les Anglais sont maîtres du terrain. Il n'y a pas d'Allemands en Syrie. Il n'y a plus de survol ou de transit d'appareils à croix noire [1]. Churchill lui-même n'ignore pas que Hitler a d'autres desseins. L'invasion de l'URSS est imminente.

Initiateur du projet, de Gaulle prend, ce faisant, plus encore qu'à Dakar, de gros risques. Il sait que les « vichystes » résisteront. Le colonel Collet, légendaire patron des Tcherkesses, rallié de fraîche date, le lui a confirmé. Comme d'autres, tel le lieutenant Buis qui a quitté Beyrouth un mois auparavant. De Gaulle est prévenu, mais il y a chez lui le souffle d'un tribun révolutionnaire. Rien ne le fera reculer devant la mission qu'il s'est assignée. La France libre a besoin de la Syrie.

Pour l'obtenir, il est prêt à payer le prix du sang. N'a-t-il pas écrit le 15 mai à Catroux : « Nous serions bien naïfs si nous imaginions pouvoir faire l'omelette de la libération française sans accepter de casser quelques œufs » ?

Il est prêt même, paradoxalement, à en payer le prix d'un abandon. Pour rallier des populations aux sentiments indépendantistes, il a donné son accord à une proposition de Catroux de déclaration d'indépendance. La manœuvre est habile. L'agitation nationaliste a pris de l'ampleur. Des émeutes ont fait des victimes. La promesse a de quoi séduire. Une restriction toutefois. L'indépendance ne deviendra effective qu'après le conflit. Durant les hostilités, la France libre estime de son devoir de conserver les responsabilités du mandat confié à Paris par la SDN.

Ce faisant, de Gaulle et Catroux ouvrent là une page tragique de l'histoire de France : celle de la décolonisation.

* * *

Au départ, les forces en présence sont à peu près égales. Sur terre du moins. Sur mer, la supériorité anglaise est mani-

1. En dehors de six appareils endommagés, soit accidentellement, soit à la suite d'attaques aériennes.

feste. Dans le ciel, les forces de Vichy ont, au départ, l'avantage.

Dentz dispose de 30 000 hommes, soit 27 bataillons d'infanterie (légionnaires, tirailleurs algériens ou sénégalais), 21 batteries d'artillerie. Ses chars R 35 sont fatigués. La marine n'a que 2 contre-torpilleurs, 1 aviso et 3 sous-marins. L'armée de l'air compte une centaine d'appareils modernes (chasseurs Dewoitine 520, bombardiers Glenn-Martin).

« Tireront-ils ? » s'interrogent encore certains la veille de l'affrontement. La réponse est connue. La fidélité des soldats de Dentz est totale. Ils ont foi en Philippe Pétain et en son patriotisme. Ils partagent son point de vue : « Défendre l'empire contre quelque agresseur que ce soit ! »

Ils préféreraient que cet agresseur fût allemand. Le devoir l'emporte s'il doit être anglais ou français. Terrible duel fratricide dans ce dernier cas. Troupes de l'empire contre troupes de l'empire ! Légionnaires du 6e REI, Sénégalais « loyalistes », Tcherkesses de Carmejane, contre légionnaires de la 13 [1], Sénégalais « gaullistes », Tcherkesses de Collet.

Le général anglais Wilson, chef de la coalition franco-britannique, aligne la 7e division australienne, une brigade indienne, une brigade britannique, des contingents juifs de Palestine et la 1re DLFL du général Legentilhomme [2]. Par la suite, il recevra des renforts d'Egypte et d'Irak.

D'entrée l'assaillant se veut pacifique et conciliant. Ses colonnes s'avancent avec drapeaux blancs et drapeaux tricolores. Des avions de la RAF et du groupe « Lorraine » répandent sur les cantonnements militaires et les agglomérations des milliers de tracts.

Les uns, signés de Gaulle, s'adressent aux soldats du Levant :

---

1. Monclar, patron de la 13, a fait jouer la clause de conscience et s'est désisté. Leclerc avait fait connaître, également, son opposition à l'opération.

2. La 1re DLFL (Division légère française libre) du général Legentilhomme est forte de 5 400 hommes dont 2 000 Africains. Elle comprend 6 bataillons d'infanterie, un bataillon de fusiliers marins équipés de matériel de DCA, un groupe d'artillerie et un escadron de spahis.

« Voici l'heure de reprendre le combat pour la libération de la France. J'ai nommé le général d'armée Catroux mon représentant et le commandant en chef des forces françaises du Levant. Vous devez obéir à ses ordres. Cette fois, "on les aura", et la France gagnera la guerre. A bientôt ! »

Les autres, signés Catroux, s'adressent aux populations syriennes et libanaises :

« Syriens et Libanais !

« A l'heure où les forces de la France libre, unies aux forces de la Grande-Bretagne, son alliée, pénètrent sur votre territoire, je déclare assumer les pouvoirs, les responsabilités et les devoirs de représentant de la France au Levant. Ceci au nom de la France libre qui s'identifie avec la France traditionnelle et authentique et au nom de son chef, le général de Gaulle.

« En agissant comme tel, j'abolis le mandat et je vous proclame libres et indépendants.

« Vous êtes donc désormais des peuples souverains et indépendants et vous pourrez soit vous constituer en deux Etats distincts, soit vous rassembler en un seul Etat. Dans les deux hypothèses, votre statut d'indépendance sera garanti par un traité où seront, en outre, définis nos rapports réciproques. Ce traité sera négocié dès que possible entre vos représentants et moi. En attendant sa conclusion, notre situation sera celle d'alliés étroitement unis dans la poursuite d'un idéal et de buts communs. » [1]

1. Churchill a poussé de Gaulle et Catroux à faire cette déclaration tout en affirmant n'avoir aucune visée sur le Levant (ce que l'avenir contredira). Il espère ainsi s'attirer les sympathies du monde arabe.

La propagande, l'intimidation produiraient-elles effet ? La journée du 8 juin ne voit que quelques escarmouches. Les postes frontaliers se replient. Des émissaires s'efforcent de convaincre. L'affrontement sera-t-il évité ?

De Vichy, Pétain appelle au devoir :

> « Vous combattez pour une juste cause, celle de l'intégrité des territoires dont l'Histoire, confirmée par le mandat, a légué la charge à la Patrie. Vous saurez les défendre. Mes vœux et ceux de la France vous accompagnent. »

De Beyrouth, Dentz, figé dans sa discipline et sa fidélité au Maréchal, ordonne de résister.

Sur le terrain, des officiers supérieurs refusent un ralliement qui pourrait entraîner celui de leurs jeunes lieutenants et capitaines et de leurs troupes.

Dès le 9, les combats font rage partout.

Wilson possède l'avantage de l'initiative. Il avance depuis la Palestine et la Transjordanie sur les trois axes principaux prévus. La 21e brigade australienne progresse le long de la route côtière Haïfa-Beyrouth. Une autre brigade australienne, la 25e, pénètre au Centre-Liban dans la vallée du Litani (dite aussi Bekaa). A l'est, 5e brigade indienne et 1re DLFL, entre mont Hermon et djebel Druze, marchent sur Damas.

Les Australiens, sur les bords du rivage, ont la tâche la plus aisée. La Navy les soutient de son feu. Les deux contre-torpilleurs *Guépard* et *Valmy*, les trois sous-marins *Souffleur, Caïman* et *Marsouin* n'ont pas les moyens de contester sa suprématie. Les batteries des croiseurs et des destroyers britanniques pilonnent sans relâche les points d'appui français, imposant des retraits successifs, en dépit de la résistance des tirailleurs algériens. Le 14 juin, les Australiens seront à hauteur de Saïda.

Ailleurs, la bataille est plus incertaine. La 25e brigade est bloquée à Jezzine dans le Chouf par le 6e REI. Les tirailleurs du colonel Albord interdisent l'entrée de la Bekaa au-delà de Merdjayoun. Le djebel Maani [1] est l'objet de mêlées acharnées entre division coloniale du Levant et Sénégalais de la 1re DLFL.

Le 15 juin, le colonel Le Couteulx déclenche une violente contre-attaque sur Kuneitra et Cheick-Meskine déjà occupés. Les R 35 du 1er RSM déboulent à moteur perdu. L'escadron tcherkesse du capitaine Le Chauvelas, ancien écuyer du Cadre noir, charge à cheval. Son chef sera tué, mais Kuneitra reprise. Un bataillon anglais est décimé. Il y a 600 prisonniers.

Plus à l'est, devant les « Free French », la réaction est aussi vive. Le général Legentilhomme, blessé, doit passer provisoirement son commandement. Il manquera de peu d'être capturé.

Au fil des jours, la lutte se fait plus âpre, plus passionnelle. Les invectives fusent. Des exactions se produisent : prisonniers exécutés, blessés achevés ou abandonnés sans soins, parlementaires abattus. Aucun camp n'est innocent. Ces faits, si isolés soient-ils, traduisent la tension des esprits, surtout entre Français. Les uns et les autres s'accusent mutuellement de trahison.

En zone libre, l'opinion dans son ensemble prend parti. Les dons affluent pour les combattants du Levant. Roland Dorgelès, comme François Mauriac, n'a pas encore vu tourner la girouette de la victoire finale. Il teinte son encre de pourpre pour décrire les combats :

> « L'armée du Levant se bat, et le sol, sous la main, brûle comme une culasse de mitrailleuse. Les rafales de vent de sable dessèchent les poitrines, déchirent les yeux, et leurs millions de pointes empâtent la bouche à travers le chèche ; le soleil vous applique son feu rouge entre les épaules

---

1. Il couvre à l'est la route Deraa-Damas.

GUERRE AU LEVANT

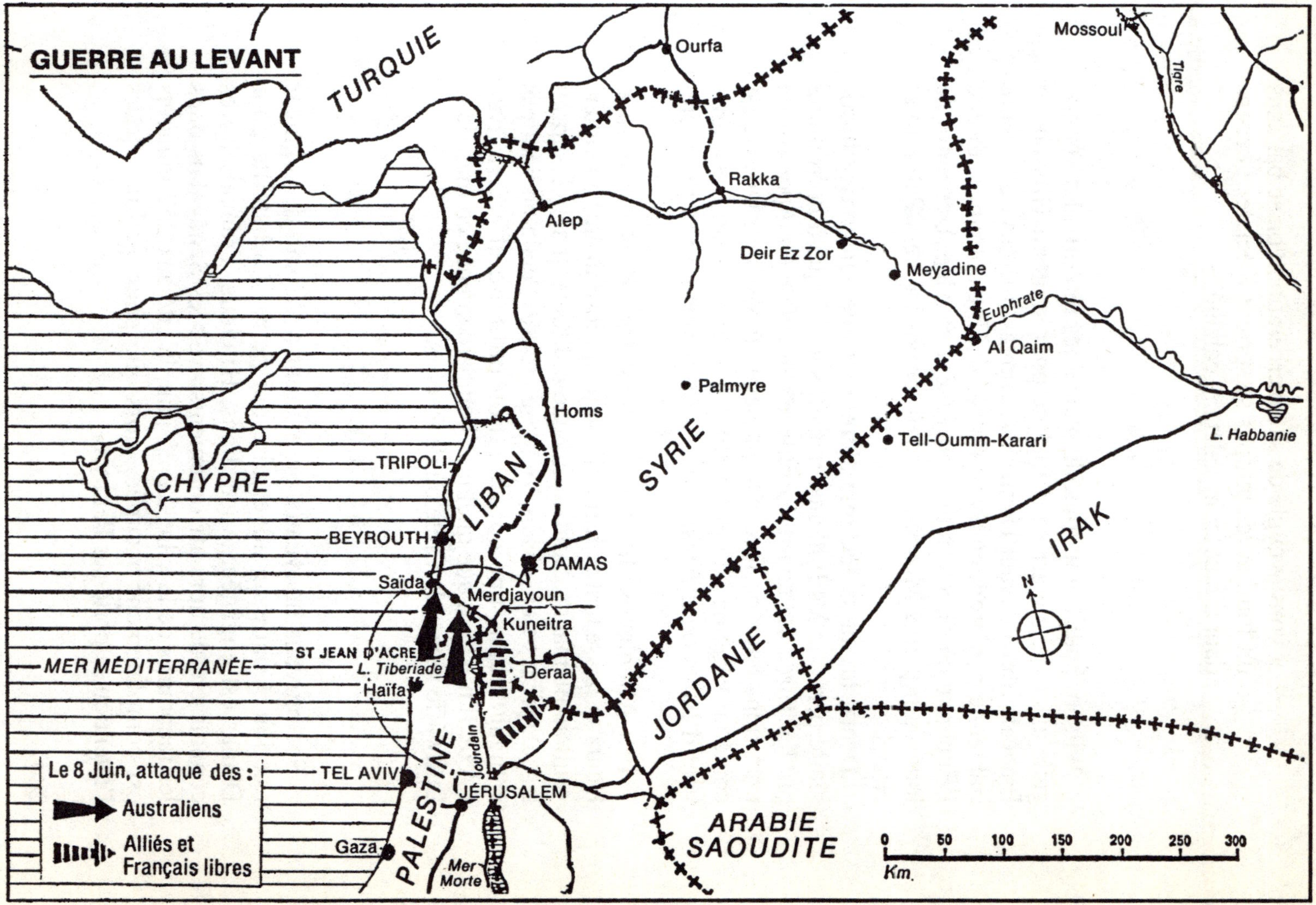

et vous aveugle de sa réverbération ; on se bat dans un four, et les tempes se serrent à éclater ; cependant il faut tenir, haletant, calciné. »

*
* *

Wilson, pour l'emporter, demande des renforts. La 16e brigade australienne arrive d'Egypte pour soutenir Hindous et Français libres devant Damas. Des unités libérées de l'affaire irakienne pénètrent en Syrie du Nord. Une colonne remonte l'Euphrate en direction de Deir-ez-Zor et Alep. Une autre, le long du pipeline Mossoul-Tripoli, progresse vers Palmyre et Homs.

Dentz, lui aussi, réclame d'être renforcé. Un convoi ferroviaire part, via les Balkans, mais il sera bloqué à la frontière par les Turcs. Le contre-torpilleur *Chevalier Paul* porteur de munitions tente de forcer le passage en Méditerranée. Il est coulé au large de Chypre. Seules quelques escadrilles, arrivant d'Istres ou d'Afrique du Nord, parviennent à rejoindre.

Les Allemands, les Italiens font des offres de service. Dentz se laisse tenter. Il ira même jusqu'à souhaiter une intervention allemande. Soldat plus que politique, il songe surtout à soulager les siens. Mais Vichy se récuse. Pétain ne veut pas s'engager dans une collaboration militaire effective avec l'Axe. Il n'y aura que quelques bombardements, en mer, de la Luftwaffe venue de Crète ou de Rhodes.

*
* *

Ses moyens nouveaux permettent à Wilson de relancer l'action. Contre un adversaire qui peine. La bataille pour Damas est engagée. Australiens, Hindous, Français libres connaissent de durs affrontements avec les Sénégalais dans les faubourgs de la ville. Le 22 juin, la cité aux 252 minarets est complètement occupée, alors que pour quelques jours l'attention se porte sur Palmyre.

Palmyre est un haut lieu de l'Histoire. L'ancienne capitale de la reine Zénobie dresse ses ruines altières, en plein désert, au pied de collines crayeuses. Carrefour de pistes, elle commande l'accès nord de la Syrie et du Liban. S'emparer de Palmyre, c'est prendre à revers les forces du Levant.

La garnison est modeste. Une compagnie de la Légion (1re compagnie du 4e bataillon du 6e Etranger – capitaine Collot). Une compagnie légère du désert. Des aviateurs de la base aérienne. En tout, quelque 300 hommes sous les ordres du commandant Ghérardy, un vieux blédard. En face, la Hab-Force, une colonne blindée venant de Bagdad. Palmyre résistera quinze jours.

Sur les hauts, le fort Weygand, le blockhaus 13, tenus par une poignée de légionnaires, repoussent les assauts. Dans la palmeraie, des tireurs embusqués arrêtent les tentatives d'infiltration. Les balles claquent le long du mur de Justinien ou dans le temple de Bêl. Des impacts effritent les colonnades millénaires. Dans le ciel, des aviateurs se dévouent pour essayer de desserrer l'étreinte.

Le 3 juillet, Ghérardy, à court de munitions, doit cesser le combat. Il n'a plus que 88 combattants, plus ou moins valides, autour de lui. Les Anglais croyaient avoir devant eux au moins un bataillon.

Camerone. Tuyên Quang. Bir Hakeim. Phu Thong Hoa. Diên Biên Phu. L'histoire de la Légion étrangère est riche de belles défenses. Un voile pudique recouvre celle de Palmyre. Les assaillants eussent été allemands et non anglais, en 1941, la gloire des défenseurs de Palmyre eût aussi été éternelle.

Palmyre tombée, la résistance s'effrite partout. Les forces du Levant sont à bout. Des combats sanglants bloquent les Australiens devant Damour, mais Beyrouth est menacée. Dentz, avec l'accord de Vichy, entame des négociations. Une suspension d'armes est ordonnée. Le 12 juillet, à 0 h, le feu cesse dans les Etats du Levant. A Saint-Jean-d'Acre, le général de Verdilhac, au nom du général Dentz, négocie la convention d'armistice avec les généraux Wilson et Catroux.

L'armée Dentz sera rapatriée, ainsi que les civils qui en feront la demande. Ceux qui le désireront, militaires ou civils, pourront opter pour la France libre. L'armement lourd sera livré. Les prisonniers seront rendus de chaque côté. Le général Catroux prend le titre de délégué général pour les Etats du Levant. Il ne reste qu'à conclure sur cette guerre de Syrie que le 14 juillet 1941 de Gaulle évoque en ces termes :

> « En Syrie, les Français libres viennent de soutenir des combats non moins durs qu'en Libye et en Erythrée mais infiniment plus douloureux. »

*
* *

Le gâchis est immense.

Il y a des victimes.

1 066 tués et 4 500 blessés dans les forces du Levant ; 650 tués et blessés chez les Français libres ; 3 600 tués et blessés chez les Britanniques.

Une cassure s'intensifie. Les rapatriés rentrent ulcérés contre de Gaulle et les Britanniques. Après Mers el-Kébir et Dakar, la Syrie !... Parmi ceux qui s'éloignent la rage au cœur, un jeune lieutenant du 6e Etranger. Il a gagné une palme à la tête de ses légionnaires. Il connaîtra la Résistance, la déportation à Mauthausen, la RC 4 en octobre 1950, en Indochine. Il tombera à Guelma, en mai 1958, en menant le 1er REP à l'assaut. Une promotion de Saint-Cyr portera son nom : colonel Jeanpierre.

Le sol se creuse sous les pas de la France au Levant. Soldats, fonctionnaires quittent le pays en masse. Les Français libres se retrouvent bien peu nombreux pour y monter la garde au drapeau.

La France libre ne sort pas grandie de l'épreuve qu'elle a provoquée. De Gaulle le reconnaîtra formellement devant l'Assemblée nationale en 1945. Certes, elle est en Syrie-Liban, mais pas seule.

Elle a amené les Britanniques dans ses fourgons. Ils s'incrusteront et contribueront à chasser les Français du Levant.

L'amitié franco-britannique est atteinte. On a vu des Australiens achever des blessés. Le fait se colporte même chez les gaullistes. Les affrontements meurtriers de novembre 1942, lors du débarquement allié en Afrique du Nord, trouvent là une de leurs explications.

En contrepartie, les Français libres obtiennent certains ralliements. Assez faibles. 72 officiers, 2 500 sous-officiers et hommes de troupe, une centaine de fonctionnaires [1]. Ils récupèrent aussi un matériel qui leur sera utile par la suite. Il servira à Bir Hakeim.

Sur le plan stratégique, la Palestine, le canal de Suez sont mieux couverts sur leur flanc nord. Mais il n'y avait plus de nécessité immédiate. L'essentiel de la guerre est aillcurs. En Union soviétique.

---

1. De Gaulle, dans ses *Mémoires*, annonce 127 officiers et 6 000 sous-officiers et hommes de troupes ralliés, soit le cinquième de l'effectif, chiffres très largement forcés.

Aux chiffres ici mentionnés, il convient toutefois d'adjoindre ceux des ralliements survenus avant le 8 juin (cas de Collet et d'une partie des Tcherkesses).

Chapitre XVII

BATAILLE DANS L'ATLANTIQUE

Churchill et les Anglais, pour poursuivre leur lutte sans merci, sont largement tributaires de leurs approvisionnements extérieurs. Ils doivent également assurer le ravitaillement en matériel de guerre des unités engagées outre-mer tant en Afrique, en Asie, au Moyen-Orient qu'en Europe. Leurs acheminements vers l'Angleterre, Freetown, Le Cap ou Le Caire passent par l'Atlantique.

Si l'année 1940 a été rude pour ce trafic maritime, le premier semestre 1941 l'est davantage encore. Les Britanniques et leurs alliés perdent :

- en janvier, 75 navires soit 320 000 tonnes de jauge ;
- en février, 100 navires soit 402 000 tonnes de jauge ;
- en mars, 139 navires soit 537 000 tonnes de jauge ;
- en avril, 154 navires soit 654 000 tonnes de jauge.

Ces pertes massives sont susceptibles de peser sur l'issue de la guerre. Faute d'avoir pu écraser l'Angleterre par la voie des airs, les nazis ont lancé dans l'Atlantique sous-marins, bombardiers et croiseurs de bataille pour l'asphyxier.

Les Allemands ont de longue date regardé le sous-marin, l'U-Boot, comme une arme privilégiée. Durant la Première Guerre mondiale, à partir de janvier 1917, ils ont mis en œuvre plus de 120 submersibles. Non sans succès ! Plus de 800 000 tonnes ont été coulées en avril 1917.

Ces possibilités et ces perspectives offertes par le sous-marin, un officier de marine allemand les a parfaitement perçues. Jeune enseigne de vaisseau puis commandant de bord, Karl Dönitz [1] a vécu l'existence des sous-mariniers. Il connaît le potentiel de destruction d'un seul bâtiment. En une croisière de 23 jours, l'U-39 où il occupait les fonctions d'officier canonnier a envoyé 14 navires par le fond. Son expérience, son enthousiasme l'ont fait désigner, en 1935, comme commandant de la première flottille de sous-marins [2]. Hitler a, lui aussi, foi dans l'arme sous-marine. Il ordonne d'en intensifier la fabrication. Les U-Boote sortent à une cadence de 10 par mois, cadence qui montera à 18. Leur rayon d'action leur apporte une large autonomie. 20 000 km pour ceux de 500 tonnes, 28 000 km pour ceux de 700. 35 d'entre eux croisent en permanence dans l'Atlantique.

Patron de cette force, Dönitz a préconisé l'emploi en nombre et non plus en maraudeurs isolés. Les faits lui donnent raison. Se regroupant en « meutes de loups », les U-Boote attaquent de conserve les convois, frappant de diverses directions pour désorganiser la défense. Portant des coups sévères aux convois britanniques, ils représentent, dans l'Atlantique, le danger majeur.

Cependant, au fil des mois, l'outil commence à s'émousser. Les grands commandants de la légende disparaissent. Le 8 mars 1941, l'U-47 de Prien, le héros de Scapa Flow, est détruit. Un Prien ne se remplace pas. La relève des anciens, apôtres de la guerre sous-marine, n'a plus la même valeur. Les nouveaux équipages manquent de métier. Ils ne sont pas tous

1. 1891-1980.

2. Voir chez le même éditeur, dans la même collection, *Dönitz et la guerre des U-Boote*, de Peter Padfield, 1986.

constitués de volontaires. L'arme n'en reste pas moins redoutable.

La possession du littoral français a apporté aux Allemands un double avantage. Lorient et La Pallice sont devenus les deux grandes bases de départ et de repli des sous-marins œuvrant dans l'Atlantique. L'avancée de la péninsule bretonne réduit la distance d'intervention des bombardiers, notamment du Focke-Wulf 200 Condor.

Quadrimoteur capable de tenir l'air durant une dizaine d'heures, le Condor est à même, au départ de Brest, de rallier la Norvège en contournant l'Islande et l'Ecosse. Avion de reconnaissance et de bombardement, il peut aussi bien localiser un convoi que l'attaquer. D'août 1940 à février 1941, ce « fléau de l'Atlantique » a détruit 360 000 tonnes.

Le *Graf Spee* n'est plus, mais l'esprit de course demeure. 60 000 tonnes sont coulées par le croiseur *Admiral Scheer* durant les trois premiers mois de 1941, 115 000 tonnes par les deux croiseurs de bataille *Scharnhorst* et *Gneisenau* en février et mars.

Avec ses U-Boote, ses bombardiers à long rayon d'action, ses corsaires de haute mer, Hitler dispose ainsi d'un ensemble susceptible de frapper très fort. Mais la conduite de la lutte manque de coordination. Le chef, le regard rivé vers l'est, n'en a pas le dessein. Ses lieutenants plaident chacun pour leur paroisse. Goering pour sa Luftwaffe, Raeder pour sa Kriegsmarine de tradition, Dönitz pour ses U-Boote. Cette rivalité compromet l'efficacité collective.

Churchill, par contre, a compris la nécessité d'une action coordonnée. Il écrira dans ses *Mémoires* :

> « La bataille de l'Atlantique a été le facteur dominant de toute la guerre. A aucun moment nous ne pouvions oublier que, partout, les choses dépendraient de son issue. »

Il crée un comité de la « bataille de l'Atlantique » dont il a annoncé le 6 mars 1941 qu'elle venait de commencer. Chaque semaine, ce comité réunit, sous sa présidence, le cabinet de guerre et les chefs d'état-major de la marine et de l'air. Une stratégie d'ensemble, où la politique rejoint la technique, s'élabore.

De Halifax, en Nouvelle-Ecosse, à Glasgow ou Liverpool, la route la plus courte, dite « le grand cercle », longe trois îles : Terre-Neuve, le Groenland, l'Islande, que les Britanniques doivent tenir coûte que coûte pour ne pas être pris en défaut sur le parcours. Terre-Neuve est sol canadien. Son intégration au dispositif va de soi. Le Groenland appartient au Danemark. Churchill s'empresse d'installer des bases sur sa façade orientale [1]. L'Islande est pays neutre, mais l'occupation de la Norvège par les Allemands a entraîné une intervention britannique en avril 1940. L'Islande, « pistolet braqué sur l'Angleterre, l'Amérique et le Canada », devient la grande base de flottilles d'escorte et des avions de la RAF. Une relative protection couvre ainsi l'itinéraire du « grand cercle ».

Les liens entre Roosevelt et Churchill sont étroits. Ils permettent d'intégrer l'US Navy dans la surveillance maritime. En mars 1941, les Etats-Unis prennent à leur charge le contrôle de l'Atlantique jusqu'au 22e degré ouest (sensiblement méridien des Açores). Cette couverture ne signifie pas belligérance. Les Etats-Unis ne sont pas encore en guerre avec l'Allemagne. Elle participe cependant à l'obtention de renseignements sur la présence de croiseurs et de sous-marins allemands. Elle complète aussi l'aide apportée par le prêt-bail et la fourniture en navires de guerre.

La bataille de l'Atlantique implique qu'on localise le danger. Ultra et le Coastal Command s'y emploient, recoupant déchiffrage des messages et observation aérienne. Le radar

1. Il sera bientôt imité par les Américains.

repère au large ce qui bouge. L'asdic [1] découvre les sous-marins à proximité. Les Anglais n'auront de cesse d'améliorer les possibilités et la fiabilité de ces matériels. Pour repérer l'ennemi, ils iront même jusqu'à équiper leurs bâtiments d'avions propulsés par catapulte [2].

Pour les marins, « bataille de l'Atlantique » signifie bataille des convois. Dix, vingt, trente navires marchands prennent la mer et piquent vers l'ouest en file indienne. L'angoisse étreint les équipages, en dépit des escorteurs qui, chiens fidèles, zigzaguent à leurs côtés. Le sillage d'une torpille ne se dévoilera-t-il pas soudain à quelques encablures, trop tard pour permettre de dévier de la route ? Un Condor ou un Ju 88 ne surgira-t-il pas des nuées pour se délester de son chargement de bombes ? Les salves d'un croiseur lourd ne frapperont-elles pas, en un éclair meurtrier et subit, des structures bien incapables de résister à des obus d'une tonne ?

Rares seront les traversées qu'épargneront les unes ou les autres de ces attaques. Les incendies, alors, éclairent l'horizon, signalant aux uns leur victoire, aux autres des naufragés à tenter de sauver. L'euphorie du succès à bord des U-Boote est souvent fugitive. Les destroyers d'escorte grenadent aux échos des asdic. Les loups de mer doivent se faire oublier ou s'éloigner au plus vite. Plus d'un disparaîtra à jamais, rejoignant sa victime dans les profondeurs de l'océan.

---

1. Appareil de détection résultant des travaux de l'Allied Submarine Detection Investigation Committee (ASDIC) créé en 1917 et mis au point par la Royal Navy. En janvier 1941, 900 bâtiments de la Navy étaient équipés d'un asdic. Ils seront 1 700 à la fin de la même année, 2 600 en août 1943. Le principe de l'appareil est le suivant : de brèves émissions d'ondes ultrasons dirigées sont produites par un projecteur-récepteur tournant autour d'un axe vertical. Ce projecteur est placé sous la quille. Si l'émission rencontre un obstacle sous-marin, elle est réfléchie vers le récepteur qui en perçoit l'écho. La portée pratique est d'environ 2 300 m, très exceptionnellement 2 700 m.

2. En principe, des Hurricane. Il faut ensuite, évidemment, récupérer les pilotes condamnés à se poser en mer.

*
* *

« Coulez le *Bismarck* ! »

Dernier sorti avec son jumeau le *Tirpitz* encore aux essais, le cuirassé *Bismarck* se présente au printemps 1941 comme l'un des plus puissants navires de ligne du monde [1]. Ses 51 000 tonnes, sa vitesse de 30 nœuds, ses 4 tourelles doubles de 381, ses 12 pièces de 150 surclassent tous les bâtiments britanniques. « Vous êtes l'orgueil de la flotte », a déclaré Hitler au terme d'une de ses visites.

Conformément à ses conceptions de la guerre navale et au rôle des grands bâtiments de surface, Raeder, en mars 1941, décide de lancer le *Bismarck* dans la bataille de l'Atlantique. A ses yeux, cette intervention devrait constituer l'arme absolue dans la lutte contre les transports britanniques.

Le 18 mai, le *Bismarck,* escorté du croiseur lourd *Prinz Eugen,* quitte Gdingen, franchit le Kattegat et fait escale à Bergen en Norvège. De là, toutjours avec le *Prinz Eugen,* il gagne l'Atlantique en contournant l'Islande par le nord. Au débouché du canal de Danemark, sa route doit croiser celle de convois rejoignant l'Ecosse. Le commandant de l'escadre, le vice-amiral Gunther Lütjens, 52 ans, nazi convaincu, en est persuadé.

L'amirauté britannique, alertée, rameute aussitôt ses « gros ».

De Scapa Flow, les croiseurs de bataille *Hood, Prince of Wales,* et 6 destroyers se portent vers le canal de Danemark. La Home Fleet de l'amiral Tovey (1 cuirassé, 1 porte-avions, 4 croiseurs) gagne la zone de transit des convois. De Gibraltar, la Force H de l'amiral Somerville [2] remonte vers le nord avec le croiseur *Renown* et le porte-avions *Ark Royal.*

Le 23 en soirée, à la faveur d'une éclaircie dans la brume épaisse qui couvre le canal, le *Bismarck* et le *Prinz Eugen*

1. Avec le japonais *Yamato.*
2. Ancien commandant de l'opération Catapult sur Mers el-Kébir, comme on l'a vu.

sont repérés par deux croiseurs. L'information, codée, court sur les ondes. La chasse commence.

A l'aube du 24, le *Hood* distingue l'adversaire à 17 milles dans le nord-ouest. A 5 h 52, à une distance de 23 000 mètres, il ouvre le feu de ses 381. La riposte du *Bismarck* lui est fatale. Un coup embrase le bâtiment. Coupé en deux à 6 h par une explosion, le *Hood* sombre quelques minutes plus tard. 1 416 officiers et marins sont tués ou portés disparus. Il n'y a que trois survivants. Le *Prince of Wales,* touché également par quatre projectiles, doit rompre le combat.

L'affaire s'engage très mal pour la Navy. Du moins le *Bismarck* a-t-il été parfaitement localisé. Il a aussi souffert. Deux impacts en dessous de sa ligne de flottaison ont causé une fuite importante à une soute à mazout. Le navire laisse derrière lui une traînée repérable.

Blessé, le cuirassé allemand pourrait regagner sa base ou un port occupé, fort d'un beau succès. Ce serait sagesse, eu égard à ses avaries. Curieusement, au lieu de foncer vers l'est, en direction de la côte française, il pique plein sud, abandonnant le *Prinz Eugen* [1]. Il se retrouve seul, alors que le *Prince of Wales* et plusieurs croiseurs le pistent sans relâche, que la Home Fleet et la Force H poussent leurs feux pour l'intercepter. En fin de journée, malgré un horizon bouché et un fort vent debout, les Swordfish [2] du porte-avions *Victorious* arrivé sur zone prennent l'air. Bravant la DCA du *Bismarck*, ils parviennent à placer une torpille au but sous la passerelle [3].

Puis, brutalement, dans la nuit du 25, le contact radar est rompu. Les poursuivants perdent la trace du fugitif. L'immensité de l'Atlantique sauvera-t-elle le *Bismarck* ?

Alors que l'espoir de le retrouver s'amenuise, le 26 à 10 h 30, un Catalina du Coastal Command repère le *Bismarck* à 790 milles à l'ouest de Brest. Manifestement, il se

---

1. Celui-ci rejoindra Brest dix jours plus tard, apparemment sans encombre.

2. Biplan embarqué portant une torpille de 750 kg.

3. Tous les avions, en dépit de la nuit, rejoindront leur bord et réussiront à apponter.

dirige vers le port breton. Le *King George V,* le *Rodney* de la Home Fleet sont à 50 milles plus au nord. La Force H, avec le *Renown* et l'*Ark Royal,* se rapproche, ainsi que le *Sheffield.* Ce dernier arrive à coller à la proie. Il guide les Swordfish pour une nouvelle attaque. A 21 h 30, deux torpilles atteignent leur cible. Gouvernail bloqué, le *Bismarck* dérive en décrivant des cercles. Autour, les destroyers, menés par le *Cossack* du commandant Vian, tournent et harcèlent.

Le navire désemparé est encore à 400 milles de Brest. Des bombardiers, des sous-marins se portent à son secours. Mais il est trop tard. Vers minuit, Lütjens qui, après l'exaltation de sa victoire sur le *Hood,* a sombré dans l'abattement, transmet un message :

> « Le bateau n'est plus manœuvrable. Nous combattrons jusqu'au dernier obus. Vive le Führer ! »

Au matin du 27, une forte tempête souffle du nord-ouest.

Le *Rodney,* le *King George V* sont maintenant à bonne distance. A 8 h 48, le *King George V* ouvre le feu. Sur le *Bismarck,* l'équipage, très jeune dans son ensemble, épuisé et en bonne partie démoralisé, est à bout. La riposte aux tirs du *King George V* puis du *Rodney* est imprécise. L'incendie fait rage partout. A 10 h 15, le cuirassé n'est plus qu'une épave. Le croiseur *Dorsetshire* l'achève à la torpille. A 10 h 40, le *Bismarck* chavire et sombre par 48° 05 nord et 16° ouest. Il entraîne 2 190 hommes dans la mort. Les Britanniques ne recueillent que 110 survivants exténués.

La fin du *Bismarck* marque un grand tournant de la bataille de l'Atlantique et de la guerre navale. L'aviation a eu raison du cuirassé géant. La primauté appartiendra désormais aux porte-avions pour les engagements sur mer, et aux sous-marins pour la bataille de l'Atlantique. Cette dernière n'est pas encore gagnée. 1942, 1943 seront des années terribles pour les convois, mais le printemps de 1941 marque une éclaircie.

Le tonnage perdu chute par rapport aux mois précédents ou à venir [1]. 43 navires coulés en juillet, soit 121 000 tonnes ; 41 en août, soit 131 000. L'Angleterre respire un peu, d'autant que la Luftwaffe s'éloigne. Le front de l'Est l'appelle. Les *Scharnhorst, Gneisenau, Admiral Hipper*, pris à partie par la RAF, se terrent dans les ports. Le sous-marin sera le danger numéro un des mois à venir dans la bataille de l'Atlantique.

1. 83 navires coulés, soit 285 000 tonnes perdues en septembre ; 51 navires coulés, soit 218 000 tonnes perdues en octobre ; 34 navires coulés, soit 104 000 tonnes perdues en novembre ; mais 87 navires coulés, soit 485 000 tonnes en décembre (dont 270 000 en Extrême-Orient grâce à l'entrée en guerre du Japon).

Chapitre XVIII

VERS BARBAROSSA

On s'est battu en Pologne, en Finlande, en Norvège, au Danemark, au Luxembourg, en Hollande, en Belgique, en France, en Albanie, en Grèce, en Yougoslavie, en Crète, en Irak, en Erythrée, en Ethiopie, au Soudan, en Somalie ; on se bat en Egypte, en Libye, en Syrie. On se bat dans le ciel et sur mer. L'embrasement a saisi la majeure partie de l'Europe. Il déborde sur les autres continents. Le 22 juin, il finira par atteindre la quasi-intégralité du monde occidental. Ainsi en a décidé le maître du IIIe Reich.

Dans ces mois qui précèdent ce 22 juin, 1941, tournant majeur de la Seconde Guerre mondiale, outre ce qui a été déjà rapporté, d'autres événements se produisent. Ils pèsent lourd sur le cours du conflit.

*
* *

Il est une tradition américaine qui remonte à George Washington. Un président sortant ne sollicite pas de troisième mandat.

F.-D. Roosevelt, à l'automne 1940, arrive au terme de son second bail à la Maison-Blanche. Suivra-t-il l'exemple du Père de la nation ? L'intéressé ne révèle ses intentions que peu avant l'échéance et le fait en termes simples : « Les circonstances sont trop graves pour l'autoriser à abandonner son poste, et s'il demande à ses compatriotes de faire face à leurs responsabilités, il lui est interdit de se dérober aux siennes. »

L'argument porte. Le 5 novembre 1940, Roosevelt est réélu avec 54 % des voix. Son adversaire « isolationniste » peut néanmoins se prévaloir d'un bon score. Le président n'a pas partie gagnée pour entraîner son pays dans la guerre.

L'Angleterre soulagée apprend la nouvelle avec joie. Elle sait pouvoir compter sur celui qui proclame que l'Amérique doit devenir l'arsenal des démocraties. Churchill, dans son message de félicitations, avoue avoir prié pour sa réélection.

Installé, pour la troisième fois, dans le fauteuil présidentiel de la Maison-Blanche, F.-D. Roosevelt n'a que 58 ans. L'âge, la maladie n'ont pas encore marqué ses traits. Le handicap physique, consécutif à une attaque de poliomyélite en 1921, ne lui enlève rien de sa prestance naturelle. Ce président profondément religieux, imbu de son autorité, se drape dans ses certitudes : la démocratie, la grandeur des Etats-Unis, la morale, sa propre valeur. A défaut de visions géniales, à la Churchill, il aura la lucidité de déceler le danger nazi et d'orienter son peuple vers la grande croisade de la liberté.

*
* *

Les approvisionnements en matériel de guerre constituent l'un des grands soucis de la Grande-Bretagne. Ils proviennent presque exclusivement des Etats-Unis et doivent, rappelons-le, être réglés comptant en or ou en dollars. Telle est la règle du « cash and carry » de novembre 1939.

Les réserves monétaires britanniques ne sont pas inépuisables surtout lorsqu'il y a tant à acheter. Dans une longue missive au président américain, Churchill avoue ses difficultés et ses inquiétudes. Son appel est entendu. Une vieille loi américaine de 1892 permet à Roosevelt de répondre favorablement. Elle autorise à donner à bail des fournitures militaires lorsque « l'intérêt général est en cause ». Par ce biais, le président peut prêter. Il s'en explique par une image à ses compatriotes :

> « Il y a le feu chez votre voisin. Le tuyau d'arrosage de votre jardin peut lui permettre d'éteindre son incendie. Pourquoi attendre qu'il ait rassemblé 10 ou 15 dollars pour vous l'acheter ? Vous lui prêtez votre tuyau. Il vous le rendra après usage. »

Sous-entendu, dans l'argumentation, éteindre le feu dans la maison de votre voisin peut éviter que la vôtre ne soit gagnée par l'incendie.

Le principe de la loi « prêt-bail » (*Lend-Lease act*) est né. Approuvé par le Congrès en mars 1941, il permettra aux Britanniques de s'approvisionner sans souci. Comme l'annonçait Roosevelt, les Etats-Unis deviennent l'arsenal de la démocratie.

*
* *

En France, dans la zone dite libre, la Révolution nationale vit ses jours fastes. Philippe Pétain est seul maître. L'appareil de l'Etat est à ses ordres. Ses portraits ornent extérieurs et intérieurs. La Légion des Combattants, créée le 29 août, se veut le grand rassemblement quasi obligé de tous les anciens combattants. Dans l'esprit de quelques-uns, elle présage le parti unique.

En zone occupée, l'adhésion est moins massive. La présence allemande dérange. Les difficultés de la vie quotidienne se multiplient. La ligne de démarcation complique les rapports avec le sud du pays. Dans le Nord et le Pas-de-Calais, l'occupant impose son joug. Les deux départements, rattachés au commandement militaire de Bruxelles, sont pratiquement zone interdite. En Alsace-Lorraine, la situation est pire. La germanisation s'intensifie pour effacer les traces de la présence française. Des renégats, tel J.-P. Mourer, sous le nom de Hans Peter Murer, y participent. Des milliers d'Alsaciens-Lorrains sont expulsés pour excès d'amour envers leur vraie patrie. En Bretagne, quelques dizaines de fanatiques, plus ou moins manipulés par l'envahisseur, crient « Breiz Atao ! », « Bretagne toujours ». Ils ne parviendront pas à détruire ce qu'Anne de Bretagne a scellé [1]. L'archevêque de Rennes est le premier à appeler au patriotisme.

Quant aux communistes, ils persévèrent dans leur fidélité à l'alliance germano-soviétique. Maurice Tréand a essayé de faire reparaître *L'Humanité* avec l'accord des Allemands. Arrêté par la police française, il a été libéré sur ordre de la Kommandantur. « *L'Huma* » reste condamnée à la clandestinité et à une impression de fortune. Elle dénonce de Gaulle, accusé « de faire se battre les Français pour la City et de s'efforcer d'entraîner les peuples coloniaux dans la guerre ». Dans une lettre circulaire d'octobre 1940, Maurice Thorez et Jacques Duclos tiennent le même langage.

Au plan international, Pétain louvoie. En septembre 1940, il a éloigné Weygand, trop remuant, en le nommant haut-commissaire et commandant en chef en AFN. L'ancien généralissime ne cache qu'à demi qu'il prépare en Afrique l'armée de la revanche. Fin octobre, Pétain a rencontré Hitler à Montoire et annoncé la collaboration tout en hasardant un contact avec Londres.

Soudain, le chef de l'Etat français se déciderait-il à changer de cap ? Le 13 décembre, il fait arrêter Pierre Laval (celui-ci sera libéré un mois plus tard sur injonction des Allemands). « Je n'ai plus confiance en vous », lui déclara-t-il sans ménagements. Darlan devient le second et le dauphin. Les événements d'Irak-Syrie montreront que l'amiral de la Flotte croit, comme l'Auvergnat, à la victoire de l'Allemagne.

Cette victoire de l'Allemagne, des patriotes la récusent et œuvrent pour s'y opposer. Ils ne sont encore que quelques poi-

1. On sait qu'Anne de Bretagne, par son mariage avec Charles VIII puis Louis XII, lia le destin de la Bretagne à celui de la France.

gnées mais ils sont résolus. Certes, il y a les Français libres de De Gaulle qui ont l'avantage de se battre, en principe, à visage découvert. Les opposants de France luttent dans l'ombre, isolés et sans grands moyens. Leurs premiers réseaux s'organisent : Musée de l'Homme, Confrérie Notre-Dame, Libération, OCM... Le 28 janvier 1941, le capitaine Henri Frenay quitte l'armée. Il sera plus tard, entre autres, fondateur du mouvement « Combat » et du journal de *L'Armée secrète*. Gilbert Renault, dit « Rémy », expédie ses premiers courriers, via l'Espagne, en direction de l'Angleterre. Des feuilles « subversives » apparaissent : *Arc*, *En Captivité*, *Valmy*... En zone occupée, des auteurs de sabotages sont exécutés. L'ingénieur Jacques Bonsergent, désigné, à tort, comme responsable d'un attentat contre un officier allemand, est passé par les armes le 24 décembre 1940. Des contacts se nouent avec de Gaulle et les Anglais. Les premiers agents sont parachutés. Rappelons que le lieutenant de vaisseau d'Estienne d'Orves, rallié à la France libre à Alexandrie, touche la France en décembre 1940. Trahi, arrêté, il sera fusillé au mont Valérien le 29 août 1941.

Ces actions, qui prendront bientôt le nom générique de Résistance, ne proviennent encore que d'individualités dispersées. La masse reste passive. L'Allemagne paraît si puissante.

Les réactions de la jeunesse prouvent que le sursaut interviendra. Pour une Boellmann, un Alsacien n'a qu'une patrie, la France : la jeune Marie-Lise l'a appris de ses parents et grands-parents. Elle connaît leur exemple de 1870 comme de 1914. Le 4 novembre 1940, à seize ans et un mois, elle entre dans la cellule 3/22 de la prison de la Santé. Motif très officiel de son incarcération : offense à l'armée allemande. Quelques heures plus tôt, sortant de son lycée, elle a eu l'impudence de tirer une nouvelle fois la langue à un groupe de feldgrau. Condamnée comme récidiviste à deux mois de prison, Marie-Lise Boellmann [1] fera ses deux mois et même un peu plus. Elle ne quittera les lieux que le 29 janvier 1941.

---

1. Aujourd'hui, Mme Joseph Estoup. Suite au minimum requis, 90 jours, elle n'aura pas droit au titre d'internée de la Résistance. Il lui

Son geste insolent présage celui des étudiants et lycéens parisiens le 11 novembre. Pour l'anniversaire de l'armistice, ils seront environ trois mille à manifester, derrière un drapeau tricolore, à l'Arc de Triomphe. Certains – une douzaine – seront blessés durant l'intervention d'une compagnie de la Wehrmacht. D'autres iront rejoindre Marie-Lise Boellmann derrière les hauts murs de la Santé.

*
* *

L'équipée de Rudolf Hess

Darlan, lors de sa visite à Berchtesgaden le 11 mai 1941, avait jugé que Hitler avait « l'esprit ailleurs ». Il ne devait pas tarder à en connaître la raison.

Le 10 mai, un Messerschmitt Me 110 s'envole, vers 18 h, de la base d'Hunstetten près d'Augsbourg. Personne n'y prête une attention particulière. Le pilote est un aviateur confirmé. Mieux encore et surtout, il est le « numéro 2 » du régime, puisqu'il se nomme Rudolf Hess. C'est lui qui servait de secrétaire à Hitler pour la rédaction de *Mein Kampf*.

Sitôt en altitude, Hess met le cap au 340, plein nord-ouest. Le Me 110, chasseur bimoteur, vole à 500 km/h. Quatre heures plus tard, il se retrouve au-dessus de la mer du Nord. Le vol, jusque-là sans risques majeurs, devient de minute en minute plus aléatoire. L'appareil arrive dans la zone de surveillance de la RAF.

Le brouillard, la chance, la maîtrise du pilote permettent à l'avion de poursuivre [1]. Vers 23 h, Hess aborde les lieux qu'il s'est fixés comme objectif. Il monte à trois mille pieds et, passant sur le dos, parvient non sans peine à s'éjecter. A 23 h 7, l'avion s'écrase au sol. Au même instant, le dauphin de Hitler

---

manque trois jours pour une telle distinction. D'autres compenseront ce rigorisme administratif...

1. Cet avion isolé est repéré mais n'inquiète pas outre mesure la défense aérienne plus préoccupée par l'un des plus violents bombardements qu'ait connu le sud de l'Angleterre. Londres compte 2 000 morts.

touche la terre écossaise à une quinzaine de kilomètres de Dungavel, non loin de Glasgow. Le duc de Hamilton, un grand du Royaume-Uni qu'il a côtoyé à Berlin en 1936 durant les Jeux Olympiques, possède dans les parages une propriété. Hess compte sur cette vieille relation, qui a été de surcroît ancien président des Amitiés germano-britanniques, pour l'introduire auprès du roi et du gouvernement britannique.

Hess s'est reçu lourdement à l'arrivée et s'est fracturé une cheville. Un fermier le localise et donne l'alerte. Les services de police interceptent cet aviateur allemand qui se présente tout d'abord sous le nom de capitaine Horn mais qui ne tarde pas à révéler sa véritable identité : « Je m'appelle Rudolf Hess et je veux rencontrer le duc de Hamilton. »

Celui-ci sert comme lieutenant-colonel dans la RAF. Sur ordre, il gagne l'Ecosse en avion et interroge longuement le prisonnier.

Il confirme. Il s'agit bien de Rudolf Hess. Un Rudolf Hess sûr de lui, qui déclare :

> « Je suis venu pour sauver l'humanité ! »

et qui précise pourquoi et comment :

> « L'Allemagne gagnera la guerre. Sa supériorité est trop forte pour qu'il en soit autrement. »

La suite en découle fort logiquement. Inutile donc de faire massacrer des milliers et des milliers d'individus. Hitler est prêt à s'entendre avec la Grande-Bretagne et à lui garantir l'intégrité de son empire. En contrepartie, il ne réclame que les mains libres à l'Est et le retour à l'Allemagne de ses anciennes colonies africaines.

Hess est prolixe. Il s'épanche, persuadé de la haute portée de la mission qu'il s'est fixée. Un point du programme qu'il énonce a de quoi toutefois irriter un sujet britannique : préalable à l'accord germano-britannique, le remplacement du gouvernement belliciste de Winston Churchill.

Hess, sur ce point, serait-il bien renseigné ? Il existe effectivement en Grande-Bretagne un courant pacifiste bien loin des thèses de l'actuel Premier ministre. Lloyd George, locataire du 10 Downing Street en 1918, Liddell-Hart, critique militaire bien connu, en sont les principaux animateurs, entre autres. Lord Halifax, avant de partir pour Washington, penchait ouvertement pour une paix de compromis. Samuel Hoare, ambassadeur à Madrid, souhaite la même issue. Des députés, sans trop oser le clamer, partagent ces vues. Churchill, par sa pugnacité, a écarté toute demi-mesure. S'il s'éloignait du pouvoir, le camp des pacifistes pourrait reprendre force.

*
* *

Hamilton rend compte. A sa hiérarchie. Au Premier ministre en personne. Que peut-il se passer ?

L'affaire est gênante pour tout le monde.

Churchill représente la fermeté. Il défend la liberté contre le totalitarisme, mais ses adversaires ne manquent pas d'arguments : l'opiniâtreté coûtera la vie à des centaines de milliers de Britanniques, les dégâts matériels sont et seront considérables. Ne serait-il pas plus sage d'accepter cette main tendue, d'autant que la victoire est tout sauf acquise ?

Hitler est dans une position tout aussi fausse. N'est-il pas, a priori, trahi par l'un des siens, en l'occurrence par son propre dauphin, passé chez l'adversaire ? La discorde n'est-elle pas en train de s'installer dans le camp nazi ? L'Allemagne sentant la victoire trop lointaine ne va-t-elle pas choisir la négociation ? L'équipée de Rudolf Hess, désertion ou mission secrète, ouvre la porte à toutes les suppositions. La propagande anglaise peut en tirer parti.

Pour Churchill comme pour Hitler, prudence et habileté s'imposent.

Certes, Hitler pourrait d'emblée désavouer son premier lieutenant, mettre son équipée sur le compte d'un accès de folie. Il n'en fait rien. Il laisse passer trente-six heures avant de la mentionner, comme s'il préférait attendre d'en connaître les résultats. Sans doute est-ce là la preuve qu'il avait été informé, au préalable, par Rudolf Hess de sa tentative.

Enfin, Churchill et Hitler parlent. Ils le doivent devant les interrogations qui montent de toutes parts. Le premier répond par une fin de non-recevoir. Le second invoque des troubles hallucinatoires. Ce faisant, il s'inscrit dans la pensée du message que Hess lui a adressé avant de s'envoler de Hunstetten :

> « Et si, mein Führer, ce projet (dont j'admets qu'il a peu de chances de réussir) devait échouer, si le sort jouait contre moi, il ne s'ensuivrait aucune conséquence fâcheuse ni pour vous ni pour l'Allemagne, car vous pourriez tout démentir. Dites simplement que je suis fou. »

Très vite, le soufflé retombera. L'Irak bouge, la Crète est attaquée. Les préoccupations immédiates relèguent à l'arrière-plan le dénommé Rudolf Hess qui passera près d'un demi-siècle derrière les barreaux d'une prison [1].

Une question enfin sur cette affaire Rudolf Hess. Hess a-t-il révélé aux Anglais ce qu'ils connaissaient déjà par Ultra : l'opération Barbarossa en préparation contre l'URSS ? C'est plus que probable. Le second personnage du régime ne pouvait ignorer l'existence des plans d'invasion. Il donnait du poids à sa mission en mentionnant cette menace supplémentaire contre la paix.

De toute façon, cette confirmation ne pouvait qu'inciter Churchill à la fermeté. L'ouverture d'un second front soulagerait la Grande-Bretagne et augmenterait les chances de victoire.

---

1. Rudolf Hess, à Nuremberg, sera condamné à la détention perpétuelle. Il mourra à la prison militaire de Spandau, près de Berlin, en août 1987.

Beaucoup, Churchill en tête, estimeront qu'en dépit du passé sa tentative à caractère humanitaire lui valait un meilleur sort. Mais Hess n'en savait-il pas trop ?...

L'arrivée de Rudolf Hess en Angleterre était-elle connue des services spéciaux britanniques ? Ceux-ci n'auraient-ils pas manigancé, en l'occurrence, un « coup tordu » ? Voir John Costello *Dix jours qui ont sauvé l'Occident*, Olivier Orban, 1990.

*
* *

En cette mi-mai 1941, l'ouverture de ce second front est devenue la pensée première du Führer.

Depuis longtemps Adolf Hitler songe à marcher vers l'Est. Il en parlait dans *Mein Kampf*. Le « Lebensraum » (« l'espace vital ») est l'une de ses grandes visions politiques. Il apportera au peuple allemand les terres dont il a besoin pour se développer et se nourrir.

Dès le 29 juillet 1940, alors qu'a priori l'on s'oriente vers un débarquement en Angleterre, Jodl [1] confie à une poignée d'officiers d'état-major et de hauts fonctionnaires la décision quasi effective de Hitler d'attaquer à l'Est. Le second semestre 1940 conforte celui-ci dans son intention. Envahir l'Angleterre se révèle impossible, la bataille aérienne s'étant soldée par un échec. Les Etats-Unis aident et aideront de plus en plus la Grande-Bretagne. Un jour, ils entreront dans la guerre. Les Soviétiques, de leur côté, se renforceront. Bref, le temps joue contre l'Allemagne. Pour l'emporter, celle-ci doit, très vite, annihiler l'URSS. L'Angleterre, alors, se rendra compte qu'elle est seule en Europe, que la puissance allemande est écrasante. Elle devra composer.

Le 18 décembre, Hitler signe la directive n° 21, véritable ordre d'opérations contre l'URSS :

> « Le gros de l'Armée rouge sera détruit par d'audacieuses manœuvres comportant des trouées en profondeur, exécutées par des unités blindées [...]
>
> « L'objectif ultime de cette offensive est de créer une ligne de défense contre la Russie d'Asie, s'étendant de la Volga à Arkhangelsk. Ce qui subsistera de la Russie, l'Oural, pourra alors être détruit par les forces aériennes. »

1. Colonel-général Alfred Jodl, chef d'état-major de l'OKW, soit son numéro deux.

En se décidant à frapper à l'est, Hitler prend un gros risque. Contrairement à ses intentions premières, il va devoir se battre sur deux fronts. Pourtant, la stratégie qu'il se flatte de connaître lui enseigne qu'il commet une erreur en dispersant ses forces. Il le reconnaîtra ultérieurement [1]. Il oublie tout autant que Napoléon s'est perdu dans les profondeurs de la Grande Russie.

Cette offensive contre l'URSS, Hitler l'a d'abord baptisée : « Otto », en souvenir d'Otto le Grand. Puis il se ravise. Ce sera l'opération « Barbarossa », du nom cette fois de Frédéric Ier Barberousse, parti en croisade en Terre sainte en 1189 [2].

> « Quand Barbarossa se déclenchera, le monde retiendra son souffle et restera sans voix »,

déclarera l'auteur du projet en février 1941.

Dans sa directive du 18 décembre, il a fixé une date : 15 mai 1941. Barbarossa se déchaînera ce jour-là.

Mussolini, avec ses visées sur la Grèce, en décide autrement. La Wehrmacht est obligée d'envoyer une partie de ses troupes dans les Balkans [3]. De précieuses semaines de printemps, donc de beau temps, sont perdues. Elles feront défaut devant Moscou. Les avant-gardes allemandes seront bloquées par le froid et la neige alors qu'elles se voyaient déjà sur la place Rouge.

Contraint et forcé par les initiatives de son allié et les servitudes de la préparation militaire, Hitler doit reporter son programme initial. La nouvelle date sera la bonne : 22 juin. 129 ans plus tôt, jour pour jour, Napoléon et la Grande Armée

---

1. Entretiens avec Martin Bormann au début de 1945.
2. Il mourra accidentellement lors de cette troisième croisade, où il était, du reste, accompagné par Philippe Auguste et Richard Cœur de Lion.
3. Ce report n'est pas complètement inutile : la préparation n'était pas achevée.

franchissaient le Niemen et allaient vers le destin que l'on connaît. Un Romain y aurait vu un mauvais présage.

Cette décision du Führer de porter la guerre à l'est ne fait pas obligatoirement l'unanimité des dignitaires et hauts responsables du régime. Goering [1], Ribbentrop, Raeder, Keitel ne sont pas favorables, mais ils doivent s'incliner. Jodl, par contre, se montre résolument optimiste. Il ne craint pas de déclarer que « le colosse russe n'était qu'une baudruche qui se dégonflerait au premier coup d'épingle ».

Le 30 mars, Hitler réunit ses principaux généraux et leurs chefs d'état-major. Plus de 200 officiers, muets, l'écoutent énoncer :

> « La guerre contre la Russie sera telle qu'il ne sera pas question d'obéir aux lois chevaleresques ! Cette lutte se livrera entre deux idéologies et entre deux conceptions raciales et devra être menée avec une rigueur implacable et sans précédent. »

Qui n'a compris le sens terrible des propos du chef du Troisième Reich ? La guerre à venir sera une guerre d'extermination pour détruire le bolchevisme, éliminer les juifs et réduire les Slaves en esclavage.

---

1. A Nuremberg, Goering déclarera avoir œuvré pour détourner Hitler de ses projets de second front :

« J'ai dit au Führer : "Nous nous battons en ce moment contre l'une des plus grandes puissances du monde : l'Empire britannique [...] et je suis convaincu que, tôt ou tard, une deuxième grande puissance, les Etats-Unis, marchera contre nous... Ce fut votre chef-d'œuvre, au début de la guerre, d'arriver à ce que nous combattions sur un seul front. Vous avez toujours dit que c'était très important. S'il y avait un conflit avec la Russie, cela ferait une troisième grande puissance. Nous serions seuls, avec pratiquement le monde entier contre nous [...] Et nous aurions à nous battre sur deux fronts" [...] J'ai dit au Führer : "L'armement soviétique ne sera pas achevé avant 1942, 1943 ou même 1944. D'ici là, nous aurons vaincu les Anglais, ou nous serons au moins parvenus à un arrangement." »

Cette déclaration paraît sincère et a pour elle l'avantage de répondre à un certain bon sens.

Ces intentions seront, le 2 juin, complétées d'instructions précises à von Brauchitsch sur le sort à réserver aux commissaires politiques soviétiques :

> « Qu'ils soient capturés pendant ou après la bataille, il conviendra de les fusiller sur-le-champ. »

La Wehrmacht sera, avec les SS, la complice de ce « Barbarossa Befehl » ou « Ordre Barberousse », que plus d'un dénommera « l'ordre criminel » !

Pour sa « croisade », Hitler n'écarte pas la participation de ceux qui, à un titre ou à un autre, partagent son aversion pour le bolchevisme.

Le 1er mai, il convoque Oshima, l'ambassadeur japonais, et lui confie qu'il attaquera l'URSS le 22 juin. Il le prie d'en informer son gouvernement, espérant voir le Japon intervenir en Sibérie orientale. L'URSS serait ainsi prise à revers. Mais Tokyo se dérobe et s'en tient à son pacte de neutralité signé le 13 avril 1941 avec l'Union soviétique. Ses visées sont ailleurs. Sur le Sud-Est asiatique et le Pacifique.

La Finlande ne partage pas cette prudence. Elle s'engage d'enthousiasme dans l'espoir de prendre sa revanche sur sa défaite de mars 1940. Le 10 juin, Mannerheim décrète une mobilisation partielle.

Quelques jours plus tard, la Roumanie, par la voix de son chef, le général Antonescu, déclare vouloir participer à la lutte dès le premier jour. La Hongrie, la Slovaquie, partenaires de l'Allemagne et pays limitrophes de l'URSS, sont naturellement dans l'engrenage. Seule l'Italie reste en marge. Hitler juge préférable de tenir Mussolini à l'écart. Il ne le préviendra qu'à l'ultime instant.

Cette menace qui grandit sur ses frontières occidentales, le maître du Kremlin ne la juge pas immédiate. Il la voit assez lointaine. Un mois avant le déclenchement du conflit, il déclare en petit comité :

> « En mai prochain [1942], le heurt sera inévitable. »

Dans l'immédiat, il veut gagner du temps et ne cesse de répéter : « Il ne faut pas céder aux provocations ! »

Cette politique le mène loin. Il passe sur les violations de frontière par la Luftwaffe. Il refuse de donner l'impression d'être inquiet et laisse ses armées vivre dans la quiétude du temps de paix. Il poursuit ses relations économiques avec son interlocuteur du 23 août 1939. L'URSS livre à l'Allemagne des céréales, du pétrole, du platine, du manganèse, du chrome, du coton, bien que le client s'avère, à l'expérience, un mauvais payeur. Le IIIe Reich devra, le 22 juin 1941, 239 millions de marks à son fournisseur soviétique.

Plus grave encore, Staline ne réagit pas lorsque les avertissements, au cours du premier semestre 1941, se précisent et s'intensifient.

Churchill, informé par Ultra, charge son ambassadeur à Moscou, Sir Stafford Cripps, de l'avertir personnellement. Les renseignements sur la directive du 18 décembre remontent de Suisse par un réseau d'espionnage, « Lucie », qui puise ses informations auprès d'opposants au régime nazi. Du Japon, le 15 juin [1], Sorge alerte :

> « 170 divisions allemandes massées sur frontière soviétique attaqueront sur ensemble frontière le 20 juin – STOP – Direction effort principal Moscou. »

Sorge est un agent de valeur reconnue. Journaliste, de père allemand et de mère russe, rallié au communisme, il est très bien introduit à l'ambassade d'Allemagne à Tokyo. Il y glane de précieuses informations qu'il rapporte fidèlement [2].

D'autres avertissements parviennent. Dans la nuit du 17 au 18 juin, un sergent de la Wehrmacht, craignant pour sa vie

1. Date contestée. Peut-être le 11.
2. Voir Gordon W. Prange, *Le Réseau Sorge*, chez le même éditeur.

après avoir frappé un officier, déserte dans la région de Kiev et révèle l'imminence d'une attaque. Le capitaine français Pierre Billotte, fils de l'ancien commandant du GA/1 tué en juin 1940, évadé d'un oflag, réussit à gagner l'URSS. En route, il a noté que les unités allemandes se tenaient au bivouac et non au cantonnement. En professionnel, il a reconnu là le signe tangible de troupes prêtes à lever le camp et à passer à l'action.

Churchill, « Lucie », Sorge, etc. Staline n'a cure de ces mises en garde. Aucun ordre, aucune directive ne mettront l'Armée rouge en état d'alerte. Partout, elle sera surprise par Barbarossa. L'aube du 22 juin 1941 sera cruelle pour les Soviétiques.

Volume suivant : Juin - Décembre 1941. De l'invasion de l'U.R.S.S. à Pearl Harbor.

ANNEXES

1940

Juin	4	Chute de Dunkerque
	5	Offensive allemande sur la Somme
	10	Déclaration de guerre de l'Italie à la France et à la Grande-Bretagne
	14	Entrée des Allemands dans Paris
	16	Démission de Paul Reynaud Gouvernement du maréchal Pétain
	17	Demande française d'armistice
	18	Appel du général de Gaulle à Londres
	25	Armistice franco-allemand et franco-italien
Juillet	3	Attaque anglaise contre Mers el-Kébir
	10	Pleins pouvoirs au maréchal Pétain
	20	L'amiral Decoux gouverneur général de l'Indochine
	21	Annexion des Etats Baltes par l'URSS
Août	13	« Adlertag ». Début de la Bataille d'Angleterre
	26	Ralliement du Tchad à la France libre
	28	Ralliement du Cameroun, du Moyen-Congo, de l'Oubangui-Chari à la France libre
Septembre	6	Abdication du roi Carol de Roumanie
	10	Ralliement des territoires français d'Océanie à la France libre
	20	Ralliement de la Nouvelle-Calédonie à la France libre
	23	Attaque japonaise contre Langson
	23-24	Echec gaulliste devant Dakar
	27	Signature du Pacte Tripartite (Allemagne-Japon-Italie)

Octobre	23	Entretiens Hitler-Franco à Hendaye
	24	Rencontre Hitler-Pétain à Montoire
	28	Agression italienne contre la Grèce
Novembre	5	Réélection de Roosevelt aux Etats-Unis
	15	Bombardement allemand sur Coventry
Décembre	9	Début de l'offensive Wavell en Cyrénaïque

1941

Janvier	17	Début de la guerre franco-thaïlandaise
Février	12	Arrivée de Rommel en Tripolitaine
	25	Entrée des Anglais dans Mogadiscio
Mars	1	Prise de Koufra par la colonne Leclerc
	27	Régent de Roumanie renversé
	29	Bataille du cap Matapan
	31	Contre-offensive de Rommel en Cyrénaïque
Avril	6	Attaque allemande contre la Yougoslavie
	25	Entrée des Allemands dans Athènes
	30	Révolte en Irak contre la Grande-Bretagne
Mai	9	Traité de paix franco-thaïlandais
	10	Envol de Rudolf Hess pour l'Angleterre
	19	Capitulation du duc d'Aoste
	20	Début de l'opération « Mercure » contre la Crète
	24	Naufrage du *Hood*, croiseur de bataille anglais
	27	Naufrage du *Bismarck*, cuirassé allemand
	31	Armistice anglo-irakien
Juin	1	Fin de la campagne de Crète
	8	Début de la guerre franco-anglaise en Syrie-Liban
	15-17	Bataille de Halfaya
	22	Prise de Damas par les Anglais
		Début de l'opération Barbarossa

Bibliographie

La Seconde Guerre mondiale a suscité trop d'ouvrages pour qu'ils puissent tous être rapportés. Il ne sera donc mentionné ici que les titres principaux ou ceux plus particulièrement exploités par l'auteur.

Par souci de clarté, ils seront présentés en référence des événements évoqués.

Ouvrages d'intérêt général

BENOIST-MÉCHIN Jacques, *60 jours qui ébranlèrent l'Occident* (trois tomes), Albin Michel, 1956.

CAVE BROWN Anthony, *La Guerre secrète* (deux tomes), Pygmalion/Gérard Watelet, 1981.

CHURCHILL Winston, *Mémoires de la Seconde Guerre mondiale* (deux tomes), Editions de la Palatine, 1950.

DE GAULLE Charles, *Mémoires de guerre* (trois tomes), Plon, 1959.

LIDELL HART Basil Henry, *Histoire de la Seconde Guerre mondiale*, Fayard, 1970.

PAILLAT Claude, *Le Désastre de 1940* (deux tomes), Laffont, 1984.

ROCOLLE Pierre, *La Guerre de 1940* (deux tomes), A. Colin, 1990.

SHIRER William, *Le IIIe Reich* (deux tomes), Stock, 1959.

TOLAND John, *Adolf Hitler* (deux tomes), Pygmalion, 1978.

YVERT Benoît, *Dictionnaire des ministres*, Perrin, 1990.

Chapitre I. La bataille de France

WEYGAND Maxime, général, *Rappelé au service*, Flammarion, 1950.

HORNE Alistair, *Perdre une bataille*, Plon, 1969.

MENU Charles-Léon, *Lumière sur les ruines*, Plon, 1953.

Chapitre II. Effondrement militaire. Affrontement politique

BRUGE Roger, *Les Combattants du 18 Juin* (cinq tomes), Fayard, 1989.

LA LAURENCIE de, général, *Les opérations du 3e C.A.*, Charles-Lavauzelle, 1948.

VILLELUME, Paul de, *Journal d'une défaite*, Fayard, 1976.

ROTON, général, *Années cruciales*, Charles-Lavauzelle, 1947.

Chapitre III. Tu quoque, Mussolini !

AZEAU, Henri, *La Guerre franco-italienne*, Presses de la Cité, 1967.

HIBBERT, Christopher, *Mussolini*, Robert Laffont, 1965.

Chapitre IV. L'Armistice

LACOUTURE Jean, *De Gaulle – Le rebelle*, Seuil, 1984.
SPAAK Paul-Henri, *Combats inachevés*, Fayard, 1969.
CHASTENET Jacques, *Le Drame final*, Hachette, 1963.
FERRO Marc, *Pétain*, Fayard, 1981.

Chapitre V. 100 000 tombes

LAFFARGUE A., général, *Justice pour ceux de 40*, Charles-Lavauzelle, 1952.
REDIER A., *Gestes français*, X. Mappus, 1944.
PAQUIER P., *Combats de chasse*, Colbert, 1946.
MILLIAT R., *Le Dernier Carrousel*, Arthaud, 1943.
ALERME, colonel, *Les Causes militaires de notre défaite*, Publications du centre d'étude de l'Agence « Inter-France », Paris, 1940.

Chapitre VI. Les Rapaces

CATROUX Georges, général, *Deux actes du drame indochinois*, Plon, 1959.
DECOUX Jean, amiral, *A la barre de l'Indochine*, Plon, 1949.

Chapitre VII. Le Temps des incertitudes

CONNOR André-Paul, *L'Épopée de la 13e DBLE*, Nouvelles Éditions Latines, 1988.
VARILLON P., *Mers El-Kebir*, Amiot Dumont, 1949.
ARON Robert, *Histoire de Vichy*, Fayard, 1954.
DREYFUS F.G., *Histoire de Vichy*, Perrin, 1990.
KUPFERMAN Fred, *Laval*, Balland, 1987.

Chapitre VIII. La France libre et son empire

LARMINAT E. de, *Chroniques irrévérencieuses*, Plon, 1962.
MONTAGNON Pierre, *La France coloniale*, tome II, Pygmalion, 1990.
MORDAL Jean-Jacques, *La Bataille de Dakar*, Ozanne, 1950.

Chapitre IX. Thermopyles anglais

MCKEE A., *Bataille de la Manche, bataille d'Angleterre*, 1960.
KILLEN John, *La Luftwaffe*, R. Laffont, 1968.

Chapitre X. Politique

GIRARD L.D., *Montoire, Verdun diplomatique*, A. Bonne, 1948.

Chapitre XII. Balkans : revers italiens, succès allemands

LOVERDO Costa de, *La Grèce au combat*, Calmann-Lévy, 1966.

Chapitre XIV. « Notre ami Rommel »

BARNETT Correlli, *Les Généraux du désert*, Le livre contemporain, 1960.
VÉZINET, général, *Le Général Leclerc*, Presses de la Cité, 1974.

YOUNG D., *Rommel*, Fayard, 1951.
CARELL P., *Afrikakorps*, R. Laffont, 1960.
KENNEDY SHAW W.B., *Patrouilles du désert*, Berger-Levrault, 1948.

Chapitre XVI. L'Orient compliqué

CATROUX Georges, général, *Dans la bataille de Méditerranée*, Julliard, 1949.
DAVET M.C., *La Double affaire de Syrie*, Fayard, 1967.
LE CORBEILLER J., *La Guerre de Syrie*, Éditions du Fuseau, 1967.
COLLET Anne, *Collet des Tcherkesses*, Coréa, 1949.

Chapitre XVII. Bataille de l'Atlantique

NOLI J., *Les Loups de l'Amiral*, Fayard, 1970.

Chapitre XVIII. Vers Barbarossa

VOLKOGONOV Dimitri, *Staline*, Flammarion, 1991.

Index sélectif

Abdullah, 266
Abdul'Illah (prince), 268, 270
Abetz, Otto, 198, 270
Alain-Fournier, Henri, 101
Albord (Col), 278
Alerme (Col), 103
Alexander (lord), 86, 118
Alibert, Raphaël, 48, 81, 82, 138, 139, 141, 143, 145, 146
Allary, 99
Altmayer (Gal), 11
Amine-el-Husseini, Hadj (Grand Mufti), 268, 269
Anne de Bretagne, 296
Antonescu, 190, 224, 305
Aoste d' (duc), 211, 213, 261, 263
Argenlieu Thierry d', Georges (Cne, futur amiral), 136, 161, 162, 166, 169
Argenlieu Thierry, Olivier (Gal), 98
Aron, Robert, 139
Assolant, 58
Astier de Villate, Marcel, 136, 143
Audet, 12, 19
Auchinleck (Gal), 259
Augereau (Gal), 98
Auphan (Amiral), 120

Badoglio (Mal), 54, 63, 88
Bagnold (Com), 211
Bagot, John, dit Glubb Pacha, 269
Balbo (Maréchal), 54, 211
Barberot, 131
Barberousse, voir Frédéric Ier
Barrès, 138, 146
Baudouin, Paul, 15, 39, 48, 64, 77, 86, 87, 124, 133, 145
Bazaine, 43
Beaverbrook (lord), 178
Bécourt-Foch (Cne), 136, 162
Belin, 145, 149
Bellonte, 100
Benes, 206
Benoist-Méchin, Jacques, 270
Beresford-Pierse (Gal), 257, 258
Bergeret (Gal), 77, 78
Bergery, Gaston, 141
Berl, Emmanuel, 91
Besson (Gal), 11, 42
Billotte, Pierre, 307
Blanqui, Auguste, 150
Blériot, Louis, 99
Blum, Léon, 48, 141, 144, 150
Bock von (Gal), 18
Boellmann, Marie-Lise, 297, 298
Boislambert de (Lt de réserve), 137, 154, 160, 162, 170
Boisson, Pierre, 71, 91, 153, 161, 163
Boissoudy de, 170
Boivin, 168
Bonaparte, 52
Bonhomme (Cne), 148
Bonnet, Georges, 141
Bonsergent, Jacques, 295
Boris III (roi), 224
Brauchitsch von (Gal), 305
Brécard (Gal), 148
Bridoux (Gal), 12
Broche (Cne), 137, 168
Brooke, Alan (Gal), 31, 86
Brosset, Claude (Gal), 170
Bourragué (Amiral), 125
Bouthillier, Yves, 140, 145
Buis (Lt), 274
Buisson (Gal), 12, 19, 20, 21

Cabanier (Cdt), 136
Cambon, 10
Campbell, Ronald (sir), 86, 87
Campinchi, César, 82, 83, 141
Carmineo (Gal), 262
Carol (roi), 190
Cartier (Gal), 55
Cassin, René, 136, 169
Caton, 50
Catroux, Georges (Gal), 107, 109, 169, 273, 274, 276, 281
Caudillo, voir Franco
Cavallero (Gal), 222
Ceccaldi (Col), 170, 252
César, 52
Chainat, 58
Chamberlain, Neville, 115
Charaf, Chérif, 269
Charles d'Anjou, 52
Charles VIII (roi), 296
Charner (Amiral), 107
Chautemps, Camille, 16, 38, 39, 44, 47, 48, 84
Chevalier, Jacques, 202, 203
Chevigné de, 136
Churchill, Winston, 13, 16, 32, 33, 34, 35, 36, 38, 39, 41, 45, 47, 57, 65, 67, 72, 86, 87, 88, 92, 93, 112, 115, 117, 118, 119, 121, 123, 126, 128, 131, 132, 133, 134, 152, 158, 159, 161, 163, 164, 166, 172, 174, 175, 178, 184, 186, 188, 189, 194, 195, 202, 203, 204, 205, 212, 213, 214, 220, 221, 225, 226, 228, 230, 239, 249, 250, 255, 256, 257, 259, 261, 262, 269, 273, 274, 276, 294, 299, 300, 301, 306, 307
Ciano (comte), 54, 88, 89, 191, 206
Cicéron, 50

Claudel, Paul, 91
Clemenceau, 15, 94, 132
Coli, 100
Collet (Col), 274, 275, 283
Collot (Cne), 281
Colonna d'Ornano (Cdt), 154
Colson (Gal), 145
Condé (Gal), 28
Corbin, 87
Costello, John, 301
Costes, 100
Cot, Pierre, 100
Courcel de, 65, 72
Courtioux, 147
Crémieux, 150
Crépin, 170
Cripps, Stafford, 306
Cunningham, Alan (Gal), 261
Cunningham, John (Amiral), 129, 130, 131, 159, 163, 164, 208, 209, 210, 223, 228, 257

Daladier, Edouard, 15, 71, 82, 83, 141, 150
Darlan (Amiral), 36, 48, 82, 84, 86, 94, 153, 271, 272, 296, 298
Darnand, Joseph, 201
Dayan, Moshé, 116, 270
Deat, Marcel, 141
Decoux, Jean (Vice-amiral), 109
Delange, 156
Delbos, 83
Denis (Col), 168
Dentz (Gal), 21, 25, 272, 275, 277, 280, 281, 282
Derrien (Amiral), 134
Deslaurens (Gal), 97
Dessertaux (Lt), 57
Dewavrin (Cne), 136
Dill (Gal), 31, 32
Dio, 165, 166, 170
Dönitz (Amiral), 285, 286
Dorgeles, Roland, 278
Doriot, Jacques, 144
Doumer, Paul, 107
Dowding Hugh (sir), 174, 176, 177, 180, 181, 183, 184
Drumont, 150
Duclos, Jacques, 296
Duff Cooper, 93
Du Moulin de Labarthète, 148, 197
Duplat (Amiral), 58, 125
Dupuy, Pierre, 202

Eboué, Félix, 137, 153, 154, 169
Eden, Anthony, 32
Esteva (Amiral), 134
Estienne d'Orves d' (Lt de vaisseau), 131, 297
Evans, 12

Fayçal Ier, 266
Fayçal (prince), 268
Fernet (Amiral), 148
Ferry, Jules, 107
Février, André-Louis, 48
Flandin, Pierre-Etienne, 142
Foch (Maréchal), 12, 78, 162, 197
Folliot (Cne), 136
Fonck, René, 199
Fortune (Gal), 16
Fouchet, Christian, 135
Franco (Gal), 42, 106, 107, 192, 193, 194, 195, 208, 219
François Ier (roi), 52
Frédéric Ier Barberousse (empereur), 303
Frédéric-Guillaume III (roi), 241
Frenay, Henri (Cne), 297
Frère (Gal), 11, 16, 42, 160
Freyberg (sir), (Gal), 117, 232, 239, 240
Freydenberg (Gal), 11, 28

Galland, 176
Gallieni (Mal), 25, 107, 110
Gandhi, 117
Gamelin (Gal), 102, 150
Garbay, 170, 263
Gariboldi (Gal), 254
Garnier, Francis, 107
Gaulle de, Charles (Gal), 15, 16, 19, 32, 35, 39, 41, 44, 45, 47, 49, 65, 67, 72, 73, 74, 75, 76, 83, 88, 93, 102, 112, 116, 118, 121, 129, 131, 134, 135, 136, 137, 148, 151, 153, 154, 156, 157, 158, 159, 160, 161, 162, 164, 165, 166, 168, 169, 203, 205, 206, 250, 251, 265, 273, 274, 275, 276, 282, 296, 297
Gaxotte, Pierre, 102
Gensoul (Amiral), 122, 123, 125, 126
Georges (Gal), 27, 33, 42, 102
Georges II, 220, 234, 262
George VI, 220
Gherardy (Cdt), 281
Giraud (Gal), 135, 200, 206
Glennie (Amiral), 237
Glubb Pacha, 269
Godfroy (Amiral), 93, 129, 130, 209
Goering (Mal), 79, 174, 176, 177, 178, 179, 180, 182, 183, 184, 187, 188, 195, 196, 198, 241, 286, 304
Gort, John (lord), 31, 86, 93
Grand Mufti, 268, 269
Grande-Duchesse du Luxembourg, 262
Grazi, 219
Graziani (Mal), 211, 212, 244, 247, 254
Grobba (docteur), 269
Grousset, René, 147
Guderian (Gal), 18, 21, 24, 27, 28, 30, 64, 90
Guillaume le Conquérant, 173
Guillaumet, 100, 157
Guynemer, Georges, 99

Haakon VII (roi), 204, 262
Hailé Sélassié (empereur), 262
Halder (Gal), 13
Halifax (lord), 202, 203, 300
Hamilton de (duc), 299, 300
Hauteclocque de, voir Leclerc
Henri IV (roi), 25
Hering (Gal), 21, 42
Herriot, Edouard, 39, 59, 67, 71, 82, 98, 141, 144
Hess, Rudolf, 79, 272, 298, 299, 300, 301
Hitler, Adolf, 35, 56, 59, 64, 68, 76, 78, 79, 88, 89, 95, 111, 112, 113, 114, 115, 116, 132, 142, 157, 161, 168, 172, 174, 175, 178, 179, 180, 184, 185, 187, 188, 189, 190, 191, 192, 193, 194, 195, 196, 197, 198, 200, 201, 202, 203, 208, 213, 214, 219, 220, 223, 224, 225, 227, 228, 230, 232, 240, 246, 248, 253, 268, 270, 271, 272, 273, 285, 286, 289, 291, 296, 298, 299, 300, 301, 302, 303, 304, 305
Hoare, Samuel, 194, 300
Holland (Cne de vaisseau), 123, 125, 126
Horthy (Amiral), 190
Huntziger (Gal), 11, 28, 32, 42, 63, 77, 78, 80, 84, 85, 86, 89, 98
Hussein Ibn Ali, 266
Husson (Gal), 153, 156, 165, 171
Hyvernaud, Pierre (Cne), 101

Ingold, 170
Irwin (Gal), 159, 163
Ismay, Hasting (Gal), 32

Jaspin, 69
Jeanneney, 39, 71, 82, 141, 144
Jeanpierre (Col), 282
Jodl, Alfred (Gal), 79, 302
Juin (Gal), 102

Keitel (Gal), 79, 80, 84, 85
Kemal, Mustapha, 265
Kennedy, Joseph, 215
Kleist von (Gal), 18, 27
Kleye (Cne), 235
Kœltz (Gal), 84
Koenig (Cne), 136, 167, 170
Kretschmer, 215

La Chambre, Guy, 100
La Grandière, 107
Landriau, 161
Lapie, Pierre-Olivier, 136
Larminat de (Col), 137, 154, 156, 165, 169
La Porte du Theil, 149
La Tour du Pin, 146
Lattre de Tassigny de, Jean (Gal, futur maréchal), 18, 19, 100, 102
Laure (Gal), 148, 200
Laurent-Eynac, 100
Laval, Pierre, 81, 83, 87, 133, 134, 138, 139, 141, 142, 143, 145, 147, 148, 149, 197, 198, 202, 296
Lawrence d'Arabie (Col), 267
Laycock (Col), 239
Lebrun, Albert, 15, 44, 47, 71, 82, 83, 84, 140, 141, 144
Le Chauvelas (Cne), 278
Leclerc, Philippe de Hauteclocque dit, (maréchal à titre posthume), 137, 153, 154, 166, 167, 169, 170, 206, 250, 251, 252, 263, 275
Le Couteulx (Col), 278
Leeb von, 13, 27, 30
Legentilhomme (Gal), 275, 278
Le Gloan, 58
Leigh-Mallory (Mal), 180
Le Luc (Amiral), 77, 78, 120, 125
Léonidas, 86, 227
Léopold III (roi), 205
Le Troquer, André, 83
L'Herminier (Cdt), 163
Liddell-Hart, 300
List (Gal), 226
Lloyd, George (lord), 86, 300
Louis XII (roi), 296
Louis XIV (roi), 148
Löhr (Gal), 233
Lorotte (Cne), 263
Lütjens, Gunther (vice-amiral), 289, 291
Lyautey (Mal), 71, 107, 243
Lyttelton, Oliver, 259

Mackenzie King, William, 117
Mandel, Georges, 15, 39, 44, 49, 71, 72, 82, 83, 92, 93, 94, 141
Magrin-Vernerey (Col), 136, 159, 166
Margerie de, 32
Marin, Louis, 44, 45, 72
Marquet, Adrien, 141
Marquis (Amiral), 125
Masson, 165, 167
Massu, Jacques, 170
Matsuoko, 191
Maulnier, Thierry, 138
Mauriac François, 75, 91, 133, 278
Maurras, Charles, 48, 138, 145, 146
Mazaryk, 206
Mendès France, Pierre, 82, 83, 150
Ménétrel (Docteur), 148
Mermoz, Jean, 100, 157
Metaxas (Gal), 218, 219
Miguet (Lt), 57
Mittelhauser (Gal), 92
Molotov, 106
Monclar (Col), 263, 275
Monluc, Blaise de, 129
Monnet, Jean, 47, 136, 154
Mourer, Jean-Pierre, 296

Murer, Hans-Peter, 296
Mun, Albert de, 146
Muselier (vice-amiral), 136, 169
Mussolini, 50, 52, 53, 54, 56, 57, 59, 62, 63, 68, 76, 88, 90, 113, 190, 193, 195, 208, 212, 218, 219, 222, 223, 228, 260, 263, 264, 270, 303, 305

Napoléon, 118, 196, 198, 303
Napoléon III, 107, 267
Neame (Gal), 250, 256
Noël, Léon, 77, 78, 85
Noguès (Gal), 83, 84, 91, 92, 94
North Dudley (sir), 123
Nungesser, 100

Oberlé, Jean, 72
O'Connor (Gal), 244, 246, 248, 249, 250, 253, 256
Odic (Gal), 206
Olry (Gal), 55, 59
Ornano (Col), 211
Oshima, 305
Otto le Grand, 303

Painlevé, 10
Papen von, 268, 270
Parant, 137, 165
Parisot (Gal), 77, 88
Park, Keith, 176, 177, 180, 181, 184
Paul (prince), 225
Pavelitch, Ante, 226
Péguy, Charles, 101, 146
Perrin, 162
Pétain (maréchal), 15, 16, 32, 35, 36, 38, 39, 40, 44, 45, 47, 48, 49, 64, 65, 66, 67, 71, 75, 76, 80, 81, 82, 84, 86, 87, 89, 90, 91, 94, 118, 138, 140, 141, 142, 143, 145, 147, 148, 149, 157, 161, 166, 168, 192, 195, 196, 197, 198, 199, 200, 201, 202, 203, 204, 219, 271, 272, 275, 277, 280, 295, 296
Petiet (Gal), 12
Peyrouton, Marcel, 70
Pierlot, Hubert, 69, 205
Pierre Ier (roi), 224
Pierre II (roi), 225, 226, 262
Piétri, François, 141
Pie XII, 112
Pisani, Edgar, 83
Platon (Amiral), 153
Platt (Gal), 261, 262
Pleven, René, 154
Pomaret, Charles, 48
Poincaré, Raymond, 10
Portes de (Mme), 39, 47, 141
Prasca (Gal), 221
Pretelat (Gal), 11, 27, 28
Prien, 215, 285
Proudhon, 138, 150
Psichari, 101
Puaux, Gabriel, 71, 92
Pujo (Gal), 48, 145

Rachid Ali el-Kailani, 269, 270
Raeder (Amiral), 79, 174, 214, 286, 289, 304
Rancourt de, 136
Reibel, 45
Renault, Gilbert dit Rémy, 297
Repiton-Preneuf (Lt), 136
Requin (Gal), 11, 21, 42
Reynaud, Paul, 12, 14, 15, 16, 21, 31, 32, 33, 37, 39, 40, 41, 42, 43, 44, 45, 46, 47, 49, 67, 71, 72, 82, 94, 141, 150
Ribbentrop von, 79, 106, 194, 197, 198, 271, 304
Ringel (Gal), 238
Rivière, Albert, 48
Rommel (Gal, futur maréchal), 19, 20, 64, 69, 99, 226, 239, 242, 253, 254, 255, 256, 258, 259
Roosevelt, F. D., 21, 41, 42, 44, 187, 287, 294, 295
Rougier, Louis, 203
Roure, Rémy, 75
Roux de (Cne), 156, 170
Rundstedt (Gal), 18, 173

Saïd, Nouri, 268
Saint-Exupéry, 157
Saint-Mart, 156
Saussine de, 165, 167
Sautot (commissaire résident), 154, 167, 169
Savelli (Col), 170
Schepke, 215
Schmidt, Paul, 79, 197
Schuman, Robert, 48
Schumann, Maurice, 136
Selby (Gal), 244
Séoud, Ibn, 266
Severy (Cne), 263
Sforza (comte), 51
Sicé (médecin général), 156, 169
Sikorski (Gal), 205
Simovitch, 225
Smart (Gal), 269
Somerville (Amiral), 122, 123, 125, 127, 129, 257, 289
Sorge, 307
Spaak, 205
Spears (Gal), 32, 36, 65, 72
Srameck (Mgr), 206
Staline, Joseph, 106, 107, 205, 307
Stanley, 166
Stehlin (Gal), 58
Student (Gal), 233, 235
Susmann (Gal), 234

Tardy (Mgr), 165
Tchang Kaï-Chek, 108
Teste (Cdt), 131
Tétu (Gal), 165
Thorez, Maurice, 23, 296
Tissier (Cap), 136
Tixier-Vignancour, Jean-Louis, 141
Touchon (Gal), 11, 42
Tovery, 289
Townsend, Peter, 177
Tréand, Maurice, 296

Umberto (prince), 53, 56, 60

Valera de, 117
Valeri, Valerio (Mgr), 64
Vallat, Xavier, 141
Vézinet (Gal), 170, 252
Verdilhac (Gal), 281
Vian (Cdt), 291
Victor-Emmanuel II (roi), 50
Victor-Emmanuel III (roi), 51
Vigneau (Adj.-chef), 62
Villelume (Gal), 16, 32, 39
Vuillemin, Joseph (Gal), 15, 57, 100, 102

Watt, Robert, 177
Wavell, Archibald (Gal), 211, 212, 213, 239, 244, 246, 247, 249, 250, 255, 256, 257, 259, 261, 273
Weygand, Maxime (Gal), 9, 10, 11, 12, 13, 14, 15, 16, 21, 24, 25, 26, 27, 30, 31, 32, 34, 37, 38, 39, 40, 42, 43, 44, 45, 48, 67, 68, 80, 81, 83, 84, 89, 92, 95, 121, 133, 140, 141, 144, 145, 167, 169, 187, 200, 267, 274, 281
Wilhelmine (reine), 204, 262
Wilson (Gal), 226, 228, 275, 277, 280, 281
Wingate (Gal), 261

Ybarnegaray, Jean, 48, 141
Yuste (Col), 107

Zay, Jean, 83, 150
Zirnheld (Sergent), 136

TABLE

I. LA BATAILLE DE FRANCE 9
II. EFFONDREMENT MILITAIRE, AFFRONTEMENT POLITIQUE, 10-16 juin 23
III. TU QUOQUE, MUSSOLINI ! 50
IV. L'ARMISTICE 64
V. 100 000 TOMBES 97
VI. LES RAPACES 105
VII. JUILLET 40. LE TEMPS DES INCERTITUDES 111
VIII. LA FRANCE LIBRE ET SON EMPIRE 151
IX. THERMOPYLES ANGLAIS 172
X. POLITIQUE 189
XI. LA GUERRE S'ÉTEND 207
XII. BALKANS : REVERS ITALIENS, SUCCÈS ALLEMANDS 218
XIII. L'OPÉRATION « MERCURE » CONTRE LA CRÊTE 231
XIV. « NOTRE AMI ROMMEL » 242
XV. LA FIN D'UN EMPIRE 260
XVI. L'ORIENT COMPLIQUÉ 265
XVII. BATAILLE DANS L'ATLANTIQUE 284
XVIII. VERS BARBAROSSA 293

Abréviations 8
Chronologie 311
Bibliographie 313
Index 316

Hors collection

LE SURVIVANT DU DOGGERBANK
par Hans Herlin

Par l'auteur des « Damnés de l'Atlantique », l'authentique odyssée de l'unique survivant d'un croiseur auxiliaire ayant à son bord 365 hommes, torpillé le 3 mars 1943 au large des Açores par un sous-marin allemand, le U-43. Une hallucinante tragédie maritime de la Seconde Guerre mondiale.

•

LE COMPLOT WINDSOR
par Michael Bloch

Dans quel but et par quel moyen Hitler voulut-il faire enlever le duc de Windsor au mois de juillet 1940 ? Un épisode étrange et méconnu de la guerre souterraine.

•

LA FOUDRE ET LE CANCER
par le Général Jean Delaumay
ancien chef d'état-major de l'armée de terre démissionnaire en mars 1983

La guerre psychologique et la subversion menacent davantage le monde libre que la guerre nucléaire. Moscou s'est élevé à plusieurs reprises contre la publication de ce livre. C'est dire l'importance du péril évoqué.

•

L'AGENT AMÉRICAIN KLAUS BARBIE
par Ehrard Dabringhaus

Les révélations de l'officier du contre-espionnage américain chargé de contrôler les activités du criminel nazi au lendemain de la Seconde Guerre mondiale.

•

LES DERNIERS JOURS DE DARLAN
par l'amiral Jacques Moreau

S'étayant sur des textes officiels souvent occultes, la relation d'un témoin de premier plan du débarquement anglo-américain en A.F.N. le 8 novembre 1942 jusqu'à l'assassinat de l'amiral Darlan le 24 décembre 1942.

•

HUIT ANS OTAGE CHEZ LES VIETS
par René Moreau
(Prix Vauban 1982)

Ministre plénipotentiaire, fils de l'amiral Jacques Moreau, l'auteur a vécu l'enfer de 1946 à 1954. Un livre de courage, de dignité et d'héroïsme.

•

MÉDECINS AU COMBAT
par Marc Flament

L'épopée des médecins en uniforme sur les champs de bataille de France, d'Indochine, de Corée, d'Algérie, du Tchad racontée par « le photographe des paras ».

•

COMMANDO VANDENBERGHE
le pirate du Delta
par Erwan Bergot

Cité en exemple par le général de Lattre, le destin exceptionnel du commando « Tigre Noir » et de son chef valeureux, héros légendaire de la Guerre d'Indochine, qui infligèrent à l'ennemi plus de pertes qu'une division d'infanterie.

Cet ouvrage a été achevé
d'imprimer sur presse CAMERON
dans les ateliers de la S.E.P.C.
à Saint-Amand-Montrond (Cher)
en août 1992

N° d'édition : 406. N° d'impression : 1680.
Dépôt légal : août 1992.
Imprimé en France